음운과 방언 2

방언 연구를 향하여

음운과 방언 2

방언 연구를 향하여

초판 1쇄 발행 | 2020년 6월 15일

지은이 이병근
펴낸곳 (주)태학사
등록 제406-2020-000008호
주소 경기도 파주시 광인사길 217
전화 031-955-7580
전송 031-955-0910
전자우편 thspub@daum.net
홈페이지 www.thaehaksa.com

편집 김성천 최형필 조윤형
디자인 이보아 이윤경
마케팅 안찬웅
경영지원 정충만
인쇄·제책 영신사

값 20,000원

ISBN 979-11-90727-08-2 94710
ISBN 979-11-90727-06-8 (세트)

이 도서의 국립중앙도서관 출판예정도서목록(CIP)은 서지정보유통지원시스템
홈페이지(http://seoji.nl.go.kr)와 국가자료종합목록 구축시스템(http://kolis-net.nl.go.kr)에서
이용하실 수 있습니다.(CIP제어번호 : CIP2020021522)

음운과 방언 2

방언 연구를 향하여

이병근 지음

태학사

내 언어의 삶

세월이 많이도 흘렀습니다. 내가 입을 떼며 말을 배우기 시작한지 자그마치 80년이 넘는 세월이 흐르고 말았습니다. 내가 태어난 곳은 경기도 용인시 현재의 이른바 동백지구 인근의 한 초가집이었습니다. 근처에는 수원과 여주를 아침저녁으로 '칙칙폭폭' 오가던 협궤열차 정거장이 있었습니다. 말하자면 영릉이 있는 전통적 지역이었던 여주군과 조선조의 정조대왕의 꿈이 서린 옛 신도시에서 근대도시로 탈바꿈하던 수원시, 수원 시내가 멀지는 않았던 용인 땅('용구현')에서 나는 태어났고 광복 이후 바로 우리 식구는 아예 수원 시내로 이사를 가 그곳에서 부모형제들과 함께 어린 시절을 보내다 한국동란을 맞았고 경남 울산으로 피난을 갔었습니다. 열세 살 때 서울로 올라와 휴전을 맞이했으며 중고교를 거치면서 어린 시절의 용인말 '앉은뱅이', 초등학교 시절 교과서의 '오랑캐꽃', 그 후 서울 표준말의 '제비꽃'과 훨씬 뒤에야 알게 된 '바이오렛'으로 변모하는 모습으로 시간과 공간을 지내며 내 자신의 '말(方言)'을 굳히면서 자랐습니다.

은사이신 심악 이숭녕 선생께서 국어음운론 강의를 마치고 따라오라 하시면서 대학로 학교 앞 '세느강'(성균관을 거쳐 흘러내려오는 시내의 대학생들의 애칭) 건너의 한 다방으로 저를 데리고 가셔서 커피 한 잔을 마시라고 권하시더니 어디에 관심이 있는가 하고 물으셨습니다. 깊이 생각도 하지 않고 그냥 "살아 있는 말인 '현대 방언'에 관심이 있는데요." 하고 대답하고 말았습니다. "응, 그렇군. 방언학을 새롭게 개척해야 하네. 일제 강점기의 그런 연구 말고." 그런 심악 선생께서 독일방언학을 공부하시며 방언채집·연구를 오래하셨다는 얘기를 전혀 모를 때의 일이었습니다. 방언 채집과 연구가 문헌 중심의 국어(음운)사 연구의 기초였던 것입니다.

중·고교에 다니며 저 유명한 〈소나기〉의 작가 황순원 선생을 비롯한 몇몇 문학 선생님들, 광평대군의 후손으로 조윤제 선생 밑에서 《방언집》 제2집의 방언조사에 참여했던 이정하 선생, 시인이며 고전문학 교수를 지낸 박노춘 선생, 시골의 어느 초등학교만을 나와 우리에게 투박한 영남 사투리로 '국어'를 가르치며 〈훈민정음 원본의 발견 및 그 유래〉란 논문까지 발표했던 어느 시골스런 국어 선생 정휘만 선생 등등 여러분을 만났습니다. '행복론', '인생론' 등으로 나의 길을 찾아 헤매던 그 무렵, "우리 것을 함께하며 산다면 자신의 일생도 그런대로 행복할 수도 있겠구나." 하는 생각에 이르러 국어국문학 그중에서도 언어연구로서의 '국어학'에 뛰어들었던 나였습니다. 이리해 대학의 한국어학 전공의 선택은 문학, 연극, 합창 사이를 헤맸던 고교생의 객지생활을 무척 안정시키게 했습니다.

소설 원서를 잠바주머니에 꾸겨 넣고 기차를 타고서 '국어국문학과 1년생'은 이 지방 저 지방 돌아다니며 자신의 정체성을 확인해 보곤 했습니다. 과연 언어연구로 후회 없이 삶을 누릴 수 있을까. 도시거리에서의 '명찰(明察)'을 잠시 접어 두고 시골의 사랑방 구석에 쪼그려 앉아 어른들의 정담(?)을 들어 보았습니다. 삼남지방으로 갈수록 그곳 '사투리'를 도대체 알아들을 수 없었습니다. '비료(肥料)'를 [비료]라 해도 알기 어려웠을 때에 '점심'을 [오로(午料)]라 하면 어떻겠습니까. 그런데도 이상하리만큼 이 방언 해득의 어려움을 극복해 보자 그런 마음이 들었습니다.

당시의 언어이론이 그랬듯이 일단 유럽의 구조주의 언어이론을 깔고, 또 새로이 들어오던 미국의 기술언어학 이론도 접하며 거기에나 자신의 '말'을 연결시켜 보곤 했습니다. 특히 미국 하버드 엔칭연구소에서의 연구생활을 마치고 돌아온 이기문 선생은 새로 나온 현대언어학 원서를 선물로 주시고 딴 원서도 읽으라고 권하시고 갖다 주시곤 했습니다. 이렇게 해서 언어학 기초를 조금씩 쌓아 가면서 그 이론과 한국어의 특성을 이어 보게 되었습니다. 차츰 음운론적 연구를 시도해 보면서 언어현상을 비롯한 인간현상 그리고 자연현상을 연결해서 과연 인간이란 무엇인지 고통스레 다가가 보려고도 했습니다. 그러나 방법론적 고민은 철학적 인간론에는 쉽게 닿지는 않았습니다. 여전히 방언은 방언대로 어려웠습니다. 고향에서 먼 방언들은 더욱 제 귀에 좀처럼 들어오지 않았습니다. 특히 남쪽 경남북 농촌의 영감님들이 가락을 얹어 빨리 시끄럽게 떠드는 사랑방의 농촌 방언은 도대체 알아들을 수가 없었습니다. 전쟁 통에 일 년간이나 나를 '근-이가'라고 부르며 울산 친구들에게서 듣고 썼던 '사투리'는 어린 시절의 가장 큰 방언사용의 경험이었으나 거의 도움이 되지 않았습니다. 방언차를 느끼게 하는 언어상의 가장 큰 특징의 하나가 운율적 자질은 아닐까? 막연하지만 그런 생각은 지금까지도 지울 수가 없습니다.

3학년 1학기 심악 선생의 연구실에 불려가서 졸업논문 주제는 무엇으로 잡았느냐고 말씀하시면 막막하기만 했습니다. 그래서 어릴 적 타곤 했던 수원-여주간 협궤열차로 용인의 고향마을을 찾았습니다. 4백 년 이상 살아온 우리 집안의 집성촌에서 저녁 무렵 '마실 온' 동네 어른들의 한담(閑談)은 듣기에 그리 편할 수가 없었습니다. 가끔 어릴 적 들었던 말인데도 모르는 말이 있으면 여쭐 수가 있었습니다. 다만 그 마을에서 뻔히 알 만한 풀이름 등을 묻는 경우에 도회지 가서 살더니 건방져졌다는 등 농 어린 꾸중도 어쩌다 듣기는 했었습니다. 그래도 이곳을 두 번 세 번 들렀습니다. 결국 "아! 내 말은 용인도 수원도 서울도 아닌 뒤죽박죽이구나." 하고 알게 되었는데도 마음은 편했습니다. 삼남(三南) 말이나 북선(北鮮) 말의 느낌과는 전혀 달리 내가 익힌 방언은 편했습니다. "이 방언을 내 언어연구 출발의 바탕으로 삼자." 그러기 위해서 "이 방언 하나라도 제대로 알자." 자꾸 그런 생각이 들었습니다. "여기를 고향으로 언어 명찰(言語明察)의 바탕을 마련해 보지." 그 뒤로는 경기 북부 지역도 들러 보곤 했지만 나의 방언은 경기도 지역의 하위방언(subdialect)에 머물러 있었습니다. 그리고 우선 이 방언의 음운론적 바탕을 마련하고자 기술을 해 보려 했습니다. 그리고는 차츰 이른바 중부방언의 경계와 밀접한 자연경계일 소백산맥을 따라 몇 군데를 임의로 다녀 보았습니다. 경상북도의 울진읍내, 영주 풍기와 순흥, 충청북도 수안보 인근, 보은군 마로, 그리고 영동 황간과 경상북도 금릉, 이어서 전라북도 무주 무풍과 남원 운봉 등의 지역들이 테스트의 선택 지역이었습니다. 이리해 몇 편의 논문을 시도해 발표해 보았습니다. 이것이 방언에 관심을 두고 20년 가까운 세월을 '집시'처럼 살아온 전부였습니다. 여기서 일단 방언자료 채집과 관찰을 통한 명찰(明察)의 대상을 삼았던 음운론의 세계에서 음운체계와의 관련성을 고통스럽게 느껴 보고 우선 차분히 모양을 갖춰 보려 했습니다. 큰 방언권의 경계를 통해 경험한 결과 동남방언과 서남방언은 느낌부터 역시 내게서 너무 멀리 있었습니다. 때로는 같은 방언을 기초로 한 문헌자료를 바탕으로 근대어까지 거슬러 올라가 음운론적 세계를 들여다보기도 했습니다.

이 무렵 제가 초창기에 가졌던 연구의욕에 대해 우선 이런 평가들이 있었습니다.

방언구획의 설정에 관한 이론적인 고찰로서 이병근 씨의 〈방언 경계에 대하여〉(한국문화인류학 제2집 '69. 11)가 있다. 그는 서울대 국문학과 출신으로 주로 중부 방언의 연구에 몇몇 노작을 내고 있는 소장 국어학자이지만, 본 논문은 종래의 국어 방언 연구에서는 그 대부분이 상이한 체계에 속한 방언 요소를 각 방언 체계의 상이한 구조적 관계를 충분히 강조함이 없이 비교하여 왔다고 논하고, 나아가 방언 구획을 단순히 개개 제각각의 특징이나 현상에 따라서가 아니라 구조적인 관점에서 행하려 한 방법론적인 시도를 국어 방언의 실례를 들어가며 논고한 의욕적인 고찰이다.

- 우메다 히로유키, 〈조선어방언연구의 근황〉, 《方言研究叢書》 2(1973), 廣島方言研究所 紀要

그런데 이 글은 초창기의 한국문화인류학회에서 방언학의 방법론을 외국이론에 의거해 소개해 달라는 청탁으로 썼기에 일제 아래에서부터 내려온 전통적인 방식에서 벗어나 체계와 구조를 염두에 두고 공부하던 당시의 내 자신의 생각을 정리한 것에 지나지 않는 것이었습니다. 물론 그 사고의 바탕은 구조주의적 방언학이었습니다. 그것이 일제 이후의 방언학 연구의 목적과 이론과 방법보다는 앞선 것 같다고 믿었기 때문이었습니다. 당시에 인류학자 레비-슈트로스(C. Lévi-Strauss)의 몇몇 논문은 그 시절 언어학적 사고에 의한 것으로 무척 매력적이었던 것 같습니다.

이어서 당시까지 시도해 본 방언음운론 관련의 몇 편의 내 글들에 대해 우메다(梅田博之) 선생은 또 이렇게 언급했었습니다.

중부 지역의 방언에 관해서는 이병근 씨의 다음과 같은 일련의 상세하고 용의주도한 연구가 연이어 발표되었다. …… 〈경기지역어의 모음체계와 비원순모음화〉는 경기도 방언을 중심으로 문헌어의 순음에 뒤따르는 모음 o가 방언형에서 ɔ로 변화하는 현상을 논한 통시론적인 고찰이지만, 그의 고찰이 언제나 체계와의 관련에 두고 이루어지고 있음은 평가받을 만하다. 아무튼 그의 논고는 모두 종래의 언어 이론에 대한 깊은 이해 위에 세운 방법론에 기반을 두고 있어 금후의 활약이 크게 기대된다.

　- 우메다 히로유키, 〈조선어방언연구의 근황〉(1973)

한편 70년대 말에는 저의 당시까지의 시론들에 대해 김완진 선생의 이런 평가도 있었습니다.

이병근은 출발에서부터 근대어 및 현대방언들을 대상으로 하였다는 점에서 그의 선배들과 구별되는데, 〈경기지역어의 모음체계와 비원순모음화〉(동아문화 9, 1970)를 비롯한 일련의 논문들에서 착실한 사실 기술을, 그리고 〈음운규칙과 비음운론적 제약〉(국어학 3, 1975) 이후로는 비범한 이론적 깊이를 보여 주어 장래가 촉망된다.

　- 김완진, 〈한국어의 연구동향과 과제〉, 《한국의 민족문화―그 전통과 현
　　대성》(1979)

　한 방언 또는 지역어를 관찰하는 가운데 "아! 현대방언을 하려면 우선 근대한국어에 대한 언어지식이 풍부하면 좋겠구나." 하는 생각이 자주 엄습해 오곤 했었습니다. 부분적이기는 하나 우선 현대한국어와 가까운 19세기 자료부터 출발했습니다. 그렇게 해 시도해 보았던 음운론 연구 몇 편을 《음운현상에 있어서의 제약》(1978)이라 제목 붙여 묶어 보았습니다. 음운현상에 관련된 여러 '제약'을 들여다보니까 자연히 옛날 선학들의 관찰보다 정밀해질 수밖에 없었습니다.
　그러다 보니 새로운 과제들을 안게도 되었습니다. 집시의 세계는 새로운 길을 열어야 했습니다. 음운론적 관찰의 단위는 교착어인 한국어의 특성상 흔히 문법형태소들을 포함하는 단위일 수밖에 없습니다. 이 단위는 어휘적 요소가 중심이 될 수밖에 없으면서 음운, 형태와 조어는 물론이고 의미까지 한 뭉치가 되어야 했습니다. 곧 어휘의 총체적 문제가 된다면 우리에게 요구되는 대상이 바로 어휘체계로서의 '사전(辭典)'이 되었습니다. 80년대 초 2년간 어쩌다 둘러본 프랑스 파리 대형서점들의 언어학 코너에는 사전학 관련 저서들이 여럿 있어 나로 하여금 새로운 분야를 고민하게 했습니다. 관악캠퍼스로 돌아와 아무 준비 없이 '사전학'으로 대학원 시간을 채워 보았습니다. 가장 출발점이 되는 '사전의 역사'에서 출발해 교착어로서의 한국어를 위한 '사전에서의 음운 표시'를 어찌해야 할 것인가 하는 등 초보적인 발걸음을 디뎠습니다. 여기저기 불려 다니며 몇 자씩 적게 되어

새로운 사전 관련 글들을 묶어 《한국어 사전의 역사와 방향》(2000)으로 간행해 사전학의 기초를 삼아 보려 했습니다. 이 사전학이 매력이 있다면 그것은 비록 단위는 표제항에 갇혀지지만 사전학은 언어학과는 달리 매력적인 점을 가지고 있을 것입니다. 표제항을 중심으로 거시구조와 미시구조를 체계화시키며 음운 형태(조어) 의미 나아가서 통사와 화용까지 종합적으로 묶어 고민할 수 있다는 것이었습니다. 흔히는 어휘음운론, 어휘형태론, 어휘통사론, 어휘의미론 등등의 사고가 한 덩어리가 되어야 할지도 모릅니다.

이렇게 자리를 조금씩 옮기다 보니 다시 방언, 음운, 그리고 단어 내지 어휘들을 현대 이전의 자료를 연결시켜 종합적으로 볼 수 있는 길을 열려 했던 것이 '어휘사' 연구의 시도였습니다. 그러나 중세국어로부터 알타이제어에 이르기까지 폭넓게 어휘사를 다루며 어원어(etymon)까지 파고들었던 이기문 선생의 〈어휘사〉 연구와는 성격을 달리할 수밖에 없었습니다. 문헌과 방언 자료의 한계를 나 혼자 극복할 수 있는 문제는 아니었습니다. 그래도 시도한 몇 편의 글들을 묶어 《어휘사》(2005)라 붙여 간행해 보았습니다. 당시까지 쌓인 방언자료들을 많이 참고하기는 했습니다만 그래도 입맛에 맞는 자료가 충분치 않아 너무나 소략했습니다. 문헌어와 방언을 하나로 묶은 한국어의 종합 사전을 우리가 볼 수 있기에는 요원하기만 합니다.

이숭녕 선생님은 음운론(특히 음운사) 연구에서 조어론과 형태론 연구 등으로 또 어학사 등 여러 분야로 연구 주제를 옮기셨을 때에 이를 새로운 분야의 '개척'이라 하셨습니다. 그리고 늘 initiative를 잡으라고 후학들에게 말씀하셨습니다. 저도 과연 심악 선생님의 뒤를 이어 새로운 분야를 개척한 점이 있을까요?

이런 과정을 거치고 오랫동안 머물던 학교를 물러선 내게 일석학술재단에서는 '일석국어학상'이란 무거운 상을 주었습니다. 음운론 연구와 어휘사 연구를 특별히 언급하시면서 내가 감당하기 어려운 찬사의 표현을 담아 축사를 해 주신 이기문 선생도 먼저 가신 일석과 심악 뒤를 이어 얼마 전에 하나님의 부름을 받고 우리 곁을 떠나셨습니다. 선생은 분명 음운사와 어휘사 연구를 중심한 국어사 연구의 거목이었습니다. 곧 다가오는 스승의 날에 성묘로 세 분께 인사를 올리려 합니다.

언어연구는 일종의 끊임없는 명찰(明察)입니다.

지금 이 순간의 작업은 마치 유물들을 끌어 모아 박물관에 전시하는 것 같습니다. 조각조각 천을 모아 짠 조각보는 그 나름대로의 미적 조화를 이루는데 여기 나의 글들은 나름대로 추리기는 했지만 마음과 정신만을 모았을 뿐이었습니다. 모든 연구행위의 부족한 것은 자신만이 가장 잘 알 것입니다. 자료도 연구방법도 자신만의 것이라고 우겨대기도 어렵고 생각의 바탕도 자신의 것이라고 할 수도 없는 듯합니다. 온통 남의 것을 주워서 이리 궁리 저리 궁리해 가며 조각보를 만들어 보았을 뿐입니다. 이제 와서도 대단한 창조물을 완성한 것처럼 말은 못합니다.

'국어학'에 발을 들여놓은 지 무척 오래되어 이 머리글조차 꾸미기가 어렵습니다. 은사이신 일석 이희승 선생께서 학교를 떠나신 지 지금의 저만큼 시간이 흘렀을 적에 "요즈음은 어찌 소일을 하십니까?" 한 물음에 "아무 생각 없이 산책을 합니다." 하고 답하신 일이 있는데 선생은 당시에 정신적으로 아마 최고의 경지에 이르셨던 것 같습니다. 나이 든 이제도 나는 '방하착(放下着)'을 다짐하지만 아직도 착(着)하며 머리를 비우지 못하는 모양입니다. 서울대 정승철 교수와 김현 교수가 나의 묵은 글들을 입력까지 해 디밀지 않았더라면 아마 그대로 방치된 채로 오랜 세월을 보냈을 것입니다. 역시 집착(執着)을 버리지 못하고 우선 이렇게《음운과 방언》두 권을 묶어 보았습니다. 서로서로 얽혀 있는 글들이 많기 때문입니다. 중단 없는 전진은 못하더라도 되돌아볼 수 있는 기회를 준 후학들이 마냥 고맙습니다. '주식회사'로 바꾸어 새로운 분위기를 마련하려는 태학사의 지현구 회장님을 비롯한 직원 여러분께서 그 새로운 분위기에 걸맞지 않은 이런 묵은 글들을 정리해 주시니 정말 고맙습니다. 건강과 회사경영 모두 튼실하시기를 빕니다.

2020년 4월 19일
이 병 근

차례

방언과 방언학

인간이 단순하면서도 복잡하듯, 그 인간의 대표적 행위인 언어도 단순하면서 복잡하다. 나아가 인간 사회가 보기에 따라 단순하면서도 복잡하듯, 언어 사회도 또한 그러하다. 언어학자가 복잡한 언어 현상을 가능한 한 단순화시켜 체계화하려 함은 학문을 세우려 함에서임은 물론이다. 이는 현상의 본질을 파악하려는 학문의 본질인 것이다. 여기서 다루려는 '방언'의 개념과 그 개념을 바탕에 두는 '방언학'의 연구도 이러한 학문의 본질에서 크게 벗어날 수는 없을 것이다. 그러나 '방언'처럼 그 개념이 정립되지 못한 용어도 언어학에서는 많지가 않다. 한국 방언학의 역사적 흐름 속에서 보아도 '방언'은 개념의 변화를 겪었으면서도 분명하지 않았던 것이다. '방언'의 개념이 분명하지가 않으면 그것을 연구 대상으로 하는 '방언학'은 어떠할까.

한국의 경우 아주 이른 시기의 《삼국사기》 등에서는 한국어 자체의 개개의 단어를 때때로 '방언'이라 가리켜서 결국 '향언', 즉 '시골말'과 구별하지 않은 의미로 쓰였는바, 이 명칭의 한자어가 보여주듯이 지리적 또는 지역적 개념을 함유하면서 한어와 대조적인 관점에서 쓰였던 듯하다. 이는 아직 학문으로서의 체계화가 이루어지지 않은 옛 단계에서 볼 수 있었던 민간언어학(folk linguistics)에 속하는 것으로 개별적인 성격을 띠며 주석적인 기능을 보였던 것이다. 이 '방언'은 오랜 세월이 흐른 뒤에는 어원의식을 보인 자료로 활용되는 경우가 있다. 이러한 개념과 기능은 조선시대까지도 크게는 다를 바가 없었다. 다만 간혹 '방언'이란 표현을 대조적이기는 하나 좀 더 분명히 지리적 개념을 부각시켜 '신라 방언'이니 '방언'이란 명칭 없이 '이제 영남 호남 사람이 말하기를(今嶺南湖南人謂)……' 등과 같이 표현하기도 하였던 것이다. 이 역시 자료의 일부를 제시한 것에 지나지 않는다. 단편적인 방언형만을 제시하는 방식으로는 학문으로서의 방언학이 성립하기 어렵게 될 것이다.

학문으로서의 방언학이 싹트기 시작한 것은 1910년대를 지나면서부터였다. 불행하게도 그것은 당시에 여러 유리한 처지에 있었던 일본인 학자들에 의해서 시작된 것이 사실이다. 小倉進平과 그의 제자 河野六郎이 대표적이었다. 식민지 통치를 위한 기초자료조사인 '구관제도조사사업'의 일환으로 시작된《조선어사전》의 편찬에 적극 참여하면서 방언과 향가를 주로 연구했던 小倉進平은 문헌 중심의 역사적 연구에 보충적인 자료로 방언을 활용하였는바, 이 경우에 '방언'이란 언어 변화에 남겨진 이전 언어 형식의 역사적 잔재형 정도였다. 이런 정도의 개념을 가진다면 그의 방언학에서도 체계를 이루는 단위들 사이에 어떤 관계가 있을 듯이 인식할 수 있었다 하더라도 완전히 체계화에 이르기는 어려웠을 것이다. 결국 언어사 주제를 개별적으로 조사·서술하는 원자론적 태도를 지닐 수밖에 없게 된다.

小倉進平의 영향 아래 등장한 河野六郎은 방언을 중앙어와 비교하여 "그 지방적 특색(악센트, 어휘, 문법의 상위)이되 각 지방에 나타나는 언어 현상"으로 확대하였는바, 방언학은 무엇보다도 우선 방언 기술(dialectography)의 확고한 기반에 기초를 두지 않으면 안 될 것이며, 정밀한 관찰에 따른 과학적 조사의 결과로 이루어지지 않는다면 확실한 입론은 될 수 없을 것이라 하였다. 또한 개개의 음성을 그 개체성으로 파악하는 것은 아니고 오직 그 유형으로 파악하는 것이라 하여 원자론적 태도로부터 벗어나려 하였다. 궁극적으로는 통시론적 방언학에 집중되었다.

일제하에서의 통시론적 방언학은 광역조사에 의한 것이었는바, 국내 학자들도 광역조사에 의한 음운사적·어휘사적 연구를 시도하기도 하였으며, 맞춤법 통일안과 표준어 제정에 참고하기 위해 방언에 관심을 가지기도 하였다. 그러나 체계적인 연구는 별로 없었다. 표준어 제정을 고려했던 이 시기에 이희승은 언어학상의 방언이란 어떠한 지방을 물론하고, 그 지방에서 현용되는 언어 현상 전체를 가리킨다고 정의하였다. 이에 따라 표준어도 방언의 일종으로 보게 되었는데, 나아가서 방언을 비교할 때에 "이것을 수집·종합하여 보면, 여러 가지 현상과 법칙을 발견할 수 있다. …… 그뿐 아니라, 음운·어휘·문법 등 일반현상에 있어서 유익한 발견을 가져오는 일이 많다"(이희승, 《국어학개설》, 1955:61~62)라고 하였다. 말하자면 지방의 현용되는 즉 공시적인 언어 현상 전체가 방언으로 음운·어휘·문법 등에서 여러 가지 현상과 법칙이 있고 일반 현상에 있어서도 유익한 점이 발견될 수 있다고 방언학의 중요성을 강조하였다. 이러한 개념을 구태여 서양 언어학에 비춰보면 그것은 현대적인 개념에 좀 더 가까워진 것임은 물론이다. 다만 서울말은 방언일 수는 있어도 표준어는

'방언'이 아님을 상기해야 한다.

이와 같이 어느 지방에서 현용되는 언어현상 전체로 방언을 규정 짓게 되면, 방언학은 비교방언학(comparative dialectology)이나 대조 방언학(contrastive dialectology)은 물론이고 어느 하나의 방언 자체를 하나의 독립된 언어체계로 보고서 연구할 수 있는 길도 열어 놓게 되는데, 후자의 경우에도 세대차나 내적 재구 등을 통해 통시론적 방언 학이 불가능한 것은 아니나 우선은 기술방언학(descriptive dialectology) 이 되기 쉽다. 바로 기술 방언학이 싹튼 것이 1950 · 60년대요, 그 확 장으로 이 방언학이 붐을 일으킬 만큼 왕성해진 것이 1970년 이후의 일이다. 음운체계론, 성조 · 악센트 유형론, 형태음소론, 형태론 등이 기술 방언학에 속하는 것들인데, 일부 문법 범주나 문법 현상에 대한 연구들도 그런 것들이었다. 다만 50년대의 기술 방언학은 비록 개별 방언에 대한 공시론적 기술에 초점을 두기는 하였으나 그것은 중세 어와 비교가 쉽사리 가능할 수 있다고 본 주제들이 대부분이었다. 성조의 유형적 기술 등이 바로 그것들이었다.

이와 같은 유형 내지 체계를 고려한 방언 연구는 현대 한국어 방언 학의 핵심이 되고 있는데, 그것은 '현용되는' 방언에 관한 공시론적 연구로 일정한 방언 내지 지역어를 대상으로 하였다. 다만 방언의 개념에 체계적인 해석이 좀 더 분명하여졌다거나 구조주의적 방법을 고려하려 했다든지 생성이론적 방법을 활용하려 했다든지 하는 서술 방법상의 차이는 있을 수는 있어도, 방언을 일정한 지역에 분포한 하나의 독립된 언어체계로 전제하였다는 점에서는 별다른 인식의 차 이가 있었던 것은 아닌 듯하다. 실은 이러한 방언의 개념은 서양의 기술 언어학에서 일정한 지역 사회를 전제로 등질적인 언어체계를 지닌 개인어들의 한 부류로 정의했던 것과 크게는 다르지 않은 것이라 할 수 있다. 체계로서의 개념을 강조하면서 한 방언 내지 지역어를 공시론적으로 기술하는 경우 자연히 정밀화시키게 되는데, 파노라마식으로 광범위하게 서술하는 연구가 등장하는가 하면 특히 생성이론의 영향 이후로는 현상을 지배하는 규칙의 차이로 방언차를 보려는 경향이 나타나 체계의 개념이 약화되면서 개별적인 현상의 정밀한 기술에 만족하는 연구들이 보이기까지 한다. 방언차에 대한 인식도 막연히 중앙어와의 대비로 나타나거나 숨겨져 버리든가 하는 태도가 이 시기의 특징이기도 하다. 말하자면 방언이 한 언어의 분화체 내지는 변종이라는 개념상의 인식이 방언학에서 약화된 셈이다. 이리하여 한국어의 분화된 여러 방언들을 총괄적으로 기술하려는 시도는 옴츠러든 결과가 되었다.

통시론적인 방언학이 이 시기에 아주 사라진 것은 아니었다. 문헌 중심의 연구에서 방언을 보충하여 통시론적 연구를 확장시키는 방식도 이어졌고, 방언과 문헌을 동시에 활용하여 새로운 한국어사 특히 음운사·어휘사 연구를 꾀하여 진화의 단계를 추적하는 방식도 더러 있었으며, 때로는 기술언어학처럼 하나의 방언을 서술하되 문헌 자료와 방언을 동등하게 비교하는 방식이거나 세대차 등을 고려하여 통시적 변화를 탐구하는 방식도 등장하였다. 극히 드물게는 하나의 대방언권 안에서 여러 하위 방언형들을 비교한 통시론적 연구도 없지는 않았다. 가끔 방언 구획과 관련하여 좀 더 넓은 지역에서의 대조방언학적 연구도 있었으나, 이를 바탕으로 비교방언학적 연구에 의한 방언사 재구를 시도한 연구는 거의 없었다. 있었다면 그것은 최근의 어휘사적 연구나 성조 비교론 정도였다. 말하자면 현시점에서 현용되는 방언을 조사하면, 그 자료는 현시점의 공시태일 수밖에 없는데, 이 공시태의 비교를 통한 통시태의 재구를 시도한 연구가 극히 일부의 주제를 제외하면 없었던 것이다.

이상과 같은 '방언'의 개념과 그에 따른 방언학은 긍정적인 면이 분명히 있다. 그러나 방언을 독립된 언어체계로 지나치게 강조한 나머지 부정적인 면도 없지 않았다. 가장 큰 문제점이 한 언어 즉 한국어의 변종으로서의 하위 언어 체계라는 사실에 대한 인식이 흐려진 사실이다. 방언을 독립된 하나의 언어체계로 다루더라도 그것은 공통어를 기반으로 한 변종에 지나지 않음을 잊어서는 안 될 것이다. 여기서 다시 한번 '방언'의 개념을 짚어보고 방언학의 연구 방법을 다시 한번 생각해 볼 필요가 있게 된다.

'방언'이란 도대체 무엇일까. 그리고 방언을 연구 대상으로 하는 학문인 방언학은 어떤 방법으로 접근해야 하는가. 앞에서도 언급한 것처럼 언어 사회가 복잡한 것처럼 언어도 복잡하다. 언어는 사회를 단위로 해서 볼 때에 거대한 버라이어티 쇼를 벌이고 있다. 그럼에도 한국에서는 '한국어'를 통해 서로 이해하면서 하나의 언어공동체를 이루고 있다고 믿고 실제로 그리 살고 있다. 이때의 한국어는 무엇일까. 한국어 속에서 '방언'이라 하면 어느 것을 가리킬까.

하나의 언어는 현대 사회에서도 사회 계층에 따라 분화되어 사용되기도 하고, 동일한 사회 계층 안에서 세대에 따라 분화되어 사용되기도 하며, 모든 사회 계층과 연령 계층 안에서 화자의 환경에 따라 딴 언어 양식이 사용되기도 하고, 지역에 따라 분화되어 그 분화된 언어가 사용되기도 한다. 이 중에 어느 한 분화된 언어를 사용하는 일은 없고 둘 또는 그 이상의 분화된 언어를 경우에 따라 사용하고 있는 것이 현실이다. 따라서 다양한 언어 변이를 명확히 분류하여 정의하기란 현실적으로 어려운 일인데, 언어학에서는 연구의 필요상 이 언어 변이를 보이는 변종을 이론적으로 분류하여 개념을 정의한다. 위의 4가지 변종 가운데, 지역에 따라 분화된 일정 지역의 언어를 연구하는 경우 그것을 지역어와 지역 언어학(areal linguistics)이라 부르기도 하는데, 일정한 지역들(areas)에 공통적인 또는 역사적으로 동일 기원의 언어 특징들을 연구하게 된다. 예컨대 함경북도 육진 방언은 중국 연변조선족자치주의 훈춘 지역의 방언과 동질적인 언어에 속하여 이들 언어 지역(linguistic area, speech area)을 하나로 묶어서 연구한다면 지역 언어학에 속할 가능성이 있게 된다. 이때에 비지역적(non-areal) 차이 즉 성별에 의한 대조라든가 사회적 변이에 의한 차이 등은 다루지 않는다. 인구어 중의 유럽 언어들 특히 스칸디나비아 삼국의 언어는 지역 언어학의 대표적인 한 대상이 된다. A. Weijnen et al.(1975~1979)의 《atlas linguarum europae》(전3권)는 이의 대표적인 시도라 할 수 있다.

방언학은 기본적으로 지역 언어학에 속한다. 한국의 국토 안에서는 이들 두 분야가 구별되기는 쉽지 않다. 한국어는 기본적으로는 단일한 구조를 갖는 단일어라 할 수 있기 때문이다. 다만 방언은 일정한 분화를 거친 일정 지역의 언어 체계를 뜻하여 어느 정도의 방언권을 상정할 수가 있으나, 지역어는 이의 전제를 하기가 어렵다고 본다. 만일 군이나 면 단위로 방언을 언급할 경우 어느 군이나 면의 '방언'이라 부르기가 어렵다. 방언권이 확립되지 않았기 때문이다. 따라서 '지역어'는 방언권의 확립 없이 "○○지역에서 쓰이는 한국어" 정도의 잠정적인 표현이었다. 좀 더 지역을 넓혀 예를 든다면 때로 강원도 방언이라 일컫는 경우가 있기는 하나 영서지역과 영동지역이 여러 방언적 특징에 있어서 구조적 차이를 보이고 있어 이 둘을 묶어서 '강원도 방언'이란 표현을 쓰기는 적절하지 않다.

이와 같이 지역어와 구별되는 방언이 사회적 변이, 위상적 변이, 문체·양식적 변이 등을 제외한 지리적·공간적 변이 또는 분화를 뜻한다고 한다면 한 언어 안에서 이들 변종들 사이의 관계는 세세한 하위 변종 사이의 관계를 제외하면 대체로 다음과 같이 표시할 수 있다.

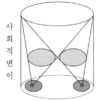

공통어(공통어 또는 표준어에 의한 대방언권 화자와의 대화)

사회적 변이

대방언(방언권 내의 화자들의 대화)

소방언(지역 내의 화자들 사이의 대화)

※소방언 1, 2 안의 흑점은 소방언 지점의 화자임.
※소방언 사이의 화자들은 대방언을 통해 대화를 할 수가 있고 대방언 사이의 화자들은 공통어(또는 표준어)를 통해 대화를 할 수 있음. 이때에 각각 사회적 변이가 가해짐.

하나의 언어는 중국의 경우처럼 다언어적(polylectal) 성격도 있을 수 있고 서울의 경우처럼 다방언적 성격도 있을 수가 있으나, 사회적 변이 등의 방언 외적인 변이는 지역언어학으로서의 방언학에서는 일단 대상으로는 삼지 않는다. 때로 사회방언(social dialect, sociolect)이라는 개념을 쓰고 있으나 이의 연구는 흔히 사회언어학이란 분야에서 다루거나 확대된 방언학으로서의 사회방언학이란 분야에서 다루어 구별하여 왔다. 그러나 사회적 요인에 의하여 분화되었던 변이가 특정의 방언에서 언어 구조상의 변화까지 일으키게 된다면 그것은 이미 지역성을 띠기 때문에 방언학의 연구 대상이 됨은 물론이다. 방언의 개념은 결국 지리적·공간적으로 분화된 결과로서의 일정한 지역에 분포한 한 언어의 여러 변이들에 초점이 놓이게 된다. 따라서 한 언어에 속하는 어느 한 방언이 그 언어에 속하는 다른 방언과 공통점과 차이점 또는 상사점과 상위점을 가질 수밖에 없는 운명을 타고서 태어났다고 한다면, 방언들 사이에는 형제 자매나 가까운 친척 관계에 있을 수밖에 없다. 이것이 방언의 특성이라면 방언을 대상으로 하는 방언학적 연구에서 하나의 방언을 고립된 언어 체계로 전제하는 방언학은 방언의 본질로부터 멀어진 결과가 될 것이다. 바꿔 말하면, 방언학은 한 언어의 변종으로서의 여러 방언들 사이에 존재하는 공통점과 차이점에 대한 대조·비교의 인식에서 출발해야 한다. 다만 하나의 방언을 고립적으로 다루되 변종의 인식 위에서 분석한다면, 그 결과는 그 방언의 특징 즉 딴 방언과는 방언차를 보이는 그 방언의 정체성을 드러내게 될 장점은 있다고 할 수 있다.

　방언학의 연구 대상인 방언들은 어느 면에서 공통점을 지니고 어느 면에서 차이점을 보이는가. 한 언어에 속하는 방언들 사이에는 공통적인 구조를 가지면서 부분적인 방언차를 보인다고 해야 할 것이다. 여기서 방언차는 흔히 음운·어휘·문법 및 관용적 표현(또는 언어적 표현) 등에 걸쳐 나타나되, 특히 음운과 어휘상에서 심하고 문법상의 차이는 적다고들 한다. 전체적으로 보면 이에 이의를 제기하기는 어려울 것이다. 그러나 방언학의 연구 대상인 방언은 자연 언어의 성격을 기본으로 한다. 방언은 그 소속된 방언권 안에서 자연언어로서의 일상어로서 기능한다. 그리하여 방언을 연구 자료로 삼아 조사·수집하는 경우 방언화자의 개인어보다는 그 방언의 표준적인 자연 언어를 제공할 수 있다고 믿는 방언 제보자를 선정하여 조사하여 왔다. 이 자료 수집 방식은 조사 항목을 체계화시킨다면 체계적인 연구가 가능할 것이다. 나아가서 방언의 체계적인 대조·비교 연구를 통하여 음운·어휘·문법 등의 방언차도 좀 더 체계적으로 밝힐수가 있을 것이다. 체계적인 자료를 제공해 줄 수 없는 성격을 지닌역대 방언 문헌(dialect literature)들은 보조적인 자료로 활용될 수밖에없을 것이다. 따라서 한국어 방언사의 체계적 서술은 방언 문헌에기대는 한에 있어서는 불가능에 가깝고, 방언 비교를 통한 방언사연구도 시대별로 체계적인 자료가 없다면 역시 재구상의 한계가 있을 수밖에 없다.

그러면 현대 방언을 자료로 이용하는 경우에 볼 수 있는 방언차의성격을 말해 보자. 음운상의 차이는 그런 대로 분명하다. 지금까지음운 목록과 음운 현상(또는 음운규칙)상의 방언차에 집중적인 관심을 보여 왔는데, 그중에서 운율상의 차이가 가장 두드러지는 것으로보인다. 일단 전이 지대(transitional area) 또는 접촉 지대(areas in contact)의 경우를 제외한다면 대체로 낭림산맥 → 태백산맥 → 소백산맥으로이어지는 지대를 경계로 하여 그 동부 방언은 대부분 성조 방언이요그 서부 방언은 비성조 방언으로 대부분 음장 방언이다. 이러한 현대한국어 방언의 양분은 아직 구체화된 것은 아니지만 동부 방언의 화자가 서부 방언의 화자와 의사소통을 하기 위해 비록 공통어(대체로수도권의 중앙어)나 표준어를 매개로 하여 언어 수행을 하더라도 성조(또는 억양)의 특성을 쉽사리 지워 버리지 못하는 것을 보면 이러한동부 방언과 서부 방언의 양분이 우선적으로 필요하다고 하겠다. 이두 대방언권은 성조 이외에도 여러 공통적인 방언 특징들을 지니고 있다. 그리하여 지금까지 흔히 기술해 온 현대 방언들을 다시 동부 방언과 서부 방언에 각각 하위 방언들로 소속시킬 수가 있을 것이다. 동부 방언은 동북 방언과 동남 방언으로 나뉘는데 강원도의 영동 지역은 동북과 동남 사이의 단계적인 전이 지대에 속하며, 서부 방언은 서북 방언, 중부 방언, 서남 방언 및 제주도 방언으로 나뉘는 것으로 보되, 방언권(때로 하위 방언권)별로 억양상의 방언차 등 여러 방언 특징을 달리 보이기도 한다고 할 것이다. 서부 방언 안에서는 전이 지대가 더욱 복잡할 것으로 예상된다.

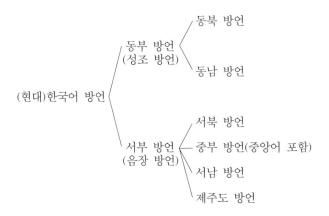

이들 방언 구획은 그 하위 방언과 함께 앞으로 좀 더 면밀한 검토를 요구한다. 때로 조선시대의 행정 구획을 고려하여 경기도 방언, 강원도 방언, 황해도 방언, 평안도 방언, 함경도 방언, 경상도 방언, 전라도 방언, 제주도 방언 등의 방언권을 언급하기도 하나 행정 구획과 방언 구획이 일치하지 않는 일이 있어서 방언 구획은 앞으로의 과제로 남겨져 있다. 특히 방언권 사이의 경계 지역이 자연지리적 장애,

나아가서 인문지리적 장애가 엄격하지 않은 완충 지대를 이루는 곳이 많아 방언 경계가 분명하지 않은 지역도 많은 점이 한국어 방언의한 특징이기도 한 것이다. 새로운 국토 개발에 따른 지방의 인문지리학적 중심 지역의 변동은 앞으로 방언 경계의 큰 변동까지 가져올지도 모른다. 지금까지의 방언 구획은 일부의 음운사적·문법형태적·어휘적 특성에 따른 것으로 체계적인 것이 아니었다. 체계적인 접근이 가능한지조차도 본격적으로 검증된 바도 거의 없다.

방언 특성의 체계적인 파악은 음운·어휘·문법 등에 걸쳐 이루어져야 함은 물론이다. 지금까지 알려진 방언 특징들은 불완전하기 그지없다. 음운론적 방언 특성은 대부분의 경우 음운체계나 음운규칙의 하위 범주상의 차이나 현상 내지 규칙의 존재 유무 혹은 그에 대한 제약상의 차이 등 부분적인 것들이었는바, 음성 목록 혹은 이음의차이와 그 생성 요인 등에 대해서도 검토되어야 할 것이다. 이들은방언 개신파의 중심을 거점으로 하여 흔히 지리적 연관성이 있고 또방언권 안에서도 정도차와 세대차도 있는 경우가 많다.

어휘상의 방언차는 지금까지 흔히 개별적인 단어 중심으로 밝히려하였는데, 이는 각각의 단어들이 그 자체의 역사와 분포를 가진다는전통적인 통시방언학의 전제와 통하는 것이었다. 이렇게 개별사적인단어 중심의 방언차가 일정한 지역에서 등어선속을 보일 수도 있으나 방언 경계를 구조적 관점에서 보는 데에는 큰 도움이 되지를 못한다. 어휘적 방언 특징은 형태의 면에서는 조어상의 차이를, 분포를고려하여 대조·비교하고, 의미의 면에서는 친족 명칭어들처럼 일정한 의미 관계로써 관련 체계를 이루는 단어 뭉치로서의 어휘를 종합적으로 대조·비교하여 검증하는 것이 오늘날의 방언학을 한 단계

올려놓는 일일 것이다. 나아가서 삼림 지대, 산악 지대, 평야 지대, 해안 지대 등에 따라 어휘의 종류가 차이를 보이면서 다양할 수가 있으며 지역의 특산물과 관련하여 또 특이할 수 있을 것인데, 이러한 어휘 연구도 앞으로의 과제로 남아 있다.

문법상의 방언 특징은 흔히 지금까지 일정한 문법 범주를 나타내는 문법 형태소들의 형식에 치우쳐 주사·기술되어 온 듯하다. 때로 합성 동사 내지 긴밀한 통사적 구성을 보이는 서술 구조에서 부정소의 위치 등 통사적 방언차를 일부 지적하기는 하였다. 문법상의 방언차가 음운·어휘상의 방언차에 비하여 상대적으로 훨씬 적은 것이 사실이지만 앞으로 방언 문법사 내지 방언 문법론의 현 단계를 넘으려면 형태적인 면 이외에 구조적인 면은 물론이고 기능적인 면에서의 방언차도 좀 더 체계화시켜야 할 것이다. 경어와 경어법상의 방언차도 한국어 방언 특징의 중요한 한 사항이 될 것이다. 모든 방언이 다 4등급의 경어법 체계일까 그리고 각 등급의 기능은 같을까.

관용적 표현(또는 연어적 표현)에 있어서도 방언차가 상당할 수가 있다. 특히 지역의 전통적인 민속 문화와 관련 있는 것들이 두드러지는 경우라 할 수 있다. 많은 경우에는 어휘상의 방언 특징과도 관련이 있을 수 있다. 이에 대한 연구는 거의 이루어지지 않고 있어 역시 큰 과제의 하나로 남아 있다.

공통적인 기반 위에서 드러나는 방언차는 곧 방언 특징들이라 볼 수 있는데, 이러한 방언 특징들은 방언 구획의 기초가 된다. 나아가서 방언 구획은 방언 특징들의 지리적 분포를 확인하여 대조·비교 연구를 통해 이루어지게 되는데, 지리적 분포를 부각시켜 주는 등어질선 사이에는 다시금 어떤 구조적 관련이 있을 수 있는가도 구명되어야 한다. 방언 특징들의 지리적 분포에 기초하여 궁극적으로 언어사를 재구하는 것을 임무로 삼는 분야는 지리방언학이다(방언지리학 또는 언어지리학은 지리학의 한 분야이다). 지리방언학은 방언 특징들의 지리적 분포를 작도한 방언 지도의 해석으로 이루어지는데, 이 지도는 방언 특징들의 구조적 관련성을 고려하여 여러 방법으로 제작된다. 이때 방언 지도는 단순히 방언형의 분포도가 아니라 방언차에 대한 언어학적 해석을 염두에 두고 작성됨이 바람직하다. 지리방언학은 이렇게 작성된 분포 지도에 따라 방언 구획을 시도하여 방언권을 확정하고, 방언권을 이루는 지리적 분포의 모양이 지니는 언어적 의의를 구명하며, 그러한 분포의 형성 과정을 추구하기도 하고, 방언 특징들의 방언차에 대하여 지리적으로 해석하면서 언어의 개신파의 확인을 통한 전파나 역사를 추구하기도 한다. 한국어의 경우 아직은 본격적인 지리방언학 연구가 형성되었다고 볼 수 없고 부분적으로 시도되었다. 지리방언학 연구가 쌓이면 분명히 한국 방언학의 수준이 또한 한 단계 높아질 것이다. 나아가서 한국어 역사의 새로운 사실은 물론이요 언어 변화의 원리나 방식에 관련해서도 새로운 문제가 제기될 수 있을 것이다. 이러한 연구의 핵심은 방언차에 있을 것인데, 방언차를 언어학적으로 어떻게 기술·설명하는 것이 가장 타당하고 효율적인 방법인가도 좀 더 고민하여야 할 것이다.

한국어는 현대어 이전에는 지리적 연속뿐만 아니라 일정한 지방 중심지를 거점으로 하여 방언 전파를 검토해야 하는 언어였는지도 모른다. 그러나 현대 한국어 방언들은 교통, 경제, 정치, 문화, 교육 등 여러 언어 외적 요인들에 의하여 지리적 공동체가 크게 바뀌고 있어서 언어 전파의 양상도 크게 바뀌고 있다. 지방자치제가 실시되기 시작하였으나 아직은 중앙어 내지 공통어의 위력은 대단하다고 할 수밖에 없다. 그중에서도 이른바 중앙어에 바탕을 둔 표준어를 공통어로 하여 표기되는 통일된 형식 즉 한글맞춤법에 의한 교육과 보급은 전국적으로 모든 방언에 표준어를 전파시킴으로써 방언의 세계를 더욱 역동적으로 만들고 있다. 방언차가 큰 두 방언권의 화자가 직접적이든 간접적이든 대화를 하려 할 때에 또는 어느 한 방언의 화자가 공공기관이나 단체에서 대화를 하려 할 때에 그들은 자신들의 고유한 소방언보다는 대방언 나아가서는 표준어 또는 표준어에 가까운 공통 한국어를 구사하려 한다. 표준어 또는 공통어가 중요한 매체언어로 기능하는 셈이다. 이에 대한 공시론적인 연구는 사회언어학이나 양식언어학의 관심이겠으나, 방언학자는 표준어 또는 공통어의 새로운 전파에 의한 방언의 개신에 대한 방언학적 연구에 관심을 두어야 할 것이다. 이를 위해서는 시간차를 둔 통시론적 연구가 이루어져야 할 것이다.

방언학 연구의 대상 자료는 방언일 수밖에 없다. 방언음 내지 방언음운, 방언 어휘 및 방언 문법, 방언 표현 등등이 그것이겠으나, 실지로는 일정한 의미나 기능을 지닌 방언형으로 흔히 방언학자 앞에 놓이는 것이 현실이다. 그런데 방언형은 문헌에 문자로 표기되든가, 자료집에 한글 또는 I.P.A. 등의 음성 부호로 표기된 것들이든가, 아니면 귀로 듣되 일정한 질문에 응한 방언형 또는 일시적인 발화에 나타난 방언형들이다. 과연 이들 방언형들을 구분 없이 연구 자료로 활용하여도 좋을 것인가. 방언학의 연구 초점에 따라서는 구분해서 자료를 처리해야 되는 경우는 없을까. 만일 이용되는 자료의 구분이 어떤 패러다임의 차이를 의미하는 경우가 생긴다면 그 차이에 대한 방언학적 해석은 새로운 사실이나 설명방식 나아가서 언어변화에 대한 이론적인 문제까지도 제기될지도 모르는 일이다.

　위에서 언급한 여러 문제가 극복되고 새로운 연구가 앞으로 진행된다면 좀 더 높은 수준의 방언연구가 가능할 것이다. 이 글은 이러한 의미에서 방언의 개념을 되씹으면서 그에 걸맞은 방언학 연구가 어찌되어야 앞으로 우리의 방언학을 좀 더 높은 단계로 끌어올릴 수 있을 것인가 하는 욕심에서 서설로 써 본 것이다. 한국에서는 거의 1세기에 가까운 기간에 걸쳐 방언연구가 진행되어 왔으나 본격적인 방언연구가 이루어지기 시작한 지는 반세기에도 못 미치고 있다. 이렇게 짧은 역사에도 불구하고 《방언학 사전》을 편찬한다는 것은 여간 어려운 일이 아닐 것이다. 아마도 앞으로의 좀 더 수준 높은 방언학을 기대하기 위함일 것이다.

[《방언학 사전》, 태학사, 2001]

붙임: 필자의 회갑을 맞아 기념하며 음운론 관련 논문집을 만류했더니 방언연구회의 창립(다시 한국방언학회로 변신)에 즈음하여 《방언학사전》을 기획하며 '방언과 방언학' 전반을 개관하는 글을 써 달래서 후학들을 위해 앞으로의 방언연구 또는 방언학의 발전을 위해 당시까지의 방언연구를 염두에 두고 꾸려 본 글이다. 필자는 아직도 한국에서는 '방언학'이란 학문분야가 확립되었다고는 믿지 않는다. 그래서 때로는 방언을 자료로 해 음운, 문법, 어휘 등의 각도에서 언어 연구하는 것을 '방언연구(方言研究)'라 부르고 방언을 지역성이나 지리적 분포의 해석, 방언차이의 지역적·지리적·민족학적·사회적 연구 등 언어학의 딴 분야에서 연구할 수 없는 공시론적·통시론적(때로 범시론적) 연구분야를 '방언학(方言學)'이라 부르기도 하였다. 우선 방언의 개념을 씹어 보고 그 개념에 어울리는 방언학 연구의 새로운 방향을 모색해 앞으로의 방언학 연구가 좀 더 나아지기를 욕심 내 본 글이다.

방언

1. 방언·방언학의 개념

하나의 언어가 지역적으로 달리 변화하여 어느 정도의 상이한 언어체계를 이루게 되었을 때에 그 지역 분포의 언어체계를 다른 지역 분포의 언어체계와 대조시켜 방언이라 한다. 그리하여 방언을 시간의 흐름에 따른 상이한 공간적 투영의 언어체계라 할 수 있다. 언어의 기본적인 기능의 하나가 의사소통인바, 이 기능을 다 하기 위해서는 동질적인 언어체계가 요청되는 데도 불구하고 이러한 지역적 변이체로서의 방언이 존재하는 것은 언어변화에 있어서의 통합과 분열이라는 언어의 본질 때문에서이다.

우리는 흔히 동북방언(=함경도방언), 서북방언(=평안도방언), 중부방언, 동남방언(=경상도방언), 서남방언(=전라도방언) 및 제주방언을 말하는데, 이들은 모두 한국어이면서도 서로 구별되는 각각의 방언들인 것이다. 말하자면 서남방언 또는 전라도방언이란 대체로 전라남북도의 지역에 분포되어 있는 그리고 다른 지역의 방언들과는 구별되는 언어체계를 일컫는 것이고, 그것은 이전의 어느 한국어로부터 분화되어 형성된 것을 또한 뜻하는 것이다.

현대언어학에서의 이러한 언어학적 개념으로서의 방언이 아니라 일반적인 뜻으로서의 방언 즉 '사투리'란 말을 쓰기도 한다. 이는 흔히 표준어가 아닌 어떤 지방의 특유어(idiome)를 가리키는데, 향토성의 언어적 반영이란 관점에서 방언을 규정한 19세기적인 개념이기도 하다. 표준적이고도 정확한 형식으로서의 규범형식에서 벗어난 지방의 고유한 시골스러운 말로서 '사투리'를 생각하여, 만일 '사투리'를 사용한다면 일종의 열등감마저 느끼는 것으로 오해되기도 한다. 현대언어학에서는 이러한 사투리로서의 방언이란 개념을 받아들이지 않고 사투리는 일정한 방언체계 속에 포함되는 요소로 받아들이고 있다.

일정한 지역에 분포된(통시적으로는 '분화된') 언어체계로서 다른 지역에 분포된 언어체계와는 구별되는 방언을 현대언어학에서는 다룬다. 이 방언들에 대한 체계적인 연구를 방언학(dialectology)이라고 부른다. 방언학적인 연구는 하나의 개별방언을 독립된 언어체계로 보고서 연구하기도 하고, 둘 이상의 개별방언을 비교하면서 연구하기도 한다. 전자의 연구는 흔히 하나의 방언체계에 대한 공시방언학이 되지만 그 방언의 사료를 중심한 연구라든가 세대차 또는 내적재구(internal reconstruction)에 의한 연구를 통한 통시방언학이 때로 이루어지기도 한다. 둘 이상의 개별방언을 비교, 연구하는 비교방언학은 흔히 그 목적이 방언사의 재구에 있는데, 이는 지리적 방언분화의 역사까지 포함시키게 된다. 일반적으로는 지리적 방언분화를 역사적으로 연구하는 언어학의 분야를 전통적으로는 지리방언학(dialect geography)이라 한다. 그리하여 이러한 면의 방언연구는 문헌어연구와 비교연구와 함께 언어사연구의 중요한 한 방법이 되는 셈이다.

방언학 연구는 지리적 분포를 고려하게 됨으로써 일정한 조사지점망을 설정하여 현지의 생생한 방언자료를 체계적으로 수집함을 전제로하게 된다. 이러한 점에서 방언학은 책상에 앉아서 문헌자료를 연구하는 desk linguistics가 아니라 일종의 현지 연구인 field linguistics가되는 셈이다.

사회 계층 또는 집단에 따르는 언어적 변이형을 흔히 사회방언(sociolect)이라 하는데, 이는 정상언어와 부분적으로 중첩된다. 이도넓게는 방언학—사회방언학—의 연구 대상이 되곤 한다.

2. 방언조사의 방법

현지언어학으로서의 방언학은 우선 믿음직스러운 방언자료의 수집을 전제로 하게 되는데, 이는 곧 제보자(informant) 자신의 방언이방언연구자가 엮은 그것과 결과에 있어서 일치해야 함을 뜻하는 것이다.

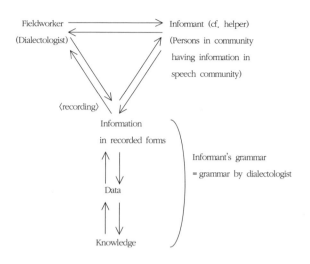

신빙성 있는 '방언' 자료를 얻기 위해서는 늘 조사의 절차·조사요령·조사항목 들이 문제가 된다. 조사목적·조사지역·조사내용·제보자·조사자·조사기간·조사경비·현지조사·보고서 들에 관한 전반적인 조사계획을 수립하고, 이에 따른 조사준비·예비조사·실지조사·확인조사·자료분석 들을 행하는 절차는 딴 현장조사 연구 분야들의 그것과 마찬가지이다. 이들 가운데서 방언조사를 딴 분야의 현지조사로부터 구별되게 하는 것은 말할 것도 없이 조사목적에 알맞게 작성되는 조사내용인데, 이는 조사항목과 질문지(questionnaire)로 된다. 질문지는 조사항목의 내용을 질문문으로 작성하여 여러 조사지점에서 동일한 환경과 동일한 의미로 균질적인 조사를 할 수 있게 해 준다.

조사내용이 되는 조사항목의 성격은 조사목적·조사기간 등등에 따라 연구자가 결정할 일지만, 조사지역의 범위에 따라서 그에 대한 일반적인 유의사항이 필요하게 된다. 어떤 지역의 언어를 조사하여

연구하는 유형을 지역선정과 관련시켜 나누어 보면 대체로 다음과
같은 유형들이 있을 수 있다.

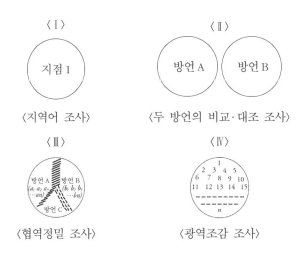

유형 〈Ⅰ〉은 어느 지역에서 사용되는 언어 즉 개별방언을 하나의
독립된 언어체계로 보고서 그 체계 전반을 기술하든가 어떤 언어현
상을 선택하여 정밀화시키든가 하는 목적으로 조사하는 경우이다.
이는 자주 중앙어를 염두에 두고서 기술되는데, 만일 방언차나 지역
차를 고려하지 않는다면 이러한 지역어의 연구는 엄밀한 의미에서의
방언학에는 속하지 않는 것이다. 왜냐하면, '개별언어'와 구별되는
'개별방언'이란 지리적 분포나 분화를 떠나서는 인식될 수 없는 것이
기 때문이다. 유형 〈Ⅰ〉의 방언조사에서는 체계적인 기술을 이상으
로 하기 때문에 조사항목들은 체계적으로 정밀화되어야 하는데, 그
지역의 특유어들이 현장에서 적절히 추가, 확대되는 것이 바람직하
다. 조사의 정밀화는 그 지역어의 숙지를 전제로 하기 때문에 지금까

지의 유형 〈Ⅰ〉의 조사·연구는 흔히 연구자의 고향방언을 대상으로 하여 왔다.

유형 〈Ⅱ〉는 두 지역 또는 지점의 방언을 지리적 분포와는 직접적인 관련 없이 비교 또는 대조시키기 위한 조사로서, 두 방언 사이의 상사점과 상위점을 흔히 동시에 고려하게 되는데, 이는 특히 정밀한 방언차를 밝히곤 하였다. 이러한 유형의 조사·연구는 원칙적으로 두 언어체계를 전제로 함이 이상적이기 때문에, 유형 〈Ⅰ〉의 지역어 조사를 두 방언에 걸쳐 행하는 셈이다. 물론 조사항목들은 자연히 정밀하게 체계적으로 작성되어야 할 것이다. 이중언어적인 성격을 기본적으로 띠는 사회방언의 조사는 이 유형 〈Ⅱ〉와 같은 방법이 된다.

유형 〈Ⅲ〉은 둘 이상의 방언권 또는 하위방언권에 걸치는 협역(klein Raum)에서 정밀한 등어선이나 방언구획선을 찾기 위한 조사로서, 이른바 협역언어지도(kleinräumige Sprachatlas)를 작성하기 위한 지리방언학적인 조사유형이다. 이 좁은 지역, 협역조사는 미세한 조사지점망에 걸치는데, 우선 두 방언극을 유형 〈Ⅰ〉·〈Ⅱ〉서처럼 체계적으로 조사하고서 두 방언 사이의 방언차를 중심으로 서로 반대방향으로 좁혀 가면서 조사하는 것이 바람직할 것이다.

방언 A ○ ○ ○ ○ ○ ○ ⇨ ⇦ ○ ○ ○ ○ ○ ○ 방언 B

이 유형 〈Ⅲ〉의 조사에선 두 극지점에서 보아 중간지점들을 전이지역(transition area) 또는 접촉지역(area in contact)의 성격을 띤 것으로 전제하게 되는데, 방언 A와 방언 B 사이에 제3 방언 C와 분포를 같이하는 '방언의 섬'이 존재하지 않아야 할 것이다. 인접된 지점들 사이의 미세한 방언차는 두 방언 A·B의 구조적 특성으로부터 흔히 해석되는데, 방언차가 아주 심하지는 않은 협역 안에서의 지점들을 조사하기 때문에 조사항목들은 미세하게 작성되는 것이 일반적이다. A방언형과 B방언형이 전이지역에서 모두 나타나는 경우에는 major form과 minor form의 차이, 또는 old form과 new form의 차이가 달라질 수 있음에 특히 주의해서 조사해야 할 것이다.

끝으로 유형 〈Ⅳ〉는 흔히 정밀한 방언구획의 전제 없이 광역(gross Raum)에 걸친 조사지점망을 두루 조사해 방언 특징들을 조감하는 광역언어지도(grossräumige Sprachatlas)를 작성하기 위한 지리방언학적인 조사유형이다.

이 광역조감조사에서는 균질적인 방언비교를 꾀하기 위하여 조사지점들을 지리적 평균거리라든가 전통적인 소지방문화권이나 행정구획들을 고려해서 균질적으로 선정하고, 제보자의 자질조건(나이, 성별, 직업, 학력 등)도 한결같도록 해야 하며, 조사항목 및 질문지를 모든 지점마다 같이 이용해서 조사함이 일반적이다. 연구자가 직접 조사를 하지 않고 조사자가 별도로 있을 경우, 특히 조사자가 두 사람 이상일 경우엔 조사지점의 선정요령, 제보자의 선정요령, 면접요령, 청취법, 전사법(transcription system) 들에 관한 일정한 훈련을 거쳐 질문지의 내용을 한결같이 조사할 수 있어야 한다. 지금까지의 광역조감조사는 매 조사지점(또는 가정되는 방언권)의 언어체계 전반을 바탕으로 조사하는 것이 이상적이겠으나, 현실적으로는 방언차가 두드러지게 보이면서 그 뜻이 혼동되지 않는 object word들을 중심으로 조사하여 왔다. 음운·문법의 항목들도 대체로 one-word utterance 또는 very short utterance로 응답할 수 있는 간단한 것들이었다. 그리하여 유형 〈Ⅳ〉에 의한 조사는 단어지리학(word geography)에 특히 기여한 셈이다. 전국방언조사들이 대체로 이에 속하고, 도단위의 방언조사들도 조사지점망이나 조사항목으로 보아 이에 준하는 경우가 대부분이다. 그러나 도단위의 조사는 전국조사에서의 항목 이외에 그 지역의 특정 항목들이 추가되는 경우가 많다.

협역조사   정밀조사

광역조사   조감조사

이러한 네 가지의 조사유형 가운데서 두 극단적인 경우를 생각해보면 그것은 협역정밀조사와 광역조감조사일 것이다. 만일 광역조사가 조감조사로만 이루어진다면, '체계로서의 방언'이란 개념에 미치기가 어렵고, 정밀조사로 조사지점망 전체에 걸쳐 이루어진다면 기나긴 조사기간과 엄청난 조사경비가 소요되는 현실적인 어려움이 따르게 된다. 그리하여 조감조사의 항목들을 확대시키되 정밀조사에서 흔히 하는 체계화가 가능한 또는 체계화에 이바지할 수 있는 key-item 들을 작성하고 예비조사를 통해서 수정, 보충하게 된다. 어휘·문법·음운에 관한 항목들은 서로 유기적인 관계가 맺어지도록 작성하되, 어휘항목은 그 단어족이나 단어장(또는 의미장)을 고려해서 확대시킬 수 있으며, 문법항목은 방언차가 뚜렷한 문법형태소들을 중심해서 그 형식과 기능의 파악에 길잡이가 될 수 있는 하위항목들로 세분할 수 있고, 음운항목은 음운체계와 음운현상을 유기적으로 이해할 수 있는 항목들로 체계화시켜 나간다.

어휘항목의 경우로부터 한 예를 보면, 광역조감조사에 흔히 포함 되는 하나의 object word인 '벼'(식물)에 그 의미장을 고려해서 '벼'(곡 물)를 분화시키고서 다시 object words in possible morphological categories로서 '벼이삭'과 '볍씨'들을 각각 덧붙여 확대시킬 수가 있을 것이다.

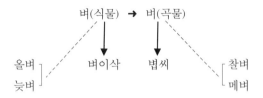

이들에 대한 방언(반사)형들은 대체로 다음과 같다.

	방언 A	방언 $\widehat{AB}$	방언 B
벼(식물)	pe	pe	narak
벼이삭	pe-isak	pe-isak	narak-isak
벼(곡물)	pe	narak	narak
볍씨	pe-ps'i	s'i-s-narak	s'i-s-narak

즉 방언 A와 방언 B는 /pe/와 /narak/을 식물이든 곡물이든 상관없 이 다의적으로 각각 쓰고 있는 데에 비하여 그 어떤 중간지점의 접촉 방언에서는 /pe/(식물)와 /narak/(곡물)으로서 분화시켜 쓰고 있어서, 결국 방언 A와 방언 B가,

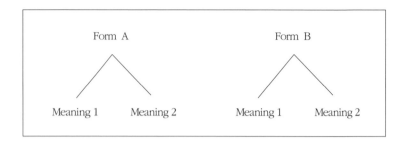

와 같이, 형식과 의미 사이에 biuniqueness가 이루어지지 않는데, 방
언 ÂB는 형식=의미의 엄격한 biuniqueness가 이루어져 있는 셈이 된
다. 이러한 어휘항목에서의 확대는 형태론적·의미론적인 면에서의
체계화를 이끌게 할 수도 있고, 복합어인 /pe-ps'i/에서와 같이 방언
(음운)사를 재구하는 문제를 제기하게 할 수도 있으며(cf. '씨'의
preform */psi/), 나아가서 광역의 조사지점망에서의 정밀한 등어선을
찾는 데에도 이바지할 수가 있을 것이다. 물론 어휘항목에 있어서
교체상에서의 음운규칙을 관찰할 수 있는 질문도 확대시킬 수가 있
으며(cf. narak, naraŋ-man, narak-ir, narɛk-i), 통사론적인 면에서 어휘
선택제약상의 방언차에 관한 질문도 가능할 것이다. 위의 방언 A에
서는 '베를 찧는다.' 그리고 방언 B에서는 '나락을 찧는다.'가 가능하
나, 방언 ÂB에서는 '나락을 찧는다.'는 가능하여도 '베를 찧는다.'는
어색한 문장이 되고 말 것이다.

  문법에 있어서는 문법형태소들이라든가 어순의 방언차들이 주로
관심의 대상이 되어 왔는데, 기능상의 방언차보다는 형식상의 그것
에 일반적인 관심이 주어진다. 그러나 만일 심한 기능상의 방언차가
보인다면 그것은 주목해야 할 것이다. 한 예로 경어법의 체계화가
고려될 수 있다.

I	II	III	IV	V	강릉	평양	제주
əra	əra	əra	əra	əra	해라체	막아라	ᄒᆞ라체
ə	ə	ə	ə		(ə/a)	막아	ᄒᆞ여체
ke	ke	ke	ke	ke	하게체	막게	
io əyo	iu	əyo	so	iso	하우체	막소	
iseyo	isiyu	isiyo	iseyo	i(si)iso	합쇼체	막으십시오	ᄒᆞᆸ서체

문장구조상의 문제로 볼 수 있는 어순의 방언차로는 부정소 '아니, 못'의 예를 들 수 있을 것이다.

	방언 A	방언 B
i)	부정소 + 동작동사 ~ 동작동사 + 부정소	부정소 + 동작동사 ~ 동작동사 + 부정소
ii)	상태동사 + 부정소	상태동사 + 부정소 ~ 부정소 + 상태동사

동북방언은 특이하게도 '나 앵이 갑데.'(안 나갑니다~나가지 않습니다)라든가 '먹어 못 밧슴매.'(먹어 보지 못했오) 들에서처럼 복합어나 이에 유사한 통사론적 구성에서 부정소를 두 어사 사이에 위치시키기도 하여, 딴 방언들에서의 어순과는 방언차를 보이고 있다. 때로 '좋지 않다.'에 대하여 '안 좋다.'를 씀으로써 상태동사의 부정문에 있어서 어순상의 방언차를 보이기도 한다.

어느 정도로는 규칙적이면서도 극심한 방언차를 보여 주는 것이 음운에 관한 것으로 흔히 언급되어 왔다. 그리하여 음운조사는 문법조사나 어휘조사에 비하여 체계적인 그리고 정밀한 방향에서 이루어진 경우가 많은 셈이다. 음운목록 자체의 방언차나 음운현상 또는 음운규칙상의 방언차에 대한 세분화된 항목들을 조사하되 체계적인 이해를 위한 key-item을 중심으로 하게 된다. 음운조사 또는 이음규칙의 조사는 그 자체의 목적이 있지 않는 한, 극히 한정될 수밖에 없는 것이다.

방언조사의 내용은 조사목적에 따라 달라질 수밖에 없는 것이지만, 요컨대 방언조사·연구의 성패는 조사내용의 체계화와 정밀화에 달려 있다고 할 수 있다.

3. 한국 방언학이 걸어온 길

연구사의 서술은 모든 역사의 서술과 마찬가지로 시대적 가치의 차이를 인정하면서 그 전체적인 흐름을 파악하면서 새로운 방향을 모색하는 서술이어야 할 것이다. 그러나 여기서는 우선 우리의 방언학이 어떠한 주제와 방법을 가지고서 흘러왔고 또 발전되어 왔는가 하는 점을 고려하여 서술함으로써 앞으로의 연구에 참고가 되는 정도에 그친다.

우리나라에서의 방언에 대한 관심은 이른 시기로부터 있어 왔겠으나, 기록에 따르면 훈민정음에서부터 확인된다. 《훈민정음 해례》 합자해의 " ·, ㅡ起ㅣ聲 於國語無用 兒童之言 邊野之語 或有之"에서 중앙어에 없는 '기'와 '긔'가 아이들의 말이나 변방의 말에 있음을 언급하고 있다. 이러한 방언음운론적인 인식 이외에 실학시대에 오면 중앙어 중심의 음운사적 연구와 함께 방언어휘의 보고가 있었다. 박성원의 《화동정음통석운고》, 유희의 《언문지》 등에서의 ㅌ구개음화라는 음운사에 대한 인식, 신경준의 《훈민정음운해》에서의 ' ·· ' 자 주장의 바탕이 되는 음성적인 관찰(其聲比·差重 其氣比·差長) 등과 같이 음운사적인 인식과 아울러 방언분화에 대한 인식도 있었던 것이다. 방언어휘들을 보고한 이 시기의 기록으론 이덕무의 《청장관전서》에 들어 있는 〈한죽당섭필〉을 비롯하여 홍양호의 《북새기략》에 들어있는 〈공주풍토기〉라든가 윤정기의 《동환록》 등이 대표적으로 알려져 있는데, 경상도 함경도 전라도 지역의 방언어휘들이 실려 있다.

개화기에 있어서도 방언에 대한 관심은 비록 적은 것이었지만 계속되었다. 개화기의 잡지들에 방언자료들이 보고되었고, 문법서들에 방언현상들이 부분적으로나마 기술되기도 하였다. 대한자강회월보의 '방언'들과 주시경의 문법서(예: 구개음화와 관련되는 평안도 방언)들이 그 대표적인 것이다. 그러나 이 시기의 국어학의 관심은 민족주의에 바탕을 둔 어문정리로 특히 새로운 문자체계의 확립에 있었기 때문에 방언학이 독자적인 분야로 성립되지는 않았다.

현지조사를 필요로 하는 방언에 대한 본격적인 연구는 그리하여 일본의 제국주의 아래에서 우리보다 훨씬 유리한 자리에 있을 수밖에 없었던 일본인 학자들 특히 小倉進平과 그의 제자 河野六郎에 의하여 독점되다시피 하였다. 이들의 방언학적 관심은 당시의 언어학의 흐름이었던 역사주의적인 것이었다. 한국어의 특질과 그 계통을 밝히기 위하여 한국어의 역사적 변천의 발자취를 밝히고 딴 여러 언어와의 비교·연구를 실험하되, 문헌자료의 연구만으로는 불충분하여 방언연구의 도움을 받기 위해서 방언자료의 수집과 그 연구를 행하였던 것이다. 그리하여 다양한 변화를 보여준 방언음운사에 관심의 초점을 두었던 것이다. 小倉進平의 《한국 제방언의 개요》(The Outline of the Korean Dialects, 1940)에서의 연구주제를 보면 1. ᆞ, 2. ㅚ, 3.

ㅕ, 4. ㅛ, 5. △, 6. 어중에 나타나는 ㅂ, 7. 어중에 나타나는 ㄱ, 8. 벼와
나락, 9. 옥수수, 10. 달팽이, 11. 겸양법의 조동사, 12. 외래어 들인바,
음운사에 대한 관심이 가장 컸음을 알 수 있다. 하나하나의 주제들의
방언반사형들에 대한 지리적 분포와 음운변화를 검토하였는데, 물론
체계적인 것이 아니고 개체사적으로 각각의 항목들로서 검토한 것이
었다. 예컨대 동사 '바르다'(塗)의 항목을 보면 [pol-lun-da] [pal-lun-da]
[pol-lun-da] [pa-run-da] [po-run-da] [po-ran-da] [po-rin-da] 들의 방언형들
이 제시되어 있는데(《조선어방언의 연구》, p.371), 이는 바로 '바르다'
에 대한 그것도 특히 'ㆍ'에 대한 음운사에 초점이 주어진 것이다. 첫
음절의 'ㆍ'가 원순모음화를 일으켰는가의 여부 및 둘째 음절의 'ㆍ'가
어떤 모음으로 대체되었는가 하는 문제가 그것이다. 동사 자체로서
의 문법적인 기능이라든가 어휘항목으로서의 의미자질 등에는 거의
관심이 없었으며, 음운론적인 면에서도 활용이 보여주는 음운교체의
양상에 있어서의 방언차라든가, 성조상의 방언차들은 전혀 도외시되
었다. 말하자면 한 조사항목에 대한 여러 층위에서의 정보를 충분히
보여주지 않은 것이다. 어휘항목으로 처리되는 경우에는 음운사적
관심 이외에 주로 그 형태사에 관심을 두었다. 예컨대, '옥수수'에 대
해 [suk-ki]는 접미사 [-ki]를 가진 방언형이고, [taŋ-sui]는 중국으로부터
의 수입을 뜻하는 [taŋ](唐)을 지닌 방언형이며, [kaŋ-nam]은 중국의
지명인 '강남(江南)'에서 유래된 방언형이고, 끝으로 [ok-su-su]는
'옥(玉)'을 포함하는 중국어의 '옥수수(玉蜀黍)'의 번역된 방언형이라
하고 있다. 어휘의 의미차에 대해서는 자료의 보고에서 부분적으로
관심을 둔 경우가 있다. '새우(蝦)'에 대하여, 대부분의 경기도 지역에
서는 큰 새우를 [sɛ-u]라고 하는 데에 비하여 작은 새우를 [sɛŋ-i]라 한

다든가, 충청남북도 지역에서는 일반적으로 큰 편인 새우를 [sɛ-u]라 하는 데에 대해서 작은 새우를 [sɛ-bɐŋ-i] [sɛ-uŋ-gɛ]라고 하는데, 다만 충청북도 단양군에서는 [sɛ-u]는 작은 것이고 중간크기의 새우는 [ʧin-ge-mi]라고 한다든가 하는 것들이 의미차를 보인 경우가 된다.

이른바 '어법(Grammar)'에 관련된 小倉進平의 대표적인 주제는 겸 양법의 조동사 '-읍니다/습니다'인데, 이의 문법적 기능보다는 그 형 식의 방언차와 지리적 분포에 초점을 두고 있다. 겸양법의 체계와 방언에 따라 나타나는 방언차에는 체계적인 연구가 없다. 의문법의 경우에도 마찬가지이다. 의문형에 관련된 방언자료를 그의 자료집에 서 보면,

1. [ka], [ga]   [問] [對下]

2. [kaŋ] [gaŋ]   [問] [現在] [對等]

53. [ko], [go]   [問]

54. [koŋ], [goŋ]   [問]

151. [ra]   [問] [現在] [指定] [對下]

와 같은 것이 있는데, 문법적 기능을 표시한 자질들 가운데 오직 의문 이란 점에서만이 일치가 되어 있고 나머지의 경우에는 동일한 기준 에 따라 밝히고 있지 않아서 역시 의문법의 체계적인 이해에는 이르 고 있지 않다. 이들 의문형 어미들은 모두 이른바 명사문에 쓰이는 것들로서 위의 '가, 강' 들은 의문사가 없는 판정의문문에 쓰이고 '고, 공' 들은 의문사를 포함하는 설명의문문에 쓰이는데, 이들은 다시 서 술용언에 쓰이는 '나'와 '노'에 각각 대립되는 것들이다(이는 60 · 70년

대에 와서야 밝혀졌다). 小倉進平의 방언연구는 결국 그 방법에 있어서는 19세기의 역사언어학에 속하는 것이었는데, 이러한 역사적 방법에 의하여 방언조사를 행하였고 수집된 자료들을 가지고서 개별방언들을 기술하면서 개체사적 특징들의 지리적 분포에 따라 방언구획을 시도하였다. 이렇게 하여 설정된 방언권은 경상방언·전라방언·함경방언·평안방언·경기방언·제주방언의 6개 구역인데, 대체로 다음과 같다. 이들은 단층·평면적인 방언구획이었다.

①경상방언: 경상남북도 전부를 포함하고, 그 여파는 전라남북도의 동쪽에 미치고 있다. 또 충청북도의 방언과는 대략 도계로서 경계하고 있으나 서로 극히 복잡한 교섭이 행하여지고 있다.

②전라방언: 전라남북도의 대략 전부를 포함하는데 무주는 제외된다. 그리고 전라방언은 경기방언 중 충청남도지방의 방언에 대해서 현저한 영향을 주고 있다.

③함경방언: 함경북도의 전부, 함경남도 중 정평 이북의 지역을 포함한다. 영흥 이남은 경기방언에 속한다.

④평안방언: 평안남북도의 전부를 포함한다. 다만 압록강 상류의 후창지방은 뚜렷이 함경방언의 영향을 받고 있다.

⑤경기방언: 경기도 충청남북도 강원도 황해도의 대부분의 방언을 포함한다. 전라북도 무주와 함경남도 영흥 이남의 지방을 그 세력 아래에 두고 있다.

⑥제주방언: 전라남도와 비교적 친밀한 관계를 가지고 있으나, 각 방면의 특질은 이를 하나의 독립된 방언으로 취급할 가치가 있다.

행정구획과 방언구획이 반드시 일치하지 않는 점을 고려해서 현재는 이들 방언들을 각각 동남방언·서남방언·동북방언·서북방언·중부방언·제주도방언이라 바꾸어 부르고 있으나 여전히 평면적이다.

小倉進平의 방언연구는《조선어방언의 연구》상·하로 집대성되었는데, 자료편과 연구편으로 되어 있다. 중간적인 보고·연구로서는 30여 편의 논문과 위에서 말한《한국 제방언 개요》(1940)와《남부조선의 방언》(1924)들이 있다.

河野六郎의《조선방언학시고》(1945)는 小倉進平의 방언음운사 주제들인 'ㆍ', 이중모음 및 어중에서 나타나는 중간자음(ㅿ, ㄱ, ㅸ)을 중심으로 'ㄱ시개'(鋏)의 통시음운론을 다루고 이에 따라 방언구획을 시도한 것이다. 우선《계림유사》에 나오는 '割子蓋'를 [kʌ-si-gai]의 3음절어로 재구하였는데, 그가 인식했던 음성유형(sound pattern)의 개념에 따라 'ㆍ'를 훈민정음의 모음체계 속에서 이해하려 하였고, 공시태와 통시태의 구별에 따라 마지막 음절은 현재의 단모음 [ɛ]가 아니라 이중모음이었음을 방언반사형과 문헌자료를 통해서 언급하였으며, 'ㅿ'과 '-g-'는 각각 '-s-'와 '-k-'의 약화·소멸의 과정 속에서 이해하였다. 그가 다룬 음운사적 주제들에 따라서 구획한 5개의 방언은, 중선방언, 서선방언, 북선방언, 남선방언, 및 제주도방언인데, 여기서 남선방언이라 함은 경상도방언과 전라도방언을 합한 방언이 된다.

〈방언에 나타나는 ㅿ음의 변천〉(1931) 등 여러 편의 방언 관계의 논문을 발표했던 방종현은 향토문화 연구의 일환으로 그리고 국어사 연구의 일환으로 방언연구를 행하였는바, 위의 논문은 문헌에서의 'ㅿ'이 방언에서 어떻게 변천되었는가를 관찰한 것으로 'ㅿ'이 'ㅅ'과 'ㅇ'의 두 음으로 방언에서 반사되고 있음을 지적하였다. 대체로 당시의 음운사적 연구 태도의 일면을 보여 주는 셈이다.

이숭녕의 〈어명잡고〉(1935)는 어명의 문헌자료와 방언형들을 정리 제시하였는데, '魚'의 어원 등 통시론적 관심을 보이기도 하였다.

요컨대, 해방 이전의 방언연구는 국어사 연구의 한 분야로서 그 주제들이 대부분 역사적인 것이었고 그것도 특히 음운사연구를 위한 것이 대부분이었다. 나아가서 형식적 차원의 방언사적 주제들을 지리적 분포에 따라 해석하기 위해 그 대상지역을 대체로 전국으로 하였고, 그리하여 전국 방언의 구획을 시도하곤 하였다.

해방 이후에 이러한 방언연구의 바탕 위에서 석주명의 《제주도방언집》(1947), 현평효의 《제주도방언연구》(Ⅰ)(1962), 최학근의 《전라남도방언연구》(1962), 김형규의 《한국방언연구》(1974), 김영태의 《경상남도방언연구》(Ⅰ)(1975), 최학근의 《한국방언사전》(1978), 이돈주의 《전남방언》(1978), 김이협의 《평북방언사전》(1981) 등의 자료집들이 계속 나왔다. 특히 지역별 방언자료집들은 새로운 방언자료를 많이 추가해 줌으로써 국어사연구와 방언연구에 크게 이바지해 오고 있다. 전국 방언자료집들은 아무래도 해방 이전의 수립된 자료들을 재확인·보완하는 것이었는바, 조사의 목적은 국어사 연구에 이바지할 보충적인 자료의 수집에 있었으며, 조사항목의 배열도 전통적인 유해서들에서 볼 수 있는 어휘 분류의 방식이었고, 개개의 조사항목에 대한 조사범위도 대체로 고정된 환경에서의 방언형을 확인하는 정도에 머물렀다. 그러나 해방 이전의 자료집보다 훨씬 진전된 모습도 볼 수 있으니, 예컨대 小倉進平(1944)에서는, '꽃(花)'에 대해서 [ˀkot], [ˀkoɾ], [ˀko-tʃʼi], [ˀko-ʤi], [ˀko-ʤaŋ] 등과 같이 휴지 앞에서의 고정된 형식들을 제시해 형태음소적인 방언차가 없는 듯이 보고하였다.

그러나 김형규(1974)에서는 같은 항목에 대해서 'k'oʧʰ, k'oʧʰ(i)~k'otʰ (in)~k'ot(s), (kot, k'oʧʰi, k'odʒi, koʤaŋ) 등과 같이 형태음소론적인 방언차까지 볼 수 있게 보고되어 있다. 물론 이러한 태도는 60년대 말기 이후의 일이었는바, 개별방언의 공시론적 연구에서 보인 형태음소론적인 관심에 영향받은 것이었다.

해방 이전의 원자론적인 언어연구는 이미 1940년대에 비판된 바 있거니와, 해방 이후의 50·60년대의 방언연구도 각각의 개별방언 또는 지역어의 '체계' 내지는 '구조'의 해명에 초점을 두는 방향으로 바뀌기 시작하였다. 20세기 초엽부터 구조주의 언어학이 늘 강조하여 왔듯이 방언은 양적인 면에서가 아니라 질적인 면에서 하나의 언어체계일 수 있음이 국어방언학에서도 강조되었고, 공시론이 통시론의 바탕을 마련한다는 점도 강조되었다. 그래서 해방 이후의 국어방언학은 해방 이전의 전국 방언에 대한 역사적인 연구로부터 우선은 개별방언 중심의 공시론적인 연구로 방향전환을 하기 시작하였다. 따라서 조사내용은 차츰 정밀화되기에 이르렀다. 이 시기에도 여전히 방언음운론적 연구들이 주축을 이루었지만, '경어법, 시제, 상, 의문법, 서법' 등의 문법범주들의 형태론적인 기술도 국어방언학사를 꾸며 주었다. 그러나 비록 공시론적인 기술이라 해도 그것을 문헌 중심의 국어사연구에서 흔히 주목되었던 주제들과 깊은 관련이 있는 것들이었다.

이 시기에 나타난 방언음운론 연구 가운데서 우선 주목되는 것이 방언성조론이었다. 이 방언성조 연구들은 개별방언으로서의 동남방언의 성조체계에 관한 공시론적인 연구인데, 궁극적인 목표는 중세국어의 성조체계와 그 추이에 대한 해명이었는바, 성조소의 확인과 어절 단위의 성조유형의 파악을 우선적으로 다룬 것들이다. 이 방언 성조론의 출발이 된 논문은 허웅의 〈경상도방언의 성조〉(1954)이었는바, 이것은 중세국어의 성조까지 다룬 〈방점연구〉(1955)의 일부이었던 것인데, 고·중·저의 세 성조소를 설정하였다. 성조소의 확인은 주로 최소대립어를 바탕으로 하였고, 성조유형의 파악은 어절의 음절수에 따른 것이었다. 60년대 초에 중세국어(특히 15세기 국어)의 성조에 대한 연구가 집중적으로 이루어지면서 60년대 후반에는 동남방언의 성조에 대한 연구도 활기를 띠기 시작하였다. 정연찬의 〈경상도방언의 성조에 대한 몇 가지 문제점〉(1968b)에서는 중세국어의 성조론에서와 같이 고·저의 두 성조소를 가진 평판조의 성조체계가 이 방언의 성조체계라는 견해가 제시되었고 이어서 〈국어성조의 기능부담량에 대하여〉(1969)에서는 방언성조의 고저는 특정한 위치의 특정한 음절에 한해서 의미가 있으며 나머지 음절의 고저는 의미가 없기 때문에 결국 동남방언은 사실 순수한 성조방언이 못되고 단어 음조(word pitch) 체계를 가진 방언이 된다는 견해도 제시되었다. 김영만의 〈경남방언의 성조연구〉(1966)와 김차균의 〈경남방언의 성조연구〉(1970), 장태진의 〈대구방언의 운소분석〉(1960), 문효근의 〈대구방언의 고저·장단〉(1962), 梅田博之의 〈경상북도 칠곡 방언의 액센트〉(1961) 들도 발표된 바 있는데, 이들의 업적이 쌓여 70년대에는 정연찬의 《경상도방언성조연구》(1974b), 김차균의 《경상도방언의 성조체계》(1980), 문효근의 《한국어성조의 분석적 연구》(1974), R. S. Ramsey의 《Accent and Morphology in Korean Dialects》(1978) 등 중요한 업적들이 나오게 되었다. Ramsey의 것은 주로 동북방언의 액센트론으로 방언연구사에 있어서 독특한 자리를 차지하게 되었다. 70년대에는 차츰 방언성조비교론이라든가 중세성조와 방언성조와의 비교론이 한층 더 본격적으로 이루어지기도 하였다.

방언음소체계의 기술에 있어서는 전혀 추상적인 태도를 취하지 않고 최소대립어와 음성적 특징을 중심으로 했던 것이 50·60년의 방언음운론의 특징이었다. 특히 개별방언의 모음체계의 설정 문제가 이 시기에 두드러졌는데, 최소대립어에 따라 모음 목록의 집합체로서의 체계를 확립하고 대립관계를 확립하려 하였다. 김영송의 〈경남방언의 음운〉(1963)을 비롯하여, 정연찬의 〈경남방언의 모음체계〉(1968a), 현평효의 〈제주도방언의 모음체계〉(1970), 이돈주의 〈전남방언에 대한 고찰〉(1969), 이병근의 〈황간지역어의 음운〉(1969)과 〈경기지역어의 모음체계와 비원순모음화〉(1970b) 등이 계속되었는바, 'ㅟ'와 'ㅚ'의 설정 문제, 'ㅔ/ㅐ'와 'ㅡ/ㅓ'의 구별 문제, 'ㆍ'의 문제들이 주축을 이루었다. 이기문의 〈제주도방언의 'ㅇ'에 관련된 몇 문제〉(1977)는 이중모음 /yʌ/의 확인과 그에 대한 음운사적 해명을 위한 것이었다.

자음체계에 관해서는 'ㅅ/ㅆ'의 시차성 및 'ts/ʧ'의 방언차 등이 논의되었는데, 특히 이기문의 〈중세국어 음운론의 제문제〉(1969)에서는 구개음화와 관련하여 서북방언의 치경음 /ts/를 설정하였고, 김영배의 《평안방언의 음운체계 연구》(1977)가 이어지게 되었다.

60년대와 70년대 교체기로부터 방언음운론 연구는 새로운 방향을 모색하기 시작했다. 그것은 음운체계와 음운현상을 유기적으로 해석하려는 경향이고 또 하나는 형태음소론적 연구의 등장이다. 전자의 경우로는 이병근의 〈경기 지역어의 모음체계와 비원순모음화〉(1970b) 이외에 〈운봉지역어의 움라우트현상〉(1971a), 〈새갱이의 통시음운론〉(1976a), 전광현의 〈남원지역어의 어말 -U형 어휘에 대한 통시음운론적 고찰〉(1976), 이승재의 〈남부방언의 원순모음화와 모음체계〉(1977), 최명옥의 〈동남방언의 세 음소〉(1978a)와 〈동해안 방언의 음운론적 연구〉(1979), 이광호의 〈경남방언의 이중모음에 대하여〉(1978) 들이 있고, 형태음소론적인 현상을 중심으로 한 것으로서는 이병근의 〈중부방언의 어간형태소 소고〉(1967)와 〈동해안방언의 이중모음에 대하여〉(1973) 및 〈국어의 장모음화와 보상성〉(1978), 이익섭의 〈강릉방언의 형태음소론적 고찰〉(1972b), 최명옥의 〈서남경남방언의 부사화 접사 '-아'의 음운현상〉(1976a) 들의 개별방언의 기술들을 들 수 있다. 70년대로부터 시작된 이러한 음운론적 연구들은 60년대 말의 체계와 기능을 더욱 고려하려는 방언연구의 구조주의적 방법이 강조되면서 부터이다. 이러한 방향전환에 이어서 특히 김완진의 〈전라북도 방언 음운론의 연구방향 설정을 위하여〉(1975)에서는 방언연구가 기술뿐만 아니라 방언현상을 설명하여 일반이론에 기여할 수 있어야 한다는 주장이 있기도 하였다. 이승재의 〈구례지역어의 음운체계〉(1980)는 이러한 경향을 보여준 한 예가 된다. 최명옥의 〈월성지역어의 음운양상〉(1982)은 공시음운론과 통시음운론을 모두 다룬 것으로 방언 음운론 연구의 현단계를 알려주고 있다고 할 수 있다.

　방언문법에 대한 연구는 제주방언의 형태론을 광범위하게 다룬 이숭녕의 〈제주도방언의 형태론적 연구〉(1957)로부터 본격화하였다. 조어론적인 특징 외에 격변화·시제·상·서법·경어법 등의 문법범주들을 나타내는 각각의 형태소의 형식과 그 기능을 밝히려는 형태론으로, 대체로 기술형태론에 속하는데 통시론적인 관심을 함께 두어 형태사론도 겸하고 있다. 결국 이러한 문법형태소들의 발굴과 체계화는 국어사연구에도 많은 암시를 보여주기도 하였다. 김영돈의

〈제주도방언의 어미활용〉(1956/1957)은 형태음소론도 포함된 것이고, 최학근의 〈경상도방언에서 사용되는 종결어미〉(1964/1965)는 주로 자료의 보고서 성격을 띤 것이며, 나진석의 〈어법(경상남도)〉(1963)은 개관적인 것이다. 방언문법론은 방언음운론의 경우와 마찬가지로 70년대에 활기를 띠기 시작하여, 강신항의 〈안동방언의 서술법과 의문법〉(1978), 김영태의 〈경남방언 종결어미의 경어법 고찰〉(1977), 박양규의 〈서남방언 경어법의 한 문제〉(1980), 성낙수의 〈제주도방언의 통사론적 연구〉(1975), 신창순의 〈안동방언의 서상법 종결어미〉(1963b), 이병근의 〈파생어형성과 i역행동화규칙들〉(1976b), 이익섭의 〈영동방언의 경어법 연구〉(1974), 천시권의 〈경북방언의 형태론적 고찰〉(1973)과 〈경북방언의 의문첨사에 대하여〉(1975), 최명옥의 〈현대국어의 의문법〉(1976b), 최태영의 〈존대법 연구〉(1973), 홍순탁의 〈전남방언에 나타나는 접미사의 유형 분석〉(1977), 홍윤표의 〈전주방언의 격연구〉(1978), 홍종림의 〈제주도방언의 의문법에 대한 고찰〉(1975), 大江孝男의 〈대구방언에 있어서의 반경어에 대하여〉(1976) 등이 쏟아져 나왔다. 이러한 연구들은 대체로 형태론적인 것들인바, 이는 국어의 구조적 특성과 방언차의 성격을 잘 대변하여 주는 셈이다. 방언문법론의 경향은 방언음운론의 그것도 그러했지만 국어문법론의 한 경향을 뜻하는 것이기도 하다. 특히 70년대의 방언문법론은 단순히 방언문법형태소들의 확인에만 그친 것이 아니라, 문법범주들을 나타내는 형태소들의 구조와 기능을 기술하되 통사구조와 관련시키는 방언문법의 기술에로 전향하고 있는 것이다.

방언어휘론의 연구는 주로 자료수집과 그 보고에 그친 경향이 있으나, 일찍이 김완진의 〈제주도방언의 일본어 어사차용에 대하여〉

(1957)는 방언에서의 외래어 문제를 다룬 것이고, 전광현의 〈방언의 어휘론적 시고〉(1973)는 방언어휘론의 방법과 실제를 보인 것으로 고정된 어휘의미를 전제로 그에 해당하는 방언형을 확인하는 것만으로 만족하지 않고 방언형들의 의미자질의 차이까지도 파악하려고 하였다. 이는 음운론이나 형태론에서 동일한 음운이나 형태가 방언에 따라 상이한 체계상의 가치를 가질 수 있다는 강조와 평행되는 것이기도 하다. 이익섭의 〈'아재'고〉(1976b)는 '아재'라는 방언형이 지역에 따라 상이한 대상을 지칭하는 친족명칭어임을 보고하려 한 것으로 70년대의 위와 같은 일반적인 경향 속에서 이루어진 한 예이다. 이익섭의 《영동 영서의 언어분화: 강원도의 언어지리학》(1981)도 대체로 방언어휘론에 드는 것으로 통신조사에 의한 어휘항목들의 지역적인 분포도(50매)가 포함되었다. 강원도방언을 크게 영동방언권과 영서방언권으로 나누고서 이에 대한 사회문화적인 배경까지 논의하였다.

요컨대 해방 이후의 방언연구는 지역별 자료수집이 진행되면서, 방언형과 그 기능(또는 의미)을 상관시켜 고려하면서 구조를 파악하되 규칙을 정밀화시키고 체계를 고려하여 유기적인 해석을 깊이하는 경향을 보이고 있는 셈이다. 그런데 특기할 것은 남북 분단을 비롯한 여러 현실적인 여건으로 인하여 또한 일반언어학 내지 일반방언학의 영향으로 개별방언 중심의 공시론적 연구가 두드러졌다는 점이다. 최명옥의 《경북 동해안 방언연구》(1980a)는 한 개별방언을 하나의 언어체계로 보고서 그 방언의 문법·어휘·음운을 함께 다 다룬 것으로 바로 위의 경향을 대변하여 주는 대표적인 예가 된다. 그런데 이러한 해방 이후의 개별방언 중심의 방언연구는 그야말로 개별적으로 이루어져서, 균일한 기준에 따른 전국 방언의 비교연구가 거의 시도되지 못한 결과를 가져왔다. 최학근의 〈남부 방언군과 북부 방언군과의 사이에 개재하는 등어선 설정을 위한 방언 조사 연구〉(1971) 등의 몇몇 방언경계선을 찾으려는 시도가 있기는 했으나, 아직까지도 체계와 체계와의 비교라는 관점에서 전국 방언을 비교 연구하여 새로운 방언구획을 시도하고 국어사로서의 방언사를 재구한 연구는 나타나지 않고 있다. 이를 위해서 전국 방언조사를 위한 《한국방언조사질문지》(1980)가 출간되었는데, 이는 이전의 전국 방언조사에서 포함되었던 조사항목들을 바탕으로 체계화에 기여할 수 있는 key-item들을 포함시킴으로써 보다 정밀화된 조사를 하도록 작성된 것이다.

자연언어로서의 방언이란 늘 사회문화적 환경 속에 위치하는 것이다. 방언을 바로 이러한 사회문화적 측면에서 연구하는 사회방언학적 연구는 50 · 60년대에 특정의 사회집단의 언어라 할 수 있는 '은어'에 집중되었는데, 이는 그 사회집단의 구조와 성격을 늘 전제로 하는 것이었다. 60년대 말기 이후로 이익섭 · 강신항 등에 의하여 새로운 사회방언학적 문제들이 제기되었는데, 이것은 반상의 전통적인 사회계층의 관계, 농촌과 어촌이라는 생업 · 계층의 관계, 가옥구조 등의 민속 유형의 관계들이 어떻게 방언분화에 이바지한 것인지에 대한 것이었다. 요컨대 방언분화와 비언어적 요인과의 통시론적 관련성을 다룬 것이다. 그러나 아직 사회적 문맥에 따른 방언변이형들을 이중언어제로 보아 공시론적으로 체계화시켜 이를 다시 지리적 분포와 대조하는 연구는 아직 시도조차 이루어진 바 없다. 즉 지역방언과 사회방언과의 상관적인 연구, 나아가서 그것의 지리언어학적인 연구는 앞으로의 과제로 남아 있는 것이다.

[《국어국문학연구사》, 우석, 1985]

붙임: 이 '방언'이란 글은《국어국문학연구사》(1985)의 한 분야로 선정된 제목이다. 우선 방언의 개념을 검토하고 이에 어울리는 방언 자료의 수집 조사를 개관하고는 방언연구 내지 방언학의 개념과 방법을 정리해 보고서 다시 이들을 바탕으로 하여 1980년대 초까지의 한국방언학이 걸어온 길을 서술해 보았다. 이 글의 주제상 앞의 〈방언과 방언학〉 서술의 바탕이 된 글이다.

참고문헌

강신항(1979),《국어학사》, 보성문화사.

김완진(1978), 국어학연구의 동향과 과제,《한국의 민족문화》 1.

김완진(1979), 방언연구의 의의,《방언》 1.

남기심(1977), 국어학이 걸어온 길,《언어과학이란 무엇인가》, 이정민 · 이병근 · 이명현 공편, 문학과 지성사.

이기문(1977), 국어사연구가 걸어온 길,《나라사랑》 26.

이돈주(1972), 1960년대의 국어학(Ⅰ): 음운 · 문법 · 방언학의 연구를 대상으로,《용봉논총》(전남대) 1.

이병근(1979), 국어방언연구의 흐름과 반성,《방언》 1.

이병근(1981), 광역방언조사를 위한 질문지의 성격,《방언》 5.

이익섭(1972), 국어방언연구사,《국어국문학》 58 · 60.

이익섭(1978), 한국방언연구의 한 방향,《어학연구》(서울대) 14-2.

이익섭(1979), 방언자료의 수집방법,《방언》 1.

梅田博之(1973),《朝鮮語方言研究の近況》(方言研究叢書 2), 東京: 三弥井書店.

〈일반 이론과 방법〉

김방한(1968), 구조방언학,《어학연구》(서울대) 4-1.

김윤한(1982), 방언학의 방법론과 문제점,《방언》 6.

이병근(1969), 방언 경계에 대하여,《한국문화인류학》 2.

Grootaers, W. A.(1976), 《日本の方言地理學のために》, 東京: 平凡社. (일본 방언의 연구를 바탕으로 한 논문집이기는 하나 방언지리학상의 여러 문제를 제기하고 있음.)

柴田武(1969), 《言語地理學の方法》, 東京: 筑摩書房. (시바타 다케시의 이 책에 대한 김완진 교수의 서평(《방언》4, 1980)을 참조할 것.)

Atwood, E. B.(1968), The methods of American dialectology, *Zeitschrift für Mundartforschung* 30.

Bloch, B.(1935), Interviewing for the linguistic atlas, *American Speech* 10-1.

Bottiglioni, G.(1954), Linguistic geography: achievements, methods and orientations, *Word* 10.

Chambers, J. K. and P. Trudgill(1980), *Dialectology*, Cambridge: Cambridge University Press. (개론서로서 1. 방언과 언어 2. 방언지리학 3. 방언학과 문헌해석학 4. 도시방언학 5. 사회분화와 언어 6. 사회언어적 구조와 언어개신 7. 경계 8. 전이 9. 가변성 10. 전파: 사회언어적 및 어휘적 11. 전파: 지리적 12. 지리언어학을 위하여 등의 내용을 다루고 있음.)

Coseriu, E.(1975), *Die Sprachgeographie*, Tübingen: G. Narr. (차례; 1. 지리학과 언어학 2. 언어학적 방법으로서의 언어지리학 3. Gilliéron 이전의 언어지리학 4. 프랑스 언어도권과 언어지도 작성법의 발달 5. 언어지도의 의의 6. Gilliéron의 언어사와 언어이론에 관한 업적 7. Bantoli와 지역언어학 8. 결론: 지리언어학적 방법의 영향과 한계)

Dauzat, A.(1922), *La geographie linguistique*, Paris: Ernest Flammarion. (언어지리학의 기원·목적·학설, 언어의 내적 현상, 언어의 외적 현상, 제방언간의 교환과 반발 들을 다룬 개설서)

Doroszewski, W.(1957), Le structuralisme linguistique et les études de géographie dialectale, *Proceedings of the 8th International Congress of Linguists*.

Goossens, J.(1969), *Strukturelle Sprachgeographie*, Heidelberg: Carl Winter. (구조주의적 언어지리학의 성과를 방법론의 관점에서 개관하고서 음소와 단어

두 장으로 나누어 음소에서는 변화지도·목록지도·분화지도·관련지도·분포지도·구조주의적 음운지리학의 성과를 다루었고 단어에서는 단어장의 지리적 연구와 방언의 어휘적 표지의 비교지리학적 연구를 다루었음.)

Goossens, J.(1977), *Deutsche Dialektologie*, Berlin: Walter de Gruyter. (비록 독일방언학을 위하여 쓰여진 것이기는 하나 방언의 개념과 방언학의 방법론을 이해하는 데에 참고가 됨. 이 부분의 번역이 《방언》 2, 3집에 실렸음.)

Hard, G.(1966), *Zur Mundartgeographie*, Düsseldorf: Pädagogischer Verlag Schwann. (이전의 언어지리학의 성과를 방법론적으로 비판하고서 앞으로의 방향을 모색하기 위해서 1. 고전방언학과 그 모델 2. 내적 언어변화 3. 언어층 4. 역할 언어 5. 사회심리적 통일 공간 6. 방언의 내적 형식 7. 방언의 장래 8. 방언연구와 지역과학, 그 관계의 역사와 장래 들을 다루고 있음.)

Ivić, P.(1962), On the structure of dialectal differentiation, *Word* 18.

Kibrik, A. E.(1977), *The Methodology of field investigations in linguistics*, The Hague: Mouton. (서태룡 초역: 언어학에서의 현지조사방법론, 《방언》 5, 1981)

Kohler, K.(1967), Structural dialectology, *Zeitschrift für Mundart Forschung* 34.

Loffler, H.(1974), *Probleme der Dialektologie*, Darmstadt: wissenschaftliche Buchgesellschaft. (개설서: 1. 방언과 사투리 2. 방언 연구의 역사와 현상 3. 언어조사 4. 사투리의 기술과 표시 5. 사투리의 문법 기술 6. 해석의 문제 7. 결론)

Markey, Th.(1968), Aspects of generative dialectology, *Svenska Landsmål* 91.

McDavid, R. I. Jr.(1961), Structural linguistics and linguistic geography, *Orbis* 10.

Mitzka, W.(1968), *Kleine Schriften zur Sprachgeschichte und Sprachgeographie*, Berlin: Walter de Gruyter.

Moulton, W. G.(1962), Dialect geography and the concept of phonological space, *Word* 18.

Moulton, W. G.(1968), Structural dialectology, *Language* 44.

O'Neil W. A.(1967/8), Transformational dialectology: phonology and syntax, *Verhandlungen des zweiten internationalen Dialektologenkongresses* (Marburg) (ZMF Beihefte N.F.3.).

Polenz, P. von(1960), Mundart, Umgangssprache und Hochsprache am Beispiel der mehrschichtigen Wortkarte voriges Jahr, *Hessische Bläffer für Volkskunde* 51/52.

Pop, S.(1950), *La dialectologie*, Louvain: Chez l'Auteur. (출간 당시의 전 세계의 언어지리학을 집대성 정리한 것으로 1권은 로망스어 지역, 2권은 비(非) 로망스어 지역을 다루었는데, 2권에 小倉進平의 한국 방언 연구도 소개하고 있음.《방언》3집에 결론 부분의 번역이 실렸음.)

Pulgram, E.(1964), Structural comparison, diasystems, and dialectology, *Linguistics* 4.

Saporta, S.(1965), Ordered rules, dialect differences and historical processes, *Language* 41.

Saussure, F. de(1916), *Cours de linguistique générale*, Payot, Paris. (제4편 언어지리학에 1. 언어의 상위에 관하여 2. 지리적 상위의 복신성(複新性) 3. 지리적 상위의 원인 4. 언어파의 전파 들의 내용이 포함되어 있음.)

Stankiewicz, E.(1957), On discreteness and continuity in structural dialectology, *Word* 13.

Stockwell, R. P.(1959), Structural dialectology, *American Speech* 34.

Troubetzkoy, N. S.(1931), Phonologie und Sprachegeographie, *TCLP* 4. (구조주의적 언어지리학의 기원이 되는 논문임.)

Veith, W. H.(1970), Dialektkartographie, *Germanistische Linguistik Heft* 4/70. (《방언》6집에 번역)

Weinreich, U.(1954), Is a structural dialectology possible?, *Word* 10. (구조주의적 방언학의 선조가 되는 논문임.)

Weinreich, U.(1968), *Languages in Contact*, The Hague: Mouton. (주로 간섭 현상의

기제와 구조적 요인 · 이중언어제 · 언어접촉의 사회문화적 배경 들을 중
심으로 다루었는바 방언접촉 현상의 연구에의 훌륭한 참고서)

Wrede, F.(1921), Mundartforschung und Volkskunde, *Velhagen und Klasings
Monatshefte* 35.

〈한국방언학 관계 참고 논저〉

강근보(1977), 제주도 방언의 접미사 연구, 《논문집》(제주대) 9.

강신항(1976), 경북 안동 · 봉화 · 영해 지역의 이중언어생활, 《논문집》(성균관대)
22.

강신항(1978), 안동 방언의 서술법과 의문법, 《언어학》 3.

강신항(1979), 안동 방언의 명령법 · 약속법, 《논문집》(성균관대) 26.

강신항(1980), 안동 방언의 경어법, 《난정남광우박사 화갑기념논총》, 일조각.

강윤호(1960a), 국어 방언에 있어서의 음운 /N/에 대하여, 《국어교육》 2.

강윤호(1960b), 제주도 방언에 있어서의 공통어계 어휘의 음운체계와 그 환경에
대하여, 《논총》(이화여대) 1.

강윤호(1961), 국어 방언의 공시 음운 구조 기술과 그 분포, 《동방학지》 5.

강윤호(1963), 강화도 지역어의 pitch level에 관한 보고, 《논총》(이화여대) 3.

강윤호(1974), 한국어 방언에 있어서의 모음 음소 배합 유형에 관한 연구: 남부
한국 해안 · 도서 지역어를 중심으로, 이화여대 대학원.

강정희(1978a), 제주 방언의 시상 연구, 《이화어문논집》 2.

강정희(1978b), 제주 방언의 접속문의 시제에 관한 일고, 《어학연구》(서울대) 14-2.

강정희(1980), 제주 방언의 처격 '-디'에 관한 일고찰, 《방언》 4.

곽충구(1982), 아산 지역어의 이중모음 변화와 이중모음화, 《방언》 6.

김공칠(1977), 《방언학》, 정향출판사.

김규선(1973), 경북 방언의 toneme, 《국어교육논총》(대구교대) 1.

김영돈(1956~1957), 제주도 방언의 어미활용, 《한글》 119, 121, 122.

김영만(1966), 경남 방언의 성조 연구, 《국어국문학》 31.

김영만(1972), 고금 성조 비교 재론,《한글》149.

김영배(1969), 평안 방언과 구개음화,《동악어문논집》(동국대) 6.

김영배(1976), 방언 접촉의 한 고찰,《국어학》4.

김영배(1977),《평안 방언의 음운체계 연구》(동국대 한국학연구총서 11), 아세아
　　　문화사.

김영배(1978), 평안 방언의 비구개음화,《한글》161.

김영배(1980a), 고구려어와 평안 방언,《한국방언학》1.

김영배(1980b), 어휘통계학으로 본 평안 방언과 함경 방언,《연암현평효박사 회
　　　갑기념논총》, 형설출판사.

김영송(1963), 경남 방언의 음운,《국어국문학지》(부산대) 4.

김영송(1967),「경남 방언의 음운」재론,《국어국문학》(부산대) 6.

김영송(1975),《우리말 소리의 연구》, 샘문화사.

김영신(1968), 16세기의 경상도 방언 연구,《부산시연구논문집》.

김영신(1978), 창원 방언의 조어법 연구,《허웅박사 환갑기념논문집》, 과학사.

김영태(1975),《경상남도 방언 연구》(1), 진명문화사.

김영태(1977), 경남 방언 종결어미의 경어법 연구,《논문집》(경남대) 4.

김영태(1980), 언어 전파의 한 문제,《난정남광우박사 화갑기념논총》, 일조각.

김영태(1982), 경남방언 초성 /ㆁ/의 쓰임에 대하여,《가라문화》(경남대) 1.

김완진(1957), 제주도 방언의 일본어 어사 차용에 대하여,《국어국문학》18.

김완진(1975), 전라도 방언 음운론의 연구 방향 설정을 위하여,《어학》(전북대) 2.

김용석(1973), 충북 보은지방 방언의 연구,《방언》(연세대) 6.

김웅배(1981), 전라남도 방언의 접미사에 관한 연구,《논문집》(목포대) 2.

김윤학(1972), 남부 해안 방언의 자음음운배합 현상: 경남 삼천포, 전남 여수·순
　　　천,《연세어문학》3.

김이협(1981),《평북 방언 사전》, 한국정신문화연구원. (이기문 교수의 서평이
　　　《정신문화》12에 실렸음.)

김재문(1977), 서부경남 방언의 음운 연구,《논문집》(진주교대) 15.

김재문(1978), 서부경남 방언의 문법 연구(Ⅰ): 종지형을 중심으로, 《논문집》(진주교대) 17.

김중진(1976), 전북 고창 지역어의 경어법 연구, 《국어문학》(전북대) 18.

김차균(1969), 전남 방언의 성조 연구, 《한글》 144.

김차균(1970), 경남 방언의 성조 연구, 《한글》 145.

김차균(1973), 국어 성조론과 서부경남 방언의 성조, 《한글》 152.

김차균(1975), 영남·영동 방언의 성조, 《한글》 155.

김차균(1980), 《경상도 방언의 성조체계》, 과학사. (차례: 1. 서론 2. 음소체계 3. 성조형 4. 운율형 5. 경상도방언의 성조에 관한 견해들 6. 성조체계의 변천 7. 성조형의 결합 8. 한자 형태소의 성조 9. 성조의 변동 10. 파생어와 합성어의 성조 11. 어찌씨와 풀이씨에 얹히는 길이 12. 월 속에서의 성조형 13. 결론 〈붙임〉 성조체계 기술의 방법)

김차균·천기석(1974), 경북 칠곡 방언의 성조, 《논문집》(충남대) 1-1.

김충회(1979), 청주 지역어에 대한 일고찰, 《논문집》(충북대) 17.

김한곤(1980), 제주 방언 모음체계의 음향 분석, 《연암현평효박사 회갑기념논총》, 형설출판사.

김해정(1977), 전북 익산 방언의 음운론적 연구, 《야천김교선선생 정년퇴임기념논문집》.

김해정(1978), 전북 익산 방언의 기초어휘 조사 연구, 《국어문학》(전북대) 19.

김형규(1959), 구개음화의 연구, 《논문집》(서울대) 9.

김형규(1964), 경상남북도 방언 연구, 《논문집》(서울대) 10.

김형규(1971), 전라남북도 방언 연구, 《학술원논문집》 10.

김형규(1972), 충청남북도 방언 연구, 《학술원논문집》 11.

김형규(1973), 경기·강원도 방언 연구, 《학술원논문집》 12.

김형규(1974), 《한국방언연구》, 서울대 출판부. (상권은 자료편, 하권의 차례: 1. 중간자음 현상 2. 구개음화와 강음화 3. 전설고모음화 현상 4. 체언에 붙는 접미사 5. 장형화 현상과 복합모음 6. 특수방언 문제 7. 특수 음운현상

8. 지역별 방언)

김홍식(1976), 어간말 모음탈락에 대하여, 《논문집》(제주대) 8.

김홍식(1977), 용언의 말모음에 대하여, 《논문집》(제주대) 9.

나진석(1963), 경남방언 어법편, 《경상남도지》.

도수희(1977), 충남 방언의 모음변화에 대하여, 《이숭녕선생 고희기념 국어국문
학논총》, 탑출판사.

도수희(1981), 충남 방언의 움라우트 현상, 《방언》 5.

문효근(1962), 대구방언의 고저, 장단, 《인문과학》 7.

문효근(1974), 《한국어성조의 분석적 연구》, 세종출판공사.

박명순(1980), 충북 진천 방언의 대우법 연구, 《성대문학》(성균관대) 21.

박양규(1980), 서남 방언 경어법의 한 문제: 이른바 주체존대법에 나타나는 '-게'
의 경우, 《방언》 3.

박용후(1960), 《제주 방언 연구》, 동원사. (자료와 고찰, 유인본임.)

박종수(1979), 서부경남 방언의 성조형 기술 - 진주를 중심으로, 《논문집》(진주교
대) 19.

박지홍(1974), 부산 방언의 말본, 《우헌정중환박사 환력기념논문집》.

박지홍(1975), 양산 방언의 연구, 《어문학》 33.

박지홍(1980), 경북 영일 방언의 굴곡, 《교육논총》(부산대) 5.

박태권(1973), 김해 방언의 형태, 《김해 지구 종합학술조사보고서》, 부산대 한일
문화연구소.

방종현(1935), 방언에 나타난 △음의 변천, 《신흥》 8.

방종현(1937), 제주도 방언 채집 행각, 《조광》 3-2.

방종현(1940), 고어 연구와 방언, 《한글》 8-5.

서재극(1959), 경북 방언 '칸다'에 대한 숙제, 《어문학》 5.

서재극(1962), 경북 방언권의 한자음 성조에 대하여, 《이숭녕박사 송수기념논
총》, 을유문화사.

서재극(1969), 경북 방언의 부사형 -a와 향찰 '良', 《어문학》 21.

서정범(1965), 제주도 방언의 음운변화고, 《논문집》(경희대) 4.

서주열(1981), 《전남·경남 방언의 등어지대 연구》, 정화출판문화사.

석주명(1947), 《제주도 방언집》, 서울신문사. (1. 제주도 방언집 2. 고찰(cf. 방언
　　　비교) 3. 수필)

석주명(1950), 제주도 방언과 마래어(馬來語), 《어문》 2-2.

성낙수(1973), 충남 당진 지방 방언의 동사류 접미사 연구, 《국어국문학》 61.

성낙수(1974), 전라남도 방언의 동사류 연구, 《언어문화》(연세대) 1.

성낙수(1975), 제주도 방언의 통사론적 연구, 《국어국문학》 68·69.

성낙수(1980), 제주도 방언의 간접인용문 연구, 《논문집》(청주사대) 9.

성원경(1978), 언양 방언의 풀이씨에 대하여, 《한글》 162.

순화조선어연구회(1936/1937), 《방언집》 1/2(유인본).

신기상(1980), 동부 경남방언의 존대소에 대하여, 《국어국문학》 84.

신창순(1963a), 경북 안동 지방의 존대법, 《국문학》(고려대) 7.

신창순(1963b), 안동 방언의 서상법 종결어미, 《안동문화》 2.

유구상(1970), 병천 지방어의 형태론적 고찰, 《어문논집》(고려대) 12.

유구상(1971), 병천 지방말의 음운론적 고찰, 《한글》 147.

유구상(1974), 남해도 방언 연구: 주로 동사류 접미사에 대하여, 《한글》 154.

유창돈(1957), 평북어 산고, 《일석이희승선생 송수기념논총》.

이광호(1978), 경남 방언의 이중모음에 대하여: 진주 방언을 중심으로, 《국어
　　　학》 6.

이극로(1932), 조선말의 사투리, 《동광》 29.(《국어학논총》에 재수록)

이기문(1969), 중세국어 음운론의 제문제, 《진단학보》 32.

이기문(1977), 제주도 방언의 'ᄋ'에 관련된 몇 문제, 《이숭녕선생 고희기념 국어
　　　국문학논총》, 탑출판사.

이기백(1969), 경상북도의 방언구획, 《동서문화》(계명대) 3.

이돈주(1969), 전남 방언에 대한 고찰: 특히 도서 지방의 방언 연구를 위하여, 《어
　　　문학논집》(전남대) 5.

이돈주(1978), 《전남 방언》(어문총서 206), 형설출판사.

이병근(1967), 중부 방언의 어간형태소 소고, 《문리대학보》(서울대) 13.

이병근(1969), 황간 지역어의 음운, 《논문집》(서울대 교양과정부) 1.

이병근(1970a), Phonological and Morphological Studies in a Kyonggi Subdialect, 《국어연구》 20.

이병근(1970b), 경기 지역어의 모음체계와 비원순모음화, 《동아문화》(서울대) 9.

이병근(1971a), 운봉 지역어의 움라우트 현상, 《김형규박사 송수기념논총》, 일조각.

이병근(1971b), 현대 한국 방언의 모음체계에 대하여, 《어학연구》(서울대) 7-2.

이병근(1972), Vue d'ensemble sur les dialectes du coréen contemporain, Revue de Corée 4-4.

이병근(1973), 동해안 방언의 이중모음에 대하여, 《진단학보》 36.

이병근(1976a), '새갱이'(土蝦)의 통시음운론, 《어학》(전북대) 3.

이병근(1976b), 파생어형성과 i 역행동화규칙들, 《진단학보》 42.

이병근(1978), 국어의 장모음화와 보상성, 《국어학》 6.

이병근(1980), 한국의 언어, 《한국지지》, 건설부 국립지리원.

이병선(1967), 비모음화(鼻母音化) 현상: 경상도 방언을 중심으로, 《국어국문학》 37·38.

이병선(1971), 경남 방언에서의 모음조화 현상, 《국어국문학》 54.

이상규(1981), 동남 방언의 사동법: 영천 지역어를 중심으로, 《문학과 언어》(경북대) 2.

이숭녕(1935), 어명잡고, 《진단학보》 2-2.

이숭녕(1950), 덕적군도(德積群島)의 방언 연구, 《신천지》 5-6.

이숭녕(1957), 제주도 방언의 형태론적 연구, 《동방학지》 3. (국어학 연구선서 5권으로 탑출판사에서 1977년 재간. 차례: 1. 서론(음운론적 개관) 2. 조어론적 고찰 3. 명사의 격변화 4. 대명사와 수사 5.-9. 동사 10. 형용사 11. 부사와 감탄사)

이숭녕(1959), 현대 서울말의 accent 고찰, 《논문집》(서울대) 9.

이숭녕(1967), 한국방언사, 《한국문화사대계 Ⅱ》, 고려대 민족문화연구소.

이숭명(1970), 등어선의 성격과 그 기술에 대한 시고: 방언구획의 선행 작업으로 서, 《국어국문학》 53.

이승재(1977), 남부방언의 원순모음화와 모음체계, 《관악어문연구》(서울대) 2.

이승재(1980a), 구례 지역어의 음운체계, 《국어연구》 45.

이승재(1980b), 남부 방언의 형식명사 '갑'의 문법: 구례 지역어를 중심으로, 《방 언》 4.

이승환(1970), 생성음운론과 방언학과 역사언어학, 《한글》 146.

이익섭(1970), 전라북도 동북부 지역의 언어분화, 《어학연구》(서울대) 6-1.

이익섭(1972a), 영동 방언의 suprasegmental phoneme 체계-특히 문효근 교수의 소론과 관련하여, 《동대어문》(동덕여대) 2.

이익섭(1972b), 강릉 방언의 형태음소론적 고찰, 《진단학보》 33.

이익섭(1974), 영동 방언의 경어법 연구, 《논문집》(서울대 교양과정부) 6.

이익섭(1976a), 한국 어촌 방언의 사회언어학적 고찰, 《진단학보》 42.

이익섭(1976b), '아재'고, 《동아문화》(서울대) 13.

이익섭(1979), 강원도 영서 지방의 언어분화, 《진단학보》 48.

이익섭(1980), 방언에 있어서의 의미분화, 《방언》 3.

이익섭(1981), 《영동 영서의 언어분화: 강원도의 언어지리학》, 서울대 출판부. (차례: 1. 서론 2. 조사 방법 3. 강원도의 어휘지리학 4. 영동 방언의 언어 구조와 그 분화 5. 어촌 방언의 성립 6. 언어분화와 사회문화적 배경 7. 결론. 부록1: 방언조사 질문지 부록2: 강원도 언어지도)

이정민(1981), 한국어의 표준어 및 방언들 사이의 상호 접촉과 태도, 《한글》 173 ·174.

이현복(1971a), 현대 서울말의 모음 음가, 《어학연구》(서울대) 7-1.

이현복(1971b), 서울말의 모음체계, 《어학연구》(서울대) 7-2.

이현복(1974), 서울말의 리듬과 억양, 《어학연구》(서울대) 10-2.

이현복(1977), 서울말과 표준말의 음성학적 비교, 《언어학》 2.

이혜숙(1970), 생성음운론에 의한 한국어 방언차에 대한 규칙 설정 및 방언상호
    간의 관련성 연구, 《논총》(이화여대) 16.

이희승(1936), 각 방언과 표준어, 《한글》 4-11.

임경순(1976), 보길도 방언고, 《호남문화연구》(전남대) 9.

임　환(1966), 방언 연구: 경주 지방을 중심으로, 《문호》(건국대) 4.

장태진(1960), 대구 방언의 운소 분석, 《어문학》 6.

장태진(1969a), 제주도 해녀 집단의 특수어에 대하여, 《김재원박사 회갑기념논
    총》, 을유문화사.

장태진(1969b), 호수 어휘의 연구, 《아세아 연구》(고려대) 36.

장태진(1975), 해안·도서 방언의 언어사회학적 연구, 《논문집》(조선대) 73.

상태신(1977), 세내 집단의 인어 변이와 그 속도, 《이숭녕선생고희기념 국어국문
    학논총》, 탑출판사.

장태진(1978), 사회방언에 대하여: 전남 방언의 경우, 《한글》 161.

장태진(1979), 국어의 사회언어학적 변이의 연구: 제주 방언의 모음을 중심으로,
    《인문과학연구》(조선대).

전광현(1973), 방언의 어휘론적 연구(1): 그 방법과 실제, 《한국언어문학》 10.

전광현(1976), 남원 지역어의 어말 -u형 어휘에 대한 통시음운론적 소고: 이중모
    음의 사적 변화와 관련하여, 《국어학》 4.

전광현(1977a), 남원 지역어의 기초어휘 조사 연구, 《야천김교선선생 정년기념
    논총》.

전광현(1977b), 전라북도 익산 지역어의 음운론적 연구, 《어학》(전북대) 4.

전광현(1978), 동해안 방언의 어휘(Ⅰ), 《국문학논집》(단국대) 9.

전광현(1979), 경남 함양 지역어의 음운론적 고찰, 《동양학》(단국대) 9.

전광현(1981a), 전라북도 옥구 지역어의 음운론적 고찰, 《국문학논집》(단국대) 10.

전광현(1981b), 동해안 방언의 어휘(Ⅱ), 《국문학논집》(단국대) 10.

전성탁(1969), 강릉 지방의 방언 연구, 《논문집》(춘천교대) 5-2.

전성탁(1971), 영동 지방 방언의 연구: 음운현상을 중심으로, 《논문집》(춘천교대) 10.

전성탁(1977), 강릉 방언의 형태론적 고찰, 《논문집》(춘천교대) 17.

전성탁(1978), 삼척 방언 연구, 《관동향토문화연구》(춘천교대) 2.

전성탁(1980), 고성 지방 방언 연구, 《관동향토문화연구》(춘천교대) 3.

전성탁(1981), 양양 지방의 방언 연구, 《관동향토문화연구》(춘천교대) 4.

전재호(1965), 대구 방언 연구: 자료편(Ⅰ), 《논문집》(경북대) 9. (Ⅱ)《어문학》
　　　15(1966). (Ⅲ)《어문학》 16(1967).

정연찬(1968a), 경남 방언의 모음체계: 특히 고성·통영 부근을 중심으로, 《국문
　　　학논집》(단국대) 2.

정연찬(1968b), 경상도 방언의 성조에 대한 몇 가지 문제점, 《이숭녕박사 송수기
　　　념논총》, 을유문화사.

정연찬(1969), 국어 성조의 기능부담량에 대하여, 《김재원박사 회갑기념논문집》.

정연찬(1971), 중세국어와 경상도 방언 성조의 비교, 《한글학회 50돌기념논문집》.

정연찬(1974a), 경상도 방언 성조 연구, 《국어학기요》(서강대) 1.(재판: 탑출판사
　　　1977)

정연찬(1974b), 《경상도방언성조연구》(국어학총서5), 국어학회.

정연찬(1980), 경남 방언 음운의 몇 가지 문제, 《방언》 4.

정인상(1982), 통영 지역어의 용언활용에 대한 음운론적 고찰, 《방언》 6.

정　철(1975), 의성 지방의 모음체계, 《동양문화연구》(경북대) 2.

정　철(1977), 경북 지방의 음절의 연구(1), 《동양문화연구》(경북대) 4.

정　철(1980a), 경북 지방 방언의 음운상의 몇 가지 문제점, 《난정남광우박사 화
　　　갑기념논총》, 일조각.

정　철(1980b), 경북 지방의 음운축약 현상, 《어문론총》(경북대) 13·14.

정　철(1982), 음운자질의 흡수 현상: 일부 경북 지방에서, 《방언》 6.

정태진·김병제(1948), 《조선 고어 방언사전》, 일성당서점.

천시권(1958), 방언에 있어서의 상성고, 《논문집》(경북대) 2.

천시권(1965), 경북 지방의 방언구획, 《어문학》 13.

천시권(1973), 경북 방언의 형태론적 고찰, 《청계김사엽박사 송수기념논총》, 학

　　문사.

천시권(1975), 경북 방언의 의문첨사에 대하여, 《국어교육연구》(경북대) 7.

최명옥(1974), 경남 삼천포 방언의 음운론적 연구, 《국어연구》 32.

최명옥(1976a), 서남 경남 방언의 부사화 접사 '-아'의 음운현상, 《국어학》 4.

최명옥(1976b), 현대국어의 의문법: 서남 경남 지역어를 중심으로, 《학술원논문
　　집》 15.

최명옥(1978a), 동남 방언의 세 음소, 《국어학》 7.

최명옥(1978b), ㅸ, △ 와 동남 방언, 《어학연구》(서울대) 14-2.

최명옥(1979), 동해안 방언의 음운론적 연구: 경북 영덕군 영해면 어촌을 중심으
　　로, 《방언》 2.

최명옥(1980a), 《경북 동해안방언 연구》, 영남대 출판부. (차례: 1. 서론 2. 조사
　　방법과 조사 과정 3. 형태와 통사 4. 어휘(자료) 5. 음운 6. 결론)

최명옥(1980b), 경북 월성 방언의 음운변화에 대하여, 《신라가야문화연구》(영남
　　대) 11.

최명옥(1982a), 《월성지역어의 음운론》, 영남대 출판부. (차례: 1. 서론 2. 음운변
　　화와 음운규칙 3. 음운변동과 음운규칙 4. 결론. 부록: 음운 조사 항목)

최명옥(1982b), 월성지역어의 음운양상, 서울대 대학원.

최명옥(1982c), 친족명칭과 경어법: 경북 북부 지역의 반촌어를 중심으로, 《방
　　언》 6.

최세화(1977), 강화도의 언어, 《강화도 학술조사보고서》(동국대) 1.

최원기(1970), 김천 방언을 중심으로 한 경북 방언, 《논문집》(부산공전) 11.

최태영(1973), 존대법 연구: 전라북도 동북부 지역을 중심으로, 《어학》(전북대) 1.

최태영(1978a), 전주 방언의 Umlaut 현상, 《어학》(전북대) 5.

최태영(1978b), 전주 방언의 이중모음, 《국어문학》(전북대) 19.

최학근(1959), 《국어방언학서설》, 정연사. (차례: 1. 방언의 정의 2. 방언과 표준
　　어 3. 국어학과 방언학 4. 방언학사 5. 방언학의 과제 6. 방언의 성격 7.
　　특수어와 비어와 은어 8. 방언학과 언어지리학 9. 방언학과 비교언어학

10. 국어사적으로 본 국어 방언의 구획론 11. 어선(語線)에 대해서 12. 방언의 시대차에 관한 고찰 13. 국어 방언에 있어서의 축소 접미사에 관한 연구 14. 국어와 Altai어족과의 비교 문제에 대하여)

최학근(1962), 《전라남도방언연구》(한국연구총서 17), 한국연구원.

최학근(1964), 경상도방언에서 사용되는 종결 어미, 《국어국문학》 27.

최학근(1965), 경상도방언에서 사용되는 종결 어미(二), 《국어국문학》 28.

최학근(1968), 《국어방언연구》, 서울대 출판부. (차례: 국어사적으로 본 국어 방언의 구획, 서울 방언권의 형성과 서울 방언, 중간자음 현상, 어중자음군 현상, 어간말 자음군 ᄚ /-lh-, -lh/, 어두자음의 농음화 현상, 어두자음군의 발생, 국어 방언간에 존재하는 모음 대응(Laut Entsprechung), 국어 어휘 파생에 있어서의 모음 대립 법칙, 용언활용에 있어서 삽입되는 '것'과 '겨'의 방언적 분화, On the initial consonant groups of the middle Korean language, 경상도 방언에서 사용되는 종결어미)

최학근(1971), 남부 방언군과 북부 방언군과의 사이에 개재하는 등어선 설정을 위한 방언 조사 연구, 《장암지헌영선생 화갑기념논총》.

최학근(1976a), 전라도 방언 연구(음운편 '모음'), 《국어국문학》 70.

최학근(1976b), 전라도 방언 연구(음운편 '자음'), 《김형규박사 정년퇴임기념논문집》, 일조각.

최학근(1978), 《한국방언사전》, 현문사.

최학근(1979), 국어 방언에 나타난 희귀어, 《관악어문연구》 2.

최학근(1980), 평안도 방언 연구, 《한국방언학》 1.

최학근(1981), 《한국의 방언》(중앙신서 90), 중앙일보사.

최현배(1946), 《시골말 캐기 잡책》, 정음사.

최현배(1958), 방언 조사의 방법, 《사조》 1-3.

한국정신문화연구원(1980), 《한국 방언 조사 질문지》.

한영균(1980), 완주 지역어의 움라우트 현상, 《관악어문연구》 5.

허 웅(1954), 경상도 방언의 성조, 《최현배선생 환갑기념논문집》, 사상계사.

허 웅(1955), 방점 연구: 경상도 방언 성조와 비교,《동방학지》(연세대) 2.

현용준(1956), 제주도 방언에서의 'ᄋ'고,《국문학보》(제주대) 1.

현평효(1962),《제주도 방언 연구 1》(자료편), 정연사. (전편: 방언 대 표준어 및 그 설명. 후편: 표준어 대 방언 및 그 설명)

현평효(1963), 제주도 방언의 'ᆞ'음 소고,《무애양주동박사 화탄기념논문집》, 탐구당.

현평효(1964a), 제주도 방언 'ㅐ'[ɛ]음에 대하여,《국문학보》(제주대) 2.

현평효(1964b), 제주도 방언의 단모음 설정,《한국언어문학》2.

현평효(1966), 제주도 방언 형태소의 이형태에 대하여,《가람이병기선생 송수기념논문집》, 삼화출판사.

현평효(1969), 제주도 방언에서의 '나무(木)'와 '나물(菜)' 어사에 대하여,《국어국문학논문집》(동국대) 7・8.

현평효(1970), 제주도 방언의 모음체계,《국문학보》(제주대) 3.

현평효(1971), 제주도 방언의 층위학적 고찰,《장암지헌영선생 화갑기념논총》.

현평효(1974a), 제주도 방언의 활용어미에 대한 연구,《논문집》(제주대) 6.

현평효(1974b),《제주도방언의 정동사어미 연구》, 아세아문화사. (차례: 1. 서론 2. 동작상 3. 존대법 4. 서법(1) 5. 서법(2) 6. 결론)

현평효(1977a), 제주도 방언의 존대법,《국어국문학》74.

현평효(1977b), 제주도 방언의 명령법 어미,《성봉김성배박사 회갑기념논문집》, 형설출판사.

현평효(1977c), 제주도방언의 '저・주' 어미에 대하여,《월암박성의박사 환력기념논총》, 고려대학교 국어국문학연구회.

홍순탁(1963a), 전남 방언에 대하여,《어문학》9.

홍순탁(1963b), 자산어보와 흑산도 방언,《호남문화연구》(전남대) 1.

홍순탁(1977), 전남 방언에 나타나는 접미사의 유형 분석,《아카데미총서》5.

홍윤표(1978), 전주 방언의 격연구,《어학》(전북대) 5.

홍종림(1975), 제주도 방언의 의문법에 대한 고찰,《논문집》(한국국어교육위원회) 8.

홍종림(1976), 제주도 방언의 선어말어미 '-암/엄, -암시/엄시, -안/언, -아시/어시-'
    에 대하여, 《김형규교수 정년퇴임기념논문집》, 서울대학교 사범대학 국
    어교육과.

管野裕臣(1972), 朝鮮語 慶尙道方言 액센트體系의 諸問題, 《아시아 · 아프리카 言
    語文化硏究紀要》 3, 東京外國語大.

橋本萬太郎(1975), 한국어 accent의 음운론: 특히 경상도 방언의 악센트를 중심으
    로, 《한글》 151.

橋本萬太郎(1978), 《言語類型地理論》, 東京: 弘文堂. (超分節音의 地域的 推移 - 朝
    鮮語 單語 音調의 辨別特徵, 慶尙道方言의 單語 音調 패턴, 單語 音調組織의
    變化原理, 朝鮮語 單語 音調組織의 地域的 推移)

大江孝男(1976), 大邱 方言에 있어서의 액센트의 型과 長母音, 《言語硏究》 69, 日
    本言語學會.

大江孝男(1976), 大邱 方言에 있어서의 半敬語에 대하여, 《朝鮮學報》 81.

大江孝男(1977), 晉州方言의 액센트型에 대하여, 《言語硏究》 71, 日本言語學會.

大江孝男(1978), 否定의 副詞 an, mod과 액센트, 《東洋學報》(日本 東洋文庫) 59-3·4.

梅田博之(1960), On the phonemes of Cheju dialect of Korean, 《名古屋大學 文學部
    硏究論文集》 24.

梅田博之(1961), 慶尙道 漆谷方言의 액센트, 《名古屋大學 文學部 硏究論文集》 25.

梅田博之(1963), 朝鮮語 諸方言의 基礎語彙에 대한 統計學的 硏究, 《朝鮮學報》 27.

梅田博之(1972), 朝鮮語 梁山方言의 액센트, 《現代言語學》 3.

小倉進平(1924), 《南部朝鮮의 方言》, 朝鮮史學會. (1. 음운 2. 어법 3. 어휘 4. 참고
    논문. 附圖: 음운분포도(16매), 어법분포도(10매))

小倉進平(1929), 平安南北道의 方言, 《京城帝大 法文學部 硏究調查冊子》 No. 1.

小倉進平(1930), 咸鏡南道 및 黃海道의 方言, 《京城帝大 法文學部 硏究調查冊子》
    No 2.

小倉進平(1940), The Outline of the Korean Dialects, Tokyo: Memoirs of the Research

Department of The Toyo Bunko.

小倉進平(1944),《朝鮮語方言의 研究》, 東京: 岩波書店.(상: 자료편, 하: 연구편)

安田吉實(1968), 濟州道方言에 있어서의 接尾辭「-아기, -아지, -장이, -아치, -바치」
의 고찰,《朝鮮學報》48.

早田輝洋(1976), On Long Vowels in the Kyeongsang Dialects of Korean,《言語研
究》69.

早田輝洋(1978), The Accentual System of Jinju Dialect of Korean,《九州大學 文學部
紀要》15.

河野六郎(1945),《朝鮮方言學試攷: '鋏語攷》, 東都書籍.

Ramsey, S. R.(1974), 함경·경상 양방언의 액센트 연구,《국어학》2.

Ramsey, S. R.(1975), *Accent and Morphology in Korean Dialects: A description and
historical study*, Yale University. (탑출판사에서 1978년에 발간. 내용: 1.
서설 2. 함경남도 방언의 음소론에 대한 사적 배경 3. 어휘적 액센트 4.
복합명사 5. 함경남도 방언에서의 액센트의 실현 6. 단어 부류 7. 결론)

현대한국방언의 모음체계에 대하여

1.0. 초창기의 수준을 벗어나지 못하고 있는 한국방언학은 새로운 이론적 모색과 방언특징들의 발견에 초점을 두면서 발돋움하고 있다. 전통적인 방언연구로부터 구조방언학적 방언연구에로 최근에서야 관심을 돌리면서(김방한 1968, 졸고 1969a, b) 새로운 방언특징들을 발견하기에 이른 것이다. 아직까지 본격적인 생성음운론의 방언학적 적용은 이루어진 바 없는 듯하며, 있다고 한다면 그것들은 극히 부분적이었다고 할 수 있다. 이 모든 현실은 한국방언학의 초창기적 수준 즉 전국에 걸친 종합적인 fieldwork도 이루어지지 못한 사실과 이론적 정립도 아직 먼 상태에 있다는 사실에서 그 이유를 찾을 수 있을 듯하다. 필자 자신도 10년 가까이 한국방언학에 종사하였음에도 불구하고 위에서 말한 현실에서 완전히 소외될 수는 없었다. 그리하여 본고에서는 현대한국방언의 모음체계를 논의하기 위해 그에 밀접히 관련되는 몇 가지 음운현상을 연결함으로써 모음체계의 설정에 새로운 문제점을 제기하여 본다.

1.1. 최근 수년간 필자는 모음체계에 관련되는 방언특징들을 기술

한 몇 편의 논문들을 발표하였다. 이 졸고들 속에서 특히 흥미를 느꼈던 문제는 모음체계를 형성함에 있어서의 원순성의 역할이었다. 바로 이 원순성에 의한 대립적 관계를 구명하는 일이 한국어의 모음에 관한 연구 가운데서 무엇보다도 중요로운 것이 아닐까 여겨진다.

그런데 S. E. Martin 교수는 모음체계를 이루는 음운론적 성분으로 고설위치(I), 중설위치(E), 저설위치(A), 전설위치(Y), 및 원순화(W)의 다섯 가지 성분을 들고 있다(Martin 1951).[1] 이 성분 분석의 방법은 기능구조적인 것이었다. 최근에 김진우 교수는 한국어의 모음체계에 대하여 생성음운론에 입각하여 기본모음으로 i, ɔ(−원순성, 이하 동일), a, o(ㅡ, ㅓ, ㅏ, ㅗ)의 4개를 설정하였다(Kim 1968). 두 교수의 기술에는 상당한 이론적 상위가 있으나, 이 두 기술에서 볼 때 원순화의 성분인 W와 기본모음으로서의 o에 심각한 문제가 있게 된다. 여기서 우리는 한국어의 모음체계를 설정함에 있어서 원순성이란 시차적 자질이 선결되어야 함을 알 수 있게 된다. 그리하여 본고에서의 필자의 욕심은 원순성에 관여하는 통합적 음운현상의 기술을 통하여 원순적 대립관계를 확인하고 나아가서 음운론적 방법론을 특히 방언연구의 관점에서 새로이 음미하여 보는 일이 된다.

이러한 의도에 따라 본고에서 이제부터 언급하게 될 통합적 음운현상은 i) i 역행동화(또는 움라우트 현상), ii) 원순모음화와 비원순모음화, 끝으로 iii) 동해안 중부지역의 방언에서 발견된 특수한 형태음

---

1 high tongue position I   front tongue position Y
  mid tongue position E (Ǝ)   liprounding W
  low tongue position A

운론적 유형 등이다. 이들 방언특징들은 통시적으로는 근대한국어로부터 비롯되어 기술될 수 있는 성질의 현상이며, 공시적으로는 방언구획을 결정짓는 데에 중요한 역할을 할 수 있는 방언특징으로 보이는데, 이로부터 유도되는 문제는 다시금 모음체계의 변천에 중요한 음운론적 대립관계의 해명이 될 듯하다.

  2.1. i 역행동화 또는 움라우트라고 불려 온 통합적 음운현상은 그 광대화 상의 방언차를 가지면서 전국적으로 발견되는 현상이다(이숭녕 1954, 김완진 1971, 졸고 1970b, 1971). 움라우트란 전부화(vowel fronting)의 성분의 영향으로 후부모음이 전부모음으로 바뀌는 역행동화현상으로서, 음운론적 단순화(simplification)가 되는 palatal umlaut를 말한다. '아기〉애기, 먹이다〉멕이다, 고기〉괴기, 구경〉귀경' 등 통속적인 예들이 흔히 주어지는 이 현상은 인구어의 그것과는 달리 음강세와는 직접적인 관계를 가지지 않는다.

  후부모음이 전부모음화한다는 이 통합적 음운현상은 곧 그 언어나 방언의 모음체계 안에 전부 및 후부의 두 계열이 존재한다는 사실을 전제로 하여야 할 것이다. 따라서 어떤 언어나 방언이 움라우트를 실현시킨다는 사실은 이미 그 언어나 방언이 전부모음계열과 후부모음계열을 그 하위체계로 가지고 있음을 의미하는 것으로 여길 수밖에 없다. 움라우트를 실현시키고 있는 한국어의 모든 방언들도 예외자가 될 수는 없다. 우리에게는 상식화된 일이지마는 움라우트가 다음과 같이 나타남은 일반적이다.

Front Series		(Fronting)		Nonfront Series
i	←	ɨY	←	ɨ
e	←	ɔY	←	ɔ
ɛ	←	aY	←	a
ü	←	uY	←	u
ö	←	oY	←	o

즉 여기에서 보아 동화가 될 수 있는 ɨ, ɔ, a, u, o는 비전부모음들이 되고 또 동화된 i, e, ɛ, ü, ö는 그에 대당하는 전부모음들이 될 것이다. 모음체계상에서 i와 ü, e와 ö, ɨ와 u, ɔ와 o는 각각 원순성에 의한 대립의 짝임을 가정하게 되어, 그 짝들은 비시차적인 변이음역내에서 오직 원순성의 차이만이 있게 된다. ü는 i에 원순성을 보태든가 u에 전부화성분을 보탬으로써 동일하게 얻어지며, ö는 e에 원순성을 보태든가 o에 전부화성분을 보탬으로써 얻어진다. 즉 이는 상이한 방법에 의하여 동일한 음성적 가치를 인정하는 음성적 대상(phonetic compensation)의 훌륭한 예가 되는 것이다. 이 대상은 음운체계가 포유하고 있는 음운론적 성분들의 내재적인 의미를 역설하여 주는 듯이 보인다.

지금까지 간략히 기술한 움라우트라고 하는 단순화의 음운현상에서 보아 한국어의 모음체계가 전부모음계열과 후부모음계열과의 하위체계로 양분될 수 있음을 알게 되었고, 후부모음계열의 [-high, -low]의 degree인 원순 o는 동일한 degree의 비원순 ɔ에 대당하는 원순적 대립의 짝이라는 사실도 알게 되었다(움라우트에 대한 상세한 토의는 졸고(1971)을 참조).

덧붙여 말할 사실은 원순적 대립이 후부모음계열에서보다 전부모음계열에서는 극히 소원하다는 점이다(졸고 1969b 참조). 원순적 대립의 소멸도가 방언에 따라 다르지만, 그것도 전부모음이 더욱 심한 듯하다. 공시적으로는 i~ü 및 e~ö의 자유변이를 생각하게 되고, 통시적으로는 ü와 ö의 단모음형성이 그리 긴 역사를 가지지 못하여, 후부모음들에 비하여 연약한 원순적 단모음들임을 이르게 된다. 동일한 시자직 내립의 공시직 '싱위성이 통시적으로 입증이 된다는 사실은 언어의 체계적인 기술에서 바람직한 일이기도 하다.

2.2. 위의 움라우트현상에서 가정할 수 있었던 ɔ와 o와의 원순적 대립관계를 지지하여 주는 통합적 음운현상이 발견된다. 이는 특히 중부방언에서 강하게 실현되는데, 더욱이 경기지역어의 통속적인 방언형 '보리〉버리, 본〉번, 보늬〉버네, 본바닥〉번바닥, 본적〉번적, 보리수〉버루수, 볼거리〉벌거리, 볼따귀〉벌따구니, 포대기〉퍼대기, 모루〉머루(鑢)' 등 가장 많은 예들을 발견하게 된다. 이를테면 순사음 아래에서 원순모음 o를 그에 대립되는 비원순모음 ɔ로 대치시켜 버리는 현상이 되는 것이다. 그리하여 이 음운현상을 필자는 비원순모음화라고 부르고 있다(졸고 1970b). 표준어에서 이미 굳어버린 '보선〉버선, 봇나모〉벗나무, 본도기〉번데기, 몬져〉먼저, 몬직〉먼지' 등은 이 비원순모음화의 훌륭한 선구자적 예들이 된다. 이 역사적 선구자들도 남부방언에서는 진전되고 있지 못해 흔히 자유변이를 일으키기도 한다. 여하튼 방언에 따라 또 광대화에 있어서 많은 소외자들이 있겠으나, 이 통합적 음운현상은 모음체계의 어느 부분 즉 o와 ɔ와의 대립관계에 심각한 의미를 제기하여 주는 현상으로 여겨진다. 이에 대한 상세한 설명은 이전의 졸고로 넘기고 여기서는 그 요점만을 제시하고자 한다.

우리는 순자음 아래에서 비원순모음 i가 원순모음 u로 대치된 '원순모음화'라는 유명한 사적 음운현상을 잘 알고 있다. 이는 순자음이 가지는 원순적 자질로 인하여 비원순모음 i가 그에 대당하는 원순모음 u로 동화되는 현상이므로, i와 u가 원순적 대립의 짝임을 역으로 증명하여 주는 것이라 할 수 있다. i와 u가 원순성에 의하여 양면적 상관대립을 이루는 짝임을 반증하여 준다는 이 원순모음화로부터, u는 원순적 성분(W)과 고설위치의 성분(I)과의 동시적 실현음운으로 간주될 수 있게 된다. 이 사실은 생성음운론에서 이르는 원형의 설정에서 u를 wi로 보려는 태도를 뒷받침할 수 있을 것이다.

그런데 원순성성분의 첨가인 원순모음화에 대하여, 비원순모음화가 원순성성분의 탈락이라는 점에서 보아 두 현상이 정반대의 방향을 취하고 있음을 보게 된다.

Labial + Nonround → Labial + Round (Vowel-rounding)

Labial + Round → Labial + Nonround (Vowel-nonrounding)

즉 순자음과 원순모음과의 연결은 동질적인 시차적 자질의 연결을 뜻하게 됨으로, 원순모음화는 성분 간의 동화작용에 속하고 비원순모음화는 성분 간의 이화작용에 속하는 듯이 보인다. 순자음 아래에서의 o는 원순성이란 시차적 자질의 이중적 기능을 기피하게 되어 결국 원순성이 탈락되어 o의 비원순적 대립의 짝인 ɔ로 되었다고 할 수 있다. 이로부터 성분상만으로는 o라는 음운은 원순적 성분(W)과 중설위치(Ǝ)와의 동시적 실현음운이 되는 것이라고 결론짓게 된다. 이러한 소박한 결론은 현대한국방언의 공시적·역동적인 기술에 한정되는 것이지 이병근(1970a)에서 보인 통시적인 면에서의 모음체계에 대한 기술과는 직접적으로 동일한 것이 아님을 주의하여야 할 것이다. 또한 여러 방언 사이에 존재하는 모음체계의 방언차 자체를 표면적으로 기술하는 것이 아니고 여러 방언들의 공통적인 내재적 특성을 밝히려는 것임을 아울러 주의하지 않으면 안 된다. 이러한 공통적인 내재적 특성 위에서 구조적 가치가 큰 방언차를 밝혀 설명함으로써 그 방언기술이 한국어사의 그것에 적절한 공헌을 하게 될 것이라는 상식적인 사실을 필자는 또다시 강조하고 싶다.

이상에서 간략히 언급한 원순모음화와 비원순모음화라고 하는 두 상반적인 통합적 음운현상에서 보아 ɨ와 u, ɔ와 o가 각각 원순성에 의한 성분 대립의 짝이 되며 u와 o는 ɨ와 ɔ에 각각 원순성이 보태진 음운 이를테면 원순성의 첨가규칙에 의하여 나타나는 음운이라는 사실을 알 수 있었나. 이러한 결론은 방법론과 구체적인 자료의 세시에 있어 차이는 있다 하더라도 S. E. Martin이 주요한 음운론적 성분으로 분석한 내용과 상당히 일치하고 있는 것이다. 그러나 이 성분들의 표기가 곧 원형적 표기가 될 수는 없는 일인데 다만 시차적 자질상에서는 성분과 원형이 공통적일 수 있지 아니할까 한다. 그것은 음운체계를 형성함에 기능하는 가장 기본적인 대립관계의 요소들이기 때문이다.

그리하여 성분들의 기호를 마치 형태음운적 표기와 같이 음운적 표기와 다른 대문자를 흔히 사용하게 된다. 만일 성분적 표기를 wɨ, wɔ 등으로 사용하더라도 그것은 원형적 표기가 될 수 없을 뿐만 아니라 음성적 표기도 될 수 없는 것이다. 여기서 표기와 아울러 문제되는 또 하나의 사실은 성분들의 음운화인 것이다. 시차적 자질에 의한 대립관계로부터 밝혀 드러난 성분들의 음운화하는 단위는 단어를 중심으로 한다. 이 경우에 단어는 최소의 자유형식일 수도 있고 계기적 요소들(les élémentes successives)을 포함시켜 모든 구속형식들까지도 포함하는 확대된 개념으로 받아들일 수도 있다(A. Martinet 1966). 적어도 음운화에 있어서는 '꿩'이나 '꿩이' 등 모두 단어로 간주하여도 무방하지 아니할까 한다. 이러한 단어 위에서 이루어지는 음운화는 시차적 자질들의 세트의 외현이 되므로, 그 외현된 사항이 성분들의 공존적 연결체인가 아니면 그것들의 계기적 연결체인가 하는 문제가 등장하게 된다. 모음에 있어서는 단모음과 이중모음에 관여하게 된다. 앞에서 밝힌 후부원순모음들의 성분 WI와 Wꓱ는 어떻게 음운화하는가.

WI는 공존적 실현으로 u로 나타나며 계속적 실현으로는 case vides를 이룬다. 이에 대하여 WꓱE는 공존적 실현으로는 o가 되며 계기적 실현으로는 wɔ가 된다. 따라서 WI와 WꓱE는 음운화에 있어서 상당한 차이를 보이는데, 이 공시적 차이는 통시적으로는 제1음절에 있어서조차 예외를 인정치 않는 원순모음화와 새로운 모음체계의 재구조화에 따른 비원순모음화라는 두 음운현상에서 나타난다.

실지로 광대화에 있어서 거의 완벽하다고 할 수 있는, 다시 말하면, 예외 없이 실현된 원순모음화는 바로 wi와 같은 이중모음을 인정치 않는 체계상의 case vides에 관련되어 있는 것이다. 또 중모음에서 실현된 비원순모음화는 그 실현 예들이 많지 못하며 더욱이 후속자음이 non-grave일 경우에 한정됨이 일반적이다. 이러한 광대화상의 완벽함과 제약규정의 필요함은 또 하나의 문제를 제기할 것이다. 그것은 공시적 기술과 통시적 기술과의 차이 또는 두 기술들의 합리적인 연결에 놓여지게 된다.

원순모음화와 비원순모음화는 시차적 자질에 의한 단순화의 관계에서는 원순성이라는 점에서 어떤 일관성을 보이지마는, 위에서 언급했듯이 광대화에 있어서는 상당한 차이를 보인다. 이러한 차이는 적어도 ɨ와 u, ɔ와 o 사이에 존재하는 원순적 대립관계가 공시적으로는 동일하지만 통시적으로는 어느 단계에서인가 동일하지 않았으리라고 가정하지 않으면 아니 된다. 우리는 ɨ와 u, ɔ와 o 사이의 원순적 관계로부터 현대한국어의 모음체계와는 다른 이전의 모음체계가 있었다고 가정하고 그 이전의 모음체계에 있어서는 ɨ와 u와의 관계가 ɔ와 o와의 관계보다 더욱 밀접하였으리라고 가정하게 된다. 이러한 가정은 현대한국어에 와서 이미 소멸된 원순모음 ' ㆍ '와 같은 모음과의 관계가 있기 때문에 그리 단순하게 증명되는 것은 아닐 것이다. 다만 최근에 밝혀지고 있는 모음체계의 역사 가운데, 이전의 어떤 한국어모음체계가 현내의 모음체계와는 달리 'ㅡ'와 'ㅜ'가 같은 degree에서 밀접히 연결되고 'ㅓ'와 'ㅗ'는 상위한 degree에서 소원하게 관계되었었다는 사실은 무척 고무적이기도 한 것이다.[2] 이에 따른다면 단순화의 음운현상이 역사적인 이유로 인하여 광대화에 있어서 상위를 보이게 되었다고 할 수 있다. 이러한 사실들이 생성음운론에

---

2 이러한 사실들은 김완진 교수와 이기문 교수의 최근의 음운사 연구에서 보여지고 있다. 시대적인 구분과 모음도의 작성에 있어서 약간의 불일치가 있을지라도, 중세 이전의 어떤 한국어의 단계에서 'ㅡ'와 'ㅜ'는 'ㅓ'와 'ㅗ'보다 밀접한 관계를 갖고 있었음을 확인하여 준다(다음 모음도를 참조). 물론 문자와 음운적 가치가 일치하는 것은 아니다(김완진 1963, 이기문 1969).

ㅣ	ㅜ	ㅗ		ㅣ	ㅜ	ㅗ
ㅡ	ㆍ			ㅓ	ㅡ	ㆍ
ㅓ	ㅏ				ㅏ	

서 어떻게 realistic하게 설명되어야 하는지?

본고에서 지금까지 기술한 사실 가운데에서 확실하게 말할 수 있다면, 그것이 어떤 이론적 방법론을 배경으로 하더라도, 통합적 현상으로부터 그 내재적인 계합적 관계(paradigmatic relation)를 밝혀 음운론적인 성분을 밝힐 수 있다는 것이다. 이리하여 얻을 수 있던 결론은 현대한국방언의 모음체계가 후부모음계열에서 원순과 비원순의 두 계열을 포함하고 있고 원순모음들이 비원순모음에 원순성 성분을 보탬으로써 생성된다는 것이었다. 그리하여 u는 W와 I와의 성분으로 분석되며 o는 W와 ɜ와의 성분으로부터 얻어지게 된다.

2.3. 이러한 공시적 결과가 통시적 사실과 함께 지지를 받을 듯한 형태음운적 유형이 발견된다. 강릉·명주를 중심으로 하는 동해안지역어의 방언자료가 있다. 우선 다음과 같은 대표적인 예들을 보자.

표준기본형 \ 방언형활용	I	II
(A) 바꾸다 맞추다 말리다	바꾸고 바꾸지 맞추고 맞추지 말류고 말류지	바꼬라 맞초라 말료라
(B) 배우다 싸우다	배우고 배우지 싸우고 싸우지	배워라 싸워라
(C) 덥:다 깁:다	덥:고 덥:지 깁:고 깁:지	더워 기워

여기서 (A), (B), (C)는 각각 통시적으로나 형태음운적으로나 달리 해석될 것이다. (A)의 예들은 중세한국어에서 어간말음이 'ㅜ'가 아닌 'ㅗ'인 것들이고 (B)의 예들은 어간말음절이 -호-였던 것들이며 (C)의 예들은 상가적(suprasegmental) 특징들을 제외하면 동일한 것들이다.

(C)의 예들은 형태음운이 (A), (B)와 전혀 다른 것들이므로 본고에서 논외의 것이 된다. (A)와 (B)는 음운적 차원에서 볼 때 동일함에도 불구하고, 모음으로 시작되는 어미와의 연결에서 (A)는 -o-로 (B)는 -wɔ-로 각각 나타난다. 이미 앞에서 밝힌 바와 같이 u를 wɨ와 같은 성분의 동시적인 실현음으로 보고 o를 wɔ와 같은 성분들의 동시적인 실현음으로 보면 특수한 활용형시인 듯한 (A)에 대해서도 합리적인 설명을 할 수 있다. 즉 '바꾸어'는 pak'uɔ → pak'wɨɔ로 되어 -wɨɔ-와 같은 연속체를 얻는데, 다시 ɔ 앞에서 ɨ가 탈락하는 현대한국어의 가장 일반적인 규칙(예. 쓰어 → 써, 끄어 → 꺼, 바쁘어 → 바빠)에 따라 -wɨɔ-는 -wɔ-가 된다. 이 과정은 (B)에도 그대로 적용된다. 다만 (A)의 예들은 이 -wɔ-를 동시적으로 또 공존적으로 실현시킴으로써 wɔ/o/가 되고 (B)의 예들은 계기적으로 실현시킴으로써 이중모음 /wɔ/를 가시게 된다. 이러한 설명과 관련이 될 만한 어휘적 방언형이 발견된다: '꿩〉꽁, 권련〉곤련, 온상〉원상' 등. 즉 '꿩'의 계기적인 wɔ가 공존적인 o로 실현되었다고 볼 수 있다. 또한 '뒤+-어〉퇴:, 뛰+-어〉뙤:' 등도 위의 사실에 평행되는 예들이라고 여겨진다. 'ㅚ'(/ö/)와 'ㅞ'(/we/)와의 자유변이는 WƏY를 공통적인 성분으로 하는 훌륭한 예가 된다.

3.0. 지금까지 필자는 몇 가지의 통합적 음운현상 즉 움라우트 현상, 원순모음화 현상과 비원순모음화 현상, 끝으로 특수한 형태음운적 유형 등을 통하여 현대한국방언의 모음체계를 특히 원순적 대립을 중심으로 살펴보았다. 공시적으로 기술된 사실로부터 통시적인 문제들을 제시하기도 하였다. 본고는 방언의 공시론적 기술에 일차적인 방점이 주어졌기 때문에 이른바 생성음운론의 기본모음 및 원

형의 설정과는 직접적인 관계를 가지지는 않는다.

　본고를 끝내면서 한 가지 덧붙여 말할 것은 본고의 결론으로 얻은 원순적 대립의 형성에 관련되는 문제이다. 즉 모음체계의 통시적 역동관계의 해명이 문제가 될 것이다. 이미 앞에서 가정된 중세 이전의 모음체계로부터 현대의 그것으로 변천하는 과정에서 보아, i와 u, ɔ와 o가 각각 대립의 짝이 될 수 있는 단계로 접어들면서 본고에서 다룬 통합적 음운현상들이 가능하게 되었다고 할 수 있다. 이러한 대립적 평행을 이룬 시기의 추정은 정확하게 말할 수 없으나, 늦어도 '、'의 음운소실이 일어나면서 그 음운체계가 완전히 새로운 재구조화를 이룬 이후가 될 듯하다. 대체로 18세기 말엽으로부터 19세기 초엽에 걸치는 무렵이 아닌가 한다. 여기서 우리는 모음체계가 그 체계에 포유되는 모음들 또는 음운론적 대립관계로부터 설명되어야 하지 아니할까 생각하게 된다. 현재의 생성음운론에서 음운론적 단위로서의 음운을 무시하려 하는데, 어떤 통시론적 사항과 공시론적 사항과의 설명에서는 음운이란 개념이 유용하지 아니할까 여겨진다. 구조음운론과 생성음운론과의 어떤 변증법적 발전을 우리는 소박하게 기대하고 싶다.

[《어학연구》 7-2, 서울대, 1971]

붙임: 이 글은 현대한국방언의 모음체계상의 차이를 설명하기 위한 방법을 모색하기 위해 궁리해 본 실험작이다. 당시 일부 언어학에서 부분적인 시도를 하던 성분(成分) 분석의 방법을 원용해 본 것인데, 방언간의 모음변이의 차이가 일정한 하위체계 안에서 흔히 일어나기 때문에 그것이 성분과 밀접하다고 생각했던 것이다. 10모음체계라든가 8모음체계 등의 방언차를 설명할 수 있음은 분명하나 모든 방언차를 어떤 방법으로 설명할 수 있을지는 앞으로 심사숙고해야 할 것이다.

참고문헌

김방한(1968), 구조방언학, 《어학연구》(서울대) 4-1.

김완진(1963), 국어 모음체계의 신고찰, 《진단학보》 24.

김완진(1971), 《국어음운체계의 연구》, 일조각.

이기문(1969), 중세국어 음운론의 제문제, 《진단학보》 32.

이병근(1969a), 방언 경계에 대하여, 《한국문화인류학》 2.

이병근(1969b), 황간지역어의 음운, 《논문집》(서울대 교양과정부) 1.

이병근(1970a), 19세기 후기 국어의 모음체계, 《학술원논문집》 9.

이병근(1970b), 경기지역어의 모음체계와 비원순모음화, 《동아문화》(서울대) 9.

이병근(1971), 운봉지역어의 움라우트현상, 《김형규박사 송수기념논총》, 일조각.

이숭녕(1954), 《국어 음운론 연구 제1집 '、' 음고》(조선문화총서 7), 을유문화사.

Kim, C.-W.(1968), The vowel system of Korean, *Language* 44-3.

Martin, S. E.(1951), Korean phonemics, *Language* 27-4.

Martinet, A.(1966), Le mot, *Problémes du langage*.

황간지역어의 음운

1.

　본고는 필자가 행하려 하는 추풍령 지역어에 대한 현지조사 연구
의 한 보고서이다.[1] 황간(충청북도 영동군 황간면)은 역사적 문화적
또한 지리적인 면에서 경상북도 및 전라북도와 밀접한 관계를 가지
며, 지대한 방언 문제도 제기하여 주고 있다. 행정구역으로서도 신라
및 고려 때는 영동 · 상주 · 성주 등의 속현이었고 이조 태종 이후에는
옥천 · 청주 · 공주 등의 영현이었다.[2] 통혼권에 있어서는 대체로 상

---

1 이 지역의 현지조사는 1964년 1월~10월에 걸쳤으며 1967년 6월 및 동년 10월에 확인
　조사를 행하였다. 피조사자인 자료제공자는 김준식(서송완리 신탄 30세), 송병철
　(남성동 78세), 김근수(황주동 65세), 김씨부인(옥포동 신촌 56세), 진상범(구교동 19
　세) 등으로 심심한 감사를 드린다. 또한 조사의 확인단계가 서울대 문리대 국어국문
　학과 학술조사단에 의하여 행하여졌음을 밝히며, 아울러 지도교수 그리고 단원께
　감사한다.

2 〈신증동국여지승람〉 제16권의 황간현(黃澗縣) 조에 보면 '東 至慶尙道金山郡界四十
　里, 北 至同道尙州界十四里, 南 至永同縣界十六里, 西 至同縣界二十里, 距京都四百十
　二里'로 행정구역을 기록하였고, '건치연혁'은 '本新羅召羅縣景德王改今名 後置監務

주군 및 금릉군(김천시 포함)이 30%를 차지하며, 주민이주는 생업관계(광업)로 영동군은 물론 옥천군 및 경북 전북이 많은 부분을 차지하고, 피란민 중심의 부락도 있다. 시장관계 및 교육관계는 김천·상주·대구·영동·대전 등과 연결된다. 이러한 역사적 문화적 지리적인 비언어적 요인들은 잠정적으로 황간지역어로 하여금 중부방언권 경상방언권 및 전라방언권과 접촉하여 중요한 방언학적 의의를 가지게 한다. 즉 이는 방언분화 및 방언형성의 역사적인 면에서 볼 때 대방언권의 방언접촉현상(dialects in contact)을 보이는 지역으로 생각될 수 있다.

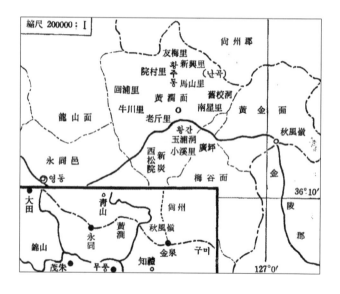

恭愍王二年 還屬京山府. 恭讓王二年 復置監務 本朝 太宗十三年 隷本道 十四年 合靑山 爲黃靑縣 十六年 各復舊 例爲縣監'으로 기록하였다.

본고는 황간지역어의 음성과 음운에 대한 기술, 음절구조상의 고찰 등의 공시론적인 면과 음운체계의 역동적인(dynamic) 면을 포함할 것이다. 음운의 진화는 인접방언에 대한 비교연구에 의하여 보다 적절히 설명될 수 있겠으나, 이 보고서에서는 이 지역어 자체(황간 읍내가 중심)에 주로 의존하며 보충적으로 세대차를 고려한다(50대 이상, 30대, 20대).

2.

근래 방언학은 〈구조방언학은 가능한가?〉라는 괄목할 만한 논문 (Weinreich 1954a:388~400, 김방한 1968:1~24) 이후로 특히 음운론적인 연구에서 전통적 방언연구로부터 구조주의에로 전향하기에 이르렀 다. 지리적 상보성, 긱 음운의 변이영역, 음성간격(안진간격), 음운투 사, 음운교체, 대립균형, 기능부담량, 또는 음운의 부정확성 등을 검토하여 공시태 내의 통시태를 고구한 결과, 사적 음운론에 새로운 기여를 하게 되었다(Moulton 1960:155~182).

필자는 특히 본 지역어에 관련하여 유일한 동질적 구조라고 생각되어 온 방언 또는 언어가, 구조적으로 다양하게 된 언어사회의 실제적인 성격과 부합될 수 없을 가능성을 강조하고자 한다. 사실상 금세기의 통시언어학과 지리언어학이 정연한 체계의 기호를 흔히 부인하는 데에 공헌하여 왔음은 다행스러운 일이기도 하다. 언어의 변화는 어떤 언어사회의 구조적 상위를 나타내는 잠재적인 현상에서 그 인증이 시작된다. 변화에 의한 잠재적 시차성은 실제로 특수한 용례로부터 변화과정을 밟으며 점차 규칙화하게 된다(이는 소위 음운변화의 점진적 견해를 소박하게 받아들임은 아니다)(Postal 1968:231~307). 따라서 잠재적 시차성은 변화의 초기단계에서뿐만 아니라 소멸의 단계에서 가정될 수 있다. 흔히 있을 수 있는 대량적 방언혼효는 구조적 상이를 포함하게 된다. 이 혼효가 사회적 기층의 혼합에 의하여 이룩되었든, 혹은 주민이주의 결과이든, 언어사회의 최근사의 중요한 부분을 형성하게 마련이다. 이렇게 언어의 역사적 발달이 공간적으로 투영된(이기문 1968:39) 언어질의 연구에서는 최초로 변이형 구조들을 기술하여야 한다.

변화의 최초단계는 공시론적 현상에 속하는 역동적 현상이기 때문에(Jakobson 1962:202~220, Saporta 1965:211~224) 한 시점에 있어서의 언어나 방언은 모두 변화과정에 있게 된다. 따라서 동일언어의 원초적 상이는 계기적 변동과 새로운 조정의 축척에 불과하다. 이는 또한 언어변화에 있어서 분열과 통일의 갈등을 의미하기도 한다. 변화는 최소의 노력과 전통에 대한 영원한 갈등에서 의사전달의 필요성을 변화시키려는 새로운 세대에로의 전달과 새로운 언어습관의 전파에 따르는 시간상의 변화는 공간상의 변이에 의하여 보다 풍부히 설명되어야 할 것이다. 여기에 방언연구의 필요성, 공시론과 통시론 및 음성과 음운 등의 밀접한 연결이 재강조가 되는 것이다.

'황간'은 전술한 바와 같이 언어적 문화적 지리적으로 대방언권 간에 접촉된 지역이다. 지리적으로 연결된 지역에서의 언어접촉과 문화접촉에 대한 상호 평행성의 문제는 밀접하게 강조되고 있다(Weinreich 1954b, Krober 1963, Lévi-strauss 1951:155~163, Samarin 1967). 인류학자에 의하면 언어접촉은 문화접촉의 일면이며, 언어간섭은 문화적 확산과 문화이식의 일면으로 간주된다.

방언학적 언어연구에서는 구조방언학에서와 같이 언어사회의 문화와 그 역사에 상관된다. 추상적이라는 불리한 기호임에도 불구하고 문화과학의 도구로서의 외적(external) 방언학은 구조방언학의 보충적인 위치에 서게 된다.

One problem for combined structural and 'external' linguistic investigation is to determine what structural and non-structural features of language have in fact helped to break up the folk-language continuum into the non-technical units of 'dialects', 'patois' etc. This combined research might get to the heart of the question of diasystems as empirical realities rather than as mere constructs. One of its by-products might be the formulation of a technical concept of 'dialect' as a variety or diasystem with certain explicit defining features

Weinreich(1954a:399)

언어의 면에서 접촉은 한 주어진 언어사회의 이중언어체제(bilingualism)의 결과에 이르게 한다. 두 언어의 공존적인 체계를 가지는 이중언어는 간섭현상(interference)에 의한다. 이 간섭으로 인하여 접촉언어는 공존적인 체계로부터 이전의 시차적 기능을 구조적으로 재조직하게 한다.

3.

음성과 음운 (또는 그 시차적 자질) 간의 관계에 대한 시비는 금세기를 통하여 부단히 계속되어 왔다. 문헌어에 의한 사적 비교연구와는 달리, 방언을 중심한 현대국어의 공시론적 또는 통시론적 연구에서 음성과 음운과의 관계는 보다 심각하게 문제되어야 한다. 기술적 방언연구에서 의미의 시차성에 의하여 이들 양자를 엄격히 구별하려는 태도가 방언조사방법과 함께 재고된다(김영송 1967:24~31).[3] 음성과 음운과의 관계는 실재론적인 기능을 고려할 때 이기일원론적일 수밖에 없다. 음운론적 대립에 따라 시차적 자질의 동시적 집합체인 음운은 음성의 기능적 단위이기 때문이다. 시차적 자질이라고 하는 음운론의 최소의 요소—단위가 아닌—는 언중들에게는 잠재적으로 직관에 의하여 변별된다고 할 수 있다. 즉 언중은 음운이 가지는 음운론적 성분이나 그 계열 간의 대립에 의하여 변별된다. 보다 피상적으로는 음운론적 요소뿐만 아니라, 음운 또는 그 구조적 연결체로서의 단위에 의하여서도 언중은 의미상의 시차성을 식별한다.

언어는 복잡한 문화적 사회적 과정에 의하여 형성된 역사적 산물이다. 이러한 언어에 대한 공시론적 연구는 순수하게 모든 체계적 특징을 식별하고 체계화되지 않은 혹은 아직 체계화되지 못한 특징들을 고립시킨다. 이러한 체계화과정에서 불규칙성을 규칙화하기 위하여 언어현실과 격리된 공식주의에 깊이 빠져서는 아니 될 것이다. 왜냐하면 그러한 경우에는 역사적 산물로서의 언어체계의 본질에 대한 오해에 기초를 두기가 쉽기 때문이다.

공시론적 연구에서 특히 주의가 요망되는 것은 어떤 언어의 체계가 변화하고 있고 그 체계상의 변화가 어떤 구조적 특징의 일시적 파괴 없이는 생각될 수 없다는 명백한 사실을 무시하여서는 안 되는 점이다.

---

3 이 논문은 김형규(1964)에 대한 변호 논문으로서 방언 조사 방법과 음운의 문제를 거론하고 있다.

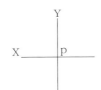

좌도에서와 같이 X축과 Y축에 따라서, 어떤 몇몇 기준에 의하여 공시태, 통합적 구조와 계열적 구조, 계열과 부류(서열) 등의 개념이 양분된다. 주어진 시간상의 점 p는 X축상에서 언어의 공간적 '실체'가 명확하여질 수 있는 동시에 또한 그 p는 Y축상에서 그 시간적 '정체'가 더욱 명류하게 될 수 있음은 특히 지리언어학 내지 방언학에서의 기초적인 개념 중의 하나이기도 하다. 공시론과 통시론과의 준별은 그 교차점 $P(\{p^1, p^2, p^3, \cdots\cdots p^n\})$에서의 공통집합을 이룸으로써 기초적이고도 심각한 문제를 제기하고 만다. 이 기로가 곧 현대국어의 각 방언에 대한 음운론적 연구의 관건이 되어야 할 것이다. 음성과 음운과의 관계, 공시론과 통시론과의 관계는 p점에서 보다 밀접히 동시에 고려되어야 할 것이다. 문제의 p점은 p^i로서, 유한 속의 무한한 가능성을 내포한다. 공시론과 통시론이 개념상으로 구별되면서노 양자의 합류지에 위치함은 국어방언학의 체계적인 연구에서 그 중요성이 지대하다. 즉 이는 변화에 대한 정중동이며 변화의 초기단계가 공시론적 현상이라고 할 수 있음에 기초를 둔다. 어떤 음운이 현저한 변화과정에 있다고 하자. 그 음운의 변이영역 또는 음운론적 공간은 어떠하며 다른 음운의 그것과 어떻게 접하고 대립균형에 어떠한 불안정성을 조장하는지 등을 세밀히 관찰할 필요가 있다. 이것이 음운변화에 있어서 준비기의 잠재적인 정중동인 것이다. 그러나 정태와 공시론, 역동과 통시론을 동일시한다면 큰 오류를 범할 것이다.

언어는 하나의 체계로서 그 부분들은 상호관계가 되어야 하며 전체의 면에서 설명될 수 있어야 하는 가정은 상호의존관계에 대한 설명의 상위가 있을지라도 중요시된다. 체계는 구조적 요소들의 집합체이며 구조는 상이한 부류 사이에 존재하는 관계의 망이다(Martinet 1964:521~532). 이들 관계의 평가는 실재체에 의한다. 즉 시차적 단위에 있어서는 음적 실재체에 의하며, 유의적 단위에 있어서는 의미적 실재체에 의하여 평가된다.

언어구조는 상이한 두 가지 관계형 즉 통합적인 것과 계열적인 것으로 분류된다. 전자는 동일한 언표에 나타나는 상이한 부류의 성원들 사이의 관계로 대조적 기능을 가지며, 후자는 동일부류에 속하는 성원들 사이의 관계로서 대립적 기능을 가진다. 이러한 양분에 따라 언어기술을 명백히 하기 위하여 각 부류의 단위들 사이에 존재하는 관계로부터 결과된 구조와 여러 상이한 부류들 사이에 존재하는 관계로부터 나오는 구조를 또한 구분한다. 전자는 계열적 구조이고, 후자는 통합적 구조이다. 그런데 통합적 구조에 의하여 언표 내의 상이한 단위들의 계기적인 단순한 순위를 즉 분포를 의미함은 흔히 형식적이다. 언연쇄 내의 상대적 위치는 물론 상이한 부류에 속하는 단위들의 가능한 공존을 고려함은 중요하다.

일반적으로 언어구조는 상술한 양하위구조에 있어서 단일체로 실현되지 않는 듯하다. 이에 따라 최대체계와 최소체계,[4] 중심체계와 주변체계, 완전체계와 감소체계 등의 개념이 나온다. 최대체계와 최소체계에 의한 변이형구조는 흔히 구조적 경향, 즉 사회적 압력이 약화하는 경우, 진화가 취하게 되는 방향을 암시한다. 최소체계 혹은

---

4 "The mininal system is the common denominator for all speakers and is consequently the necessary minimum for a speaker to be understood. The maximal system comprises all existing distinctive possibilities, even the weakest and the least utilized." cf. Malmberg (1964:79), Tompson(1964:94~100).

감소체계가 반드시 원시적 경향을 시현한다기보다는 음성적으로 가장 견고한 시차성을 보이는 것이다. 이들은 유아어나 실어증에서 볼 수 있으며, 방언간섭이나 이중방언체제에서 또 나타난다. 개인어의 구조가 아닌 집단구조로서의 변이형구조는 특히 시간과 공간을 떠난 한 지역어의 기술에서 반드시 고려되어야 할 것이다.

음성과 음운과의 관계를 보다 밀접한 관계에서 보려는 구조방언학의 작업가설의 하나인 음운론적 공간(phonological space)과 그에 관련되는 개념 특히 변이음역(allophonic range, champ de dispersion)이 있다. 변이음역은 한 음운이 실현되는 총체적인 음성적 실현의 영역이며, 그것은 단일한 변이음의 영역이든 두 개 이상의 조건변이음의 영역이든 모두 망라하게 된다(Moulton 1960:178 fn. 21 참조, Moulton 1962:23~32, 김방한 1968:16). 이 변이음역은 확산영역 그리고 비교적 충돌하지 않는 음짐의 일정한 변이 및 그 영역 등에 의하여 기술된다. 이 기술에 있어서 동시에 고려되어야 할 개념이 안전간격(marge de sécurité) 혹은 음성간격(phonetic interval)이다. 두 개의 음운 간의 안전간격은 요소의 시차, 확산영역의 경계 또는 두 개의 인접음의 최소한의 상이에 대한 감정(또는 지각)으로 볼 수 있다. 두 개의 인접음운 간에 항상 안전한 음성적 한계가 있는 것은 아니고, 시차적인 안전간격이 존재하는 것이다. 음운목록상으로 중부방언과 동일한 무풍지역어(전북 무주)는 /i/의 특징적인 변이음으로서의 [ɪ]를 갖는다. 이 [ɪ]는 /i/와 /e/의 중복적 변이음역으로서 실현되는 듯하다:

[kigɪrájo](거기요), [nɪrudʒanəjɤ](내리지 않아요), [tɪrípt'ə](들입다), [túdɪgi](두더지), [p'ɔndɪgi](번데기), [tʃi:ɣimi](기미), [tudɪrEgi](두드러기), [əlgɪbín jo](어레빗이오), [tadɪmt'okʰEdaga](다듬잇돌에다가), [s'imuɲtʰɪɲi](쉬뭉치), [isɪlbi](이슬비), [íges'ɪŋgE](이겼으니까), [kalgɪtsʰɪna](갈근거리나) 등.

이러한 [ɪ]의 실현은 중부방언의 모음체계와 비교적 개구도가 낮은 경상방언의 모음체계와의 이중적인 현상으로 해석되는바, 음운론적으로는 문맥에 의하여 결정될 수 있다(Jones 1962:92~98).

변이음역에서 전술한 통합적 관계에 의한 최소체계 중의 중화에 의한 것은 주목되어야 한다. 비관여적인 공간은 역동으로, 음운론적 사실에 의존하는 것이며 단순한 우발적인 확산이나 공방은 아닐 것이다. 따라서 중화음의 변이음은 그것이 차지하는 영역이 다른 두 개의 인접한 대립음운의 각각의 영역보다 분명히 넓을 것이다. /E/를 가지고 있는 경상하위방언은 음성적으로 [e]와 [ɛ]를 포함하며, 이는 다른 방언에서의 최소체계에서의 중화음인 [E]와 상관적인 역사를 갖는다. 인접음운 간의 안전간격을 넘어 중복되므로 그 시차적 기능을 상실하여 중화를 이룬다. 흔히 중화는 체계상의 균형에 관련하여 새로운 역동적 현상에 들어가게 된다. 음운체계의 역동은 음운의 융합 및 분기, 또는 견인 및 추진 등에 의한다(Martinet 1952:1~32). 'ㆍ'의 음운론적 소실은 'ㅓ'에 그 변이음역의 일부를 부여한 결과, 근대국어(후기)에서는 [ə]([ɜ]) →[ɔ]의 변화를 밟게 되었고(이숭녕 1960:28, 1967: 399, 이기문 1961:165) 중부방언에서는 단모음의 경우 음성적인 후설 모음의 변이음역을 가지게 되었다. similitude에 속하겠지만 'ㅓ'는 때로 원순성을 가진 변이음도 중부방언에서 가지게 되었다(예. [pɔri] '보리', [pʰɔdɛgi] '포대기', [pɔn] '本' 등. 이 예들에서의 [ɔ]는 /o/가 아닌 /ɔ/로 인식된다). 중부방언의 모음체계가 3+3+2(또는 4+4+2)로서 후설모음에 빈칸(cases vides, casillas vacias)이 있어 잠재적인 보완이 실현되고 있는 것이다.

현대국어의 음운체계상의 빈칸에 대한 잠재적 보완은 비록 비음운적 역동이지만 자음체계에 있어서도 실현되는 듯하다. 우선 폐쇄음과 마찰음의 하위체계를 예로 들 수 있다. 폐쇄음들은 마찰음의 영향으로 [β, γ], 또 이에 평행적인 /h/의 변이음으로 [ɣ]이 실현된다([ɣ]는 lenis). 마찰음체계의 /s/, /sʼ/는 격음을 빈칸으로 하고 있는바, 평음보다 강하지만 다른 격음보다는 약한 격음적 변이음 [sʰ]를 실현시키고 있다. 이들은 대체로 조건변이음(특히 경기지역어에서)인데, 전국적인 현상인 듯하다. 이와 같이 음운변화에 대한 몇 가지 개념은 특히 현대의 구어의 연구에서, 공시론과 통시론, 음성과 음운, 계열적 관계와 통합적 관계 등을 밀접히 연결시키기를 요망하고 있다.

4.

음운은 그 시차적 자질과 그 배열상의 가능성에 의하여 적절히 기술될 수 있다. 시차적 자질은 또한 이원적인 양극성(bi-polarity)의 원리에 의하여 작성될 수 있다. 모든 음운이 이원적으로 해석될 수 있는가? 하는 문제는 아직도 남아 있지만, 대부분의 음운은 이원적 대립으로 해석될 수 있다. 시차적 기능에 앞서 주요한 방언음성을 기술할 필요성은 앞에서 암시한 바다. 모성(母聲)과 자성(子聲) 등의 양분이 일반적인지는 문제이지만(Pike 1947:60, Greenberg 1962:73~81, Halle 1964:325, 김완진 1964:75~76) 이에 따라 진술하고자 한다.

4.1. 모음

a) 모성

이 지역어의 모성은 다음과 같다:

	전설	중설	후설
고	i ɪ y	ɨ ɨ ʉ	u u ɤ
중	e ø ɛ (ㅔ)	ə ɜ	o ɔ̹ ɔ
저	ɛ	a (ㅏ)	

[ㅔ]는 중부방언(경기도 중심)의 단음 [ə](중설), [ɔ̹]는 중부방언의 후설 [ɔ](비원순), [ɔ]는 후설원순모성이다.

음성목록에 따라 전설·중설·후설의 3계열의 모성으로 분류하여 예시와 음성적 설명을 하겠다.

ⅰ) 전설모성 [i, ɪ, e, E, ɛ, y, ø]

[i]: [ki] 겨, 게, [ᵗni:] 너, [maʃil] 마을, [mari] 마루, [ʧigilamən] 죽이려면, [ʂʰi:daɤo] 세다고, [tilaŋɡɜris'asə] 들랑거려대서

[ɪ]: [-ʃɪpʰi] -시피, [ipʰɪ kaʥigɤn] 입혀 가지고는, [pʰilɡɪŋ] 필경, [-dɪ] -데, [ʦibɪsɜ] 집에서, [irɪɲi] 이러며, [kə:nnɪnin] 건너(越便)는, [nɛp'ɪrindakʰaʥi] 내버린다고 하지

102

[e]: [pegi] 벼개, [me:nsaŋ] 면상, [me:lɛ] 면내, [pebi] 법이, [pegiʃiltʰaɤɤ] 보기 싫다고, [te:t'ɛ] 되었대, [ʧi:lgɛ] 길게

[ɛ]: [jɛgi]~[jɛ:ɤi] 이야기, [tɛ:in] 대인, [kʷɛndzɛɲi] 굉장히, [hɛŋgjo]~[sɛŋgjo] 향교, [kaʃigɛ] 가위, [tolgɛ param] 회오리바람, [mitʰɛ] 밑에, [toŋnɛ] 동네, [iʃ'iŋk'ɛ] 있으니까, [pɛbi] 밥이

[ɜ]: [kɜ:bapt'udirɛgi] 땅강아지, [ɜgi] 아기, [pɜ·am] 뱀, [mɜ·ʧʰil] 며칠, [ʧʰimɜ] 치마, [t'ɜ] 때(時), [k'ɜŋmariɤɤ] 깡마르고

[y]: [kygidoŋ]~[kigidoŋ] 구교동, [ʧy]~[ʧiljʑy 쥐, [dny:]~[dnʷi:]~[dni:] 누에, [ka:ldny]~ka:lʎy] 가을누에, [pomny] 봄누에, [inyɲi] 이 놈이, [nugyɲa] 누구냐?

[øl]: [joŋi] 용이, [møɲi몸이, [sø·gegi] 소고기, [sʰ̞økʰi]~[sʰ̞ekʰi] 속히, [øŋge·s3]~[ʷeŋge·s3] 옮겨서

[i]는 진설적 고모성이며 어두에서 /n/을 d-release [dn]로 실현시킨다. [ɪ]는 /jə/〉/e/, i-역행동화 등과 관련되며, 치음화(ex. /iːsˈirkˈimnita/ '있을 겁니다') 또 그 유사한 음운배열(예. [sɪpʰi] '-싶이')에서 나타난다. [e]는 다른 전설모성과의 상대적 위치가 중부방언과 동일하다. /jɔ/〉/e/에 따르는 변이음도 상당한 양을 차지하며 비강세음절에서는 보다 낮은 모성을 실현시킴으로써 저설모성과 중복되어 중화음을 나타낸다. 전설저모성은 [ɛ]와 [ɜ]로서 어두에서조차 대량으로 실현되며 [ɛ]는 주로 어두의 전부자음의 다음에 또는 /e/와 /ɛ/의 중화음으로서 비강세음절에서 나타난다. 또한 [ɜ]의 장음화로 전라남도방언에서 흔한 보이는 특징적인 [ɛ:]를 실현시킨다(예. [tɛ:mun] 대문, [kɛ:ɲəm] 개념 등). 때로 [pʰ] 다음에서 이중모음의 단모음화에 의하여 자유로이 후부로 끌린 [ɛ]로 대치시킨다:[5] [pʰɜʎi] '편리'. [ɜ]는 제1음절의 순음 하에

서 상승적 [ɛ̯]를 때로 포함하며 단독 모음의 제1음절에서 또는 정의
적 자질을 가진 성절음으로서 하강적 [ɛ̯]를 가진다.

　전설모성으로서 원순계에 속하는 [y](=ü)와 [ø](=ö)가 극히 드물게
나타난다. [y]는 비원순 [i]보다 덜 강력하며 /wi/가 빠른 속도로 발음
되는 경우에 [y]나 [i]로 실현되는데 [t] 하에서 [ʷi]로 실현됨이 일반적이
다. [y]는 [i]와 마찬가지로 어두에서 [ⁿn]를 실현시킨다. [ø]도 [y]와 평행
하게 i-역행동화 또는 그에 준하는 조건에서 나타난다. 그러나 [ʷe],
[e], [ɛ]로 대치됨이 더욱 일반적이다.

　ii) 중설모성 [i, ɨ, ʉ, ə, ɛ, a]

　　[i]: [nilgɨj] 늙은이, [ɓʰik] 흙, [kilpʰɛ] 글피, [i:msək] 음식, [i:gjɜn] 의견, [ki:t'a]
　　　　굿다, [tikʰigije‐nin] 듣기기에는, [tsˈugilŝˈiɤo] 쭈그리고
　　[ɨ]: [nilgɨj] 늙은이, [kɨ:rən] 그런, [kɨsək] 거시기, [ɨ:rən] 어른, [tsɨɳsəɲi] 정승
　　　　이, [ɨ:dəro] 어디, [jɨ:ɳʷəɲi] 영원히, [tɨgalʎjɛmjɜn] 들어가려면, [mak'ɨlʎi]
　　　　막걸리, [kaɤɨra] 가거라, [ɨ:ɤulɦagɛ] 억울하게
　　[ʉ]: [ʧibʉn] 집은, [ma:mʉn] 마음은, [kamʉn] 가면(去), [namʉn] 남은(餘),
　　　　[ʧigʉm] 지금
　　[ə]: [kəradíjɤ] 그렇지요, [kə:] 그, [tsəsɜ] 저기서, [tsəgida] 저기에다, [kə:t'a]
　　　　걷다(步), [jə'nʤi] 연지, [tsəɲək]~[ʧijək] 저녁, [kɨrən] 그런, [tɛʤən] 대전,
　　　　[mɜsəm] 머슴

---

5 무풍지역어의 같은 예로서는 '평평하게, 평균하게, 고르게'를 의미하는 [pʰɜ̃ɳgunɦaɲi]
　가 있다.

[ɜ]: [pisɜk] 비석, [tɜ] 더(加), [kɜgɛ] 거기에, [kɜsəgil] 거시기를, [sɜŋfian] 성한 (生), [tsʰɜndʑi] 천지, [tsɜndʑö] 전주, [sɜŋdʑö] 성주

[a]: [narak] 벼, [talgal] 달걀, [nalmaŋ] 산마루, [maʂil] 마을, [maːl] 말(言), [paːme] 밤(夜)에, [tsagi] 자기, [pʷaːrakʰadʑi] 보라고 하지, [iʂʼilanindʑido] 있을런지도

이상의 용례에서 같이, 중설적(후설적) 고모성으로 [ɨ]와 [ɯ]가 있는 바, [ɨ]보다는 [ɯ]의 실현이 대량적이다. [ɨ]는 제1음절에서는 명백하게 실현되나, 제2음절 이하의 비강세음절에서는 /r/과 /n/ 다음을 제외하 고는 [ɨ]와 인상적으로 구별될 뿐이다. [ɯ]는 이 황간을 중심한 접촉방 언의 가장 특징적인 모성의 하나다. 황간지역어는 다른 인접의 대방 언에 비하여 음성적으로 또 음운론적으로 중요시될 수 있는 특징적 인 돌출음절을 가지고 있는데(예. [ɯɯlgɨj] 늙은이), 이때 가장 흔히 나 타나는 모성이 [ɯ]로 간주된다. 경기지역어의 장음화에 의하여 대부 분 수반되는 [ɯ]와 경상방언의 그것을 이중으로 포함한다.[6] [ɯ]의 원 순음인 [ʉ]는 [ɨ]보다 후부에 위치하는데 /m, p/를 전후로 특히 요구 한다.

[ə]는 경기지역어의 [pəːl] '蜜', [kəːtʼa] '步'의 [ə]와 경상 및 전라방언

---

6 경기지역어의 예로서 [jɨːŋyam] '영감', [tsɨːŋsˈˈˈˈˈ3baŋ] '정서방' 등을 들 수 있다. 경남방언 의 '으'와 '어'의 음운론적 시차성에 대하여는 '에'와 '애'의 그것과 함께 아직 전반적으 로 명백한 기술이 없다. 아마도 구별이 가능한 지역과 구별이 불가능한 지역으로 구 분되는 듯하다. 이에 대한 논쟁과 기술은 다음 논문을 참조: 김영송(1963:53~54), 허 웅(1963:277), 김형규(1964:125~172), 천시권(1965:1), 김영송(1967:27~28), 정연찬(1968: 59~80). 일례로 통영 부구의 지역어에 대한 대립의 기술에 있어서 불일치함을 발견 할 수 있다.

의 /ə/(/ɔ/와 구별되는)의 주변이음과 유사하다. 이는 이 지역어의 모음 /ə/의 가장 일반적이고도 집중적인 주변이음이 된다. 중설 [ɜ]는 [ə]와 [a]의 중간위치의 모성으로서 대체로 연구개음, 돌출음절과 관련된다.

저모성의 [a]는 경기지역어의 [a]보다 상부에 위치함으로써 극히 드물게 i역행동화에 관련되는 [aᵈ]를 갖는다(예. [ʦagi] '자기'). 또 [maˈláɤo] ~[mʌlaɤo] '무엇하려고'는 후설비원순인 [ʌ]에 근사하며 변이음역의 최저최우를 차지한다.

iii) 후설모성 [ʊ, ɤ, ɔ, u, o, ɔ]

- [ʊ]: [ᵇmʊndʑi] 먼지, [maŋkʰʊm] 만큼, [paʊga] 바위가, [saɲʦʰʊ] 상치, [kaʊntʰɪ] 가운데, [nabʊtʰɜm] 나부터, [ʧipʰʊɤʊ] 깊고, [nɜpʰoɤʊ] 높고, [harʊp'e·m̩i] 하룻밤이, [hɛsʊrʊ] 하여서, [-sipʰʊdɤrok] 싫도록

- [u]: [uːm] 움(芽), [paŋguga] 바위가, [uːtʰigi] 어떻게, [pusək] 아궁이, [uˈrin] 우리는, [kudʊsɛ] 장자, [ᵇmusʊ]~[ᵇmuʃi] 무, [suŋguɤɤsɜ·] 심고서, [kunʊ]~ [kuɲi]~[kunde·] 그네

- [ɤ]: [pɤsən] 버선, [odɤtʰi] 오도치(吾道峙), [pɤrəm] 보름, [tolɤdo] 돌로도, [kɨ rəlk'ijɤ] 그럴 것이오

- [o]: [podamdɤ] 보다도, [tolgɛ] 회오리, [hontsʰa] 혼자, [k'otsʰʊ] 고추, [mojɛɲi] 모양, [sokʰɛ] 솜, [soltʰi] 솔치(松峴), [norʉmdzɛɲi] 노름장이, [moːɦadʑi] 못하지, [tokʰɛ] 돌에

- [ɔ]: [wɔn] 원(expressive f.), [jɔpʰɛ] 옆에, [jɔrɔ] 여러, [k'ɔpʰʊl] 껍질

- [ɔ]: [pɔri] 보리, [p'ɔndɛɤi] 번데기

이상에서 보인 바와 같이 이 계열에 속하는 모성으로서는 완전한 원순계 [u, o, ɔ]와 비원순계 [ʊ, ɤ, ɔ]가 존재한다. 위치상으로 전자는 후자보다 각기 후설적이다. [ʊ, ɤ]는 [u, o]보다 가까이 위치하고 있으며 비원순의 [ɔ]와 원순의 [ɔ]는 다른 후설모성의 쌍보다 전부에 위치한다.

[u]는 제1음절의 장모음으로서, 연구개음의 아래에서 또 정의적 자질과 함께 명확히 관찰된다. [ʊ]는 음성적으로 짧은 제1음절의 성절음으로 또 제2음절 이하의 상대적 비돌출음으로 나타난다. 이는 원순성이 약한 나머지 비원순모성으로 간주된다.

[o]는 제1음절에서 분명하며, [ɤ]는 제2음절 이하에서 상대적으로 약한 돌출음으로 실현되며, 경기지역어의 /p/+/o/)/p/+/ɔ/에 관련되는 예에서 [ɔ]와 자유로이 대치되면서 실현된다. 이 [ɤ]는 어미 [-여]에서 충청도방언의 [jɤ]로 나타나서, 경북방언권의 화자에게 충청도식의 발음으로 인지됨은 흥미롭다.

극히 예외적으로 나타나는 [ɔ, ɔ]는 정의적 표현에서, 또 중심적인 중부방언의 후설저모성에 관계되는 단어에서 실현된다.

이상으로 황간지역어의 모성을 현지조사자료에 의하여 장황하게 기술하였다. 경상방언보다 넓고 중부방언보다는 좁은, 또 양방언의 공존적인 이 지역어의 음성도는 대체로 그림과 같다.

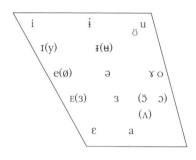

b) 모음체계

상기한 바와 같은 모성들에 대한 음운론적인 단위(음운) 및 그 시차적 자질을 본 절에서 기술한다. 이 절차는 구조적 관계가 시차적 단위에 있어서는 음적 실재체에 의하여 평가되며 음운론적 공간에 대한 안전간격 특히 2개의 인접음의 최소한의 상이에 대한 언중의 지각에 따라 확립되어야 한다는 사실에 준하는 것이다. 시차성에 따라 그 자질들의 동시적 집합체인 관여적인 음들은 다음과 같은 모음도를 형성하게 한다.

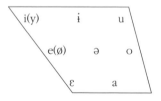

음운목록의 작성에는 단 하나의 최소의 시차적 쌍을 가지는 음운도 모두 포함되어야 한다. 이들의 음운론적 대립관계는 강약의 차이 또는 기능부담량의 차이가 있기는 하나, 일반적인 중부방언의 체계 특히 무주·무풍지역어의 그것과 동일하다. /y/와 /ø/는 음성적으로

약한 원순성을 갖고 있으나 다음과 같은 대립의 쌍을 가지고 있다:

/y/ /kijə/(蟹, 契, 旗, 그것) : /kyjə/(耳)

/si:ta/(算, 酸) : /sy:ta/(休)

/ni:ka/(네가) : /ny:ka/(누에가)

/čy/(쥐) : /če/(罪)

/ø/ /mømi/(몸이) : /mɛmi/(매미)

/øŋkita/(옮기다) : /ɛŋkita/(안기다)

그러나 /y/는 /wi, i/([ʷi, i])로, /ø/는 /we, e/([ʷe, e])로 자유로이 변동
됨이 일반적이며, 특히 청소년층은 /i/와 /e/로 각각 대치시킴으로써
3+3+2의 8개 모음의 체계를 가진다.

/e/ : /ɛ/ 및 /ɨ/ : /ə/도 각각 대립한다.

/e/:/ɛ/: /čʰe/(締) : /čʰɛ/(차일)

/pepi/(법이) : /pɛpi/(밥이)

/eŋkita/(/øŋkita/ 옮기다) : /ɛŋkita/(안기다)

/ɨ/:/ə/ /čiŋsəŋ/(정승) : /čəŋsəŋ/(정성)

/kɨ:kk'o/(긋고) : /kə:kk'o/(걷고)

/kɨr/(文) : /kər/('웆')

/sɨ:rsɨr/(徐) : /sə:rsər/(쩔쩔매는 모양)

이들 그 대립이 의심스러울 정도로 허술한 쌍들을 제외한 여타의
모음들 /i/, /ə/, /a/, /u/, /o/ 등은 때로 인상적으로 기록된 자료에서

대립의 약화가 있으나(/moːhake/ '못하게', /moːhači/ '못하지'; /munməkə↓/ '못먹어', /pori/~/pəri/ '보리' 등), 이러한 중부방언의 특징(/o/→/u/, /o/→/ɔ/)과 경상방언의 특징(/o/의 유지)의 공존적 현상을 제외하면 그 시차성은 제일음절에서 확고하다. 구구한 대립의 쌍은 생략한다.

모음도에 따라 확인될 수 있는 이원적 대립관계는 설체자질들과 원순성에 의하면 대체로 다음과 같다(이는 구조적 세트와 상위적 방언체계까지 고려한 것이다):

	i	y	e	ø	ɛ	ɨ	ə	a	o	u
고	+	+	-	-	-	+	-	-	-	+
저	-	-	-	-	+	-	-	+	-	-
전	+	+	+	+	+	-	-	-	-	-
(후						-	-		+	+)
원순	-	+	-	+		-	-		+	+

그리하여 대립관계에 따라 모음체계는 완전체계로서 4+4+2의 체계는 그림과 같다(Trubetzkoy 1929:39~67, Jakobson et al. 1953:449~463).[7]

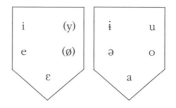

---

7 상기 행렬에서 후설성(backness)은 이 지역어 자체에서도 유효하여 상위적 방언체계에 포함시킬 수 있다.

이러한 계열적 관계, 즉 계열 간의 구조관계는 다시 통합적 관계에
서 상이하게 나타난다. 흔히 /y/, /ø/는 상대적으로 높은 악센트가 없
는 음절에서 나타나지 않고 /i/, /e/로 합류되며, 음성적 실현의 경우
에도 그 대립의 명확한 쌍에 관여하지 않는다. /e/와 /ɛ/ 및 /i/와 /ə/
는 제이음절 이하에서 중화된다(음성적으로 [e, E, ɛ], [i, ɨ, ə, ɜ]로 실
현되나 비대립적이다). /o/와 /u/는 전술한 바와 같이 제2음절 이하에
서 그 대립관계가 소졸하다:

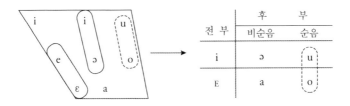

/o/와 /u/의 소졸한 대립관계는 중부방언(c)과 경상방언(k)의 이중
적 현상과,

예.

$$c,k \quad \Big\| \frac{c/mu:thɔku/}{k/mo:hako/} \Big\| \quad \text{'못하고'}$$

원순성의 약화로 기인되는 변이음의 융합에 의존하는 것이다. 그리
하여 이 감소체계의 이원적 대립항은 가능하다면 3개 즉 전-후, 고-
저, 원순-비원순의 양극항이 필요하게 된다. 그러나 다음 표에서와
같이 원순성의 자질은 후설에만 필요하다(｛2+2(2)｝의 체계):

	i	ɛ	ə	a	u	o
고	+	-	+	-	+	-
후	-	-	+	+	+	+
원순			-	-	+	+

이상의 황간지역어의 모음에 대한 공시론적 기술을 종합하면 완전
체계로서의 포함되는 모음은 /i, e, ɛ; (y, ø); ɨ, ə, a; u, o/의 10개로서
4+4+2(또는 2{(1×1)+(1×1)+1})의 체계를 가지며 감소체계로서의 모음
은 /i ɛ, ə a, (u o)/의 6개로서 3+3(또는 {(1+2)×2})의 체계를 가진다.

4.2. 자음

a) 자성

본절에서는 소위 반모음이나 유음까지도 편의상 자성에 포함시켜
기술한다. 용이하게 발견되는 이 지역어의 자성은 다음과 같다:

p	t(^{ts}t)	ts tʃ(tʃ, ^{k}ts)	k(^{ts}k)
p'(p̌')	t'(ť')	ts'(ťš')	k'(ǩ')
pʰ	tʰ	tsʰ	kʰ
b	d	dz dʒ	g
β			ɣ ɦ
	s(š̌ʰ)	š ç	
	s'(š̌')		h(hʰ)
m ^{b}m	n ^{d}n		ŋ
ɱ		ɲ	ŋ
	r		
	l	ʎ	

이상의 예들이 시현하는 일반적 환경과 특징을 조음방식에 따라 기술하면 다음과 같다 :

i) 폐쇄음: [p, t, k; b, d, g; p', t', k'; pʰ, tʰ, kʰ], [p̕ t̕ k̕], [ᵗt ᵏk].

[p]: [pɔri] 부리, [pigɐ] 베개, [pi:ŋ] 병(病), [rəŋgɯ] 바위, [pɔ̃bɜri] 번어리

[p']: [p'ɔndɛgi] 번데기, [p'e-]~[p'i] 뼈, [kop'ul] 고뿔, [jəlp̕ari] 열 마리

[pʰ]: [pʰo] 표(表, 標, 票), [kɨlpʰɛ] 글피, [suɣumpʰo] 삽, [apʰöda] 아프다, [ʧ̓ipʰ

ʊɣu] 깊고

[b]: [ᵗtibik'osari] 고사리의 일종, [ᵈnyβe] 누비(옷), [hobak] 확(큰 물레방아

의), [kəlbakʃ̕i] 거지, [karɨmbɛ] 가르마, [t'ɛŋbo] 애꾸

[t]: [takʰi] 닭이, [todok] 도둑, [tʷik'an] 변소, [toɣutʰoŋ] 절구, [to:ɣo] 다오

[t']: [kɛbapt'ödɨrɛgi] 땅깅아지, [t'ɛ] 때(時), [t'okt'igi] 똑똑히, [i:t'ɛ] 이때

[tʰ]: [tʰoɲʃi] 변소, [toɣutʰoŋ] 절구, [soltʰi] 솔치(松峴), [nöntʰiɲi] 눈덩이

[d]: [kunde] 그네, [kaduk] 가죽(나무), [modo] 모두, [poŋdori] 봉우리,

[kʷadɛgi] 과부

[k]: [kudösɛ] 장자, [kokʃ̕ək] 곡식, [kɛ:k'ot] 철쭉꽃, [t'okt'igi] 똑똑히

[k']: [k'anʧʰi] 까치, [k'adʒi] 가지(茄子), [k'ɛɣuri] 개구리, [k'op'ɛ] 고삐, [k'ək'ɛj]

지렁이

[kʰ]: [kʰɨ:damaj] 커다라니, [kʰalʲ̕om] 도마, [tɨkʰigijenin] 듣기기에는, [naŋkʰe]

나무에

[g]: [ʃilgɜŋ] 시렁, [taloŋge] 달래, [kaʃige] 가위, [tolgat] 도라지, [paŋgu] 바위

이상의 용례에서 보이듯이 그 실현은 일반적이다. 음절말 위치에

서와 휴지 앞에서는 오직 평음의 폐쇄음만이 가능하다([p˺, t˺, k˺]), 유성의 평음 [b, d, g]는 /ˌC_V/에서 분명하며 [b, g]는 [V̰-V̰] 또는 [V̰-V̰]에서는 마찰음 [β, ɣ]와 자유로이 대치된다. [b, g]는 후부모음 간에서는 실현불가능하다. 경음과 격음은 어두와 어중에서 실현가능하나 격음은 어중에서 (특히 유성음 간에서) 기식이 약한데 평음의 기식보다는 강하다. 경음은 내파의 평음 아래에서 파열이 약한 [p̚', t̚', k̚', (t͡s̚')]로 실현된다.

[t, k]는 /#__{i, jV/에서 구개음화와 표준어식 발음의 간음([ᵗt, ᵏk] 또는 [ᵗʃ, ᵏtʃ])을 가지는데 이는 특히 4·50대의 자료제공자로부터 발견된다:

[ᵗtibidak'ɛ]~[ᵗʃibidak'ɛ] 밑싣개, [ᵏʃiːlgu] 길고, [ᵏtsəlt'ɛrɣ] 절대로, [ᵏkil] 길, [ᵏkel ɣuk] 결국

ii) 마찰음: [β, ɣ] [s, ʃ, s'] [h, ɦ, ʂ, ç] etc.

[β]: [puβu] 부부, [ᵇmuːβu] 무부, [ᵇniːβunil] 네 번을, [nunt'uβul] 눈두덩

[ɣ]: [toɣutʰoŋ] 절구, [koɣoma] 고구마, [k'ɛɣuri] 개구리, [toːɣo] 다오

[s]: [suɣumpʰo] 삽, [pusək] 아궁이, [mosek] 모습, [mɛwasə] 매워서, [siːlsil] 서서히, [isəkadʑiɣu] 이어서(連), [asu] 아우

[ʃ]: [piʃil] 벼슬(鷄冠), [aʃidiŋgi] 애벌등겨, [maʃil]~[masil]~[mat-] 마을, [ʃilgɜŋ] 시렁, [aʃimaʃimɦada] 아물아물하다

[s']: [s'age-] 빨리, [s'ek'jə] 섞여, [nalʂ'i] 날씨, [s'indaɣu] 쓴다고(書)

[h]: [hamɛ] 벌써, [holgɛ]~[salgudʑi] 소리개, [heːsa] 회사, [hɛ] 해(年, 太陽),

114

[homέj] 호미

[ɦ]: [piɦjaŋdzaŋ] 비행장, [antʰikoɦjEŋ]~[ant'ikoɲaŋ] 안태본, [moːɦaɲik'Erɤ] 못
하니까

[ɸ̞]: [ɸ̞uʎuɲɦɛgEsiri] 훌륭하게끔, [ɸ̞ultʰɜ] 훑어, [ɸ̞urEaː] 후레아들

[ç]: [çimiɦagɪ] 희미하게

[çim]~[ʃim] 힘(力)

[çin t'ɜk] 흰떡, [çiː sɛk] 엷은 색

유성마찰음 [β, ɣ]는 후부원순모음 간에서와 후설원순모음 앞에서
또한 장모음 뒤에서 나타난다. [s]는 비교적 약한 기식을 가지나, 고모
음 앞에서나 [sʰεam](샘 泉井)과 같은 예에서는 상당히 강한 기식음으
로 발음된다. 더욱이 폐쇄의 구강음을 음절끝으로 하는 음절의 두음
인 경우에 또 장모음인 고모음 앞에서와 정의적 표현(expressive
feature를 가진)에서 보다 강한 기식음으로 발음된다. [ʃ]는 i계 모음
앞에서 실현되며 [s']는 유성음 간에서 파열이 약하다[sʰ]. 폐쇄음 다음
에서도 동일하다. 유성음 간에서의 [ɦ]는 유성음 아래에서 때로 탈락
되기도 하나, 경기지역어에 비하여 덜하다. [ç]는 i계 모음 아래에서,
[ɸ]는 어두의 후설고모음 /u/ 앞에서 약한 양순성을 가지고 나타난다
(cf. [ɸ̞]). [h]는 비원순후설모음(/i/) 앞에서 또는 정의적 표현에서 비교
적 강한 마찰을 가진다. [hʰimiɦɛjɜ] '희미해'. 이들 마찰음들도 무성의
종성을 가진 음절두음으로서(/#__ᵤC/) 보다 심한 마찰을 가지며 그
결과 여타의 평음보다 비교적 강한 기식음으로 실현된다.

iii) 파찰음 : [ʦ, ʧ, dz, ʤ, ʦ', ʦʰ] [ˈʧ, ᵏʧ]

[ʦ]: [ʦeːŏ] 겨우, [ʦ3pt'ɛ] 저때, [ʦəŋʤi] 부엌, [ʦəˑlgɛ] 겨울에, [ʦ3ndigɤ] 견디
고, [ʦeɲil~ʦoɲu] 종이

[ʧ]: [ʧipʰŏn] 깊은, [ʧinɛ] 지네, [tšipˢˈin] 짚신

[ʦ']: [ʦ'oɲmari] 쪽마루, [ʦ'anʤi] 김치, [ʦ'okʦ'ik'ɛ] 족집게

[ʦʰ]: [kanʦʰi] 까치, [ʦʰudza] 호도, [ʦʰɛ] 키(箕), [ʦʰaːŋk'os-] 진달래꽃, [ʦʰimɛ]
치마, [olʦʰɛ] 올챙이, [toʦʰi] 도끼

[dz]: [namdzari] 잠자리, [nadzɨn] 낮은, [kildzŏbi] 길잡이, [k'adza] 과자

[ʤ]: [k'aʤi] 가지(茄子), [mŏnʤi] 먼지

음절말 위치에서 실현되지 않는 이들의 환경과 특징은 전술한 폐
쇄음과 마찰음에 평행한다. 특히 이들은 구개음화에 관여하는데 [ˈʧ,
ᵏʧ]와 같은 간음은 [ˢt, ᵏk]와 자유로이 대치하면서 4 · 50대의 화자들에
게서 관찰된다: [ʧiᵖidak'ɛ] 밑신개, [ᵏʧimsəŋ] 짐승 등. 그러나 이들은
완전한 구개음화나 비구개음화로 실현됨이 이 지역어에 일반적이다.

iv) 공명음 : [m, n, ŋ] [m̥, n̥] [ᵇm, ᵈn]

[m]: [m3njə] 먼저, [mojɛŋ] 모양, [ʦʰimɛ] 치마, [tomɛ] 도마, [k'ulbam] 도토리

[m̥]: [mømm̥i] 몸이, [maːmm̥i] 마음이, [kolmm̥i] 골무, [pelmm̥i] 별미

[ᵇm]: [ᵇmul] 물, [ᵇmuːβu] 무부, [ᵇmiːt'ɛgi] 메뚜기, [ᵇmiːɤu] 메고, [ᵇmurŏp] 무릎,
[ᵇmuɤupt'a] 무겁다, [ᵇmuːdɛŋ] 무당

[n]: [naβu] 나비, [namdzari] 잠자리, [manŏl] 마늘, [tɛɲɲim] 대님, [mŏnʤi] 먼지

[ᵈn]: [ᵈni:] 너, 네, [ᵈny:] 누에, [ᵈnun]~[nun] 눈

[ɲ]: [tsəŋək]~[ʧiɲək]~[ʧijək] 저녁, [kʰin sonɲim] 천연두, [tsagin sonɲim] 홍역

[ŋ]: [paŋe] 방아, [jaŋʤit'ɨm] 양지말, [p'oŋnaŋgu] 뽕나무, [k'oŋ] 꿩, [mɛltsʼaŋ] 말짱, [taloŋɡɛ] 달래

[ŋ]: [tseŋi]~[tsoŋu] 종이, [nŏntʰiɲi] 눈텅이, [kaɲi] 강이, [t'aɲi] 땅이

[m, ɲ, ŋ]는 /V_i, V_jV/에서 실현되는데 마찰음 또는 파찰음에 근사하다. 어두 특히 j계 모음 아래에서 [ᵇm, ᵈn]과 같은 [b, d]의 동시개방음이 실현가능한데 [ᵇm]는 중부방언의 그것(예. [ᵇmu:tɜ] '못해', [ᵇmul] '물')보다는 약하나 /#_u/에서 거의 예외 없이 실현된다. [ᵈn]는 [ᵈni:ɣa] '네가'에서 가장 특징적으로 나타난다.

v) 유음 : [r, l, ʎ]

[r]: [narak] 벼, [heri] 허리, [a:rɛ] 그제

[l]: [talgal] 달걀, [me˙lɛ] 면내, [ɜliŋ] 얼른, [kalaŋga: utsʼalaŋga] 가려는지 어찌하려는지?, [kelgupt'a] 가렵다

[ʎ]: [mulʎi] 물레, [p'alʎi] 빨리(卑語), [wɜlʎuboŋ] 월류봉

이 지역어의 특징적인 유음은 경상지방에서 흔히 나타나는 권설음이다: [ᵇmulɣ] '물이오?' [ɜganmalɣ] '대청마루요?' 이들은 음절경계에서 중요할 것이다. 이와 관련되는 예들이 있다 : [muɲjɣ] '문이오?' [jɜ ŋjaɲi] '영양이' 등.

흔히 자음적인 음운론적 성격을 지니는 전이모성은 [j]와 [w]이며

전이적인 [i̯]는 존재치 않는다. 이들은 표준어와는 달리 모음 전후에서
음성적인 실현가능성을 갖는다.

[j]: [k'op'ɛ́j] 고삐, [ji:m̩i] 의미, [je:nnal] 옛날, [jedza] 여자, [jɛ:ɣi] 이야기,
[jɪ:ŋgam] 영감, [ʧji:m] 즈음, [kujək] 구멍, [jəʃi]~[jəsʊ] 여우, [ja:dan] 야단,
[pɛjaŋ] 배웅, [jukʰɛɦan] 유쾌한, [ʦuɲɦɛk'jo] 중학교, [t'uk'i̯j] 뚜껑,
[tolmij]~[tolmíji~[tólmɛŋi] 돌맹이, [pʰiréj] 파랭이, [tʰalp'ɛj] 달팽이, [ʦəŋgéj]
향경, [kək'ɛ́j] 지렁이, [pʰɛji] 패여, [nilgi̯j] 늙은이, [əmʊ́j] 어머니, [halmáj]
할머니(호칭)

[w]: [tʷije] 뒤에, [kʷěn] 고인, [tʷendʲiga] 된 지가, [wɛnɤm] 왜놈, [kʷaŋge-] 관
계, [hʷari] 화로, [wagin] 오기(來)는, [kwaɦagɪ] 과하게, [siwda] 세우다,
[kiwda] 깁다, [towda] 돕다, [t3wsə] 더워서, [nurukp̕'aw] 누룩바위,
[nunʦ̕'aw] 눈자위, [kown] 고운

이상의 예들이 시현하는 바와 같이 일반적인 국어의 이중모음에
대한 기술과는 달리 이 지역어는 이중모음에 대한 새로운 현대국어
의 문제를 제기하여 준다. 현대국어에서 하강적 이중모음은 존재하
지 않는가? 또 /ji̯/, /ji/와 같은 이중모음은 설정할 수 없는가? 설정되
지 않는다면 과연 우발적이거나 음운론적인 명백한 이유가 있는가?
이 음운론적인 문제는 후술하겠거니와 하강적인 전이가 음성적으로
존재함을 강조한다. 이들은 또한 이 지역어의 특성의 하나인 관여적인
악센트에 관련됨이 주목을 끈다. 그 이외에도 [ki̯rok] '기록', [ki̯ʤuŋ]
'기중'과 같은 [i̯]를 관찰할 수 있음도 흥미롭다.

b) 자음체계

이 지역어의 자음은 다른 방언의 그것과 동일한 수를 가지어 /p, p', pʰ; t, t', tʰ; k, k', kʰ; č, č', čʰ; s, s'; h; m, n, ŋ; r/ 19개와 반모음 /j, w/를 포함한다.

의심스러운 쌍에 대해서만 예를 들겠다 :

  [p : ɸ]   [puːson](불손) : [ɸuːson](後孫)

  [p : ᵇm]   [pul](불) : [ᵇmul](물)

  [s' : s]   [s'al](米) : [sal](肉, 膚)

  [ʃ : ç]   [ʃida](酸味) : [çida](白)

구개음화형과 비구개음화형에서 보이는 간음 가운데 [ᵇk], [ᵇt]는 각가 /k/, /t/로, [tʃ], [tʃ]는 모두 /č/로 설정되며 이들의 변동의 일징한 범위 내에서의 자유변이로 본다.

전이모성은 소위 자음체계의 한 하위체계인, 특히 음절구조상에서, 반모음체계로서 /j/와 /w/로 설정된다. 하강적 이중모음이 인정되어야 하는 이 지역어는 '其', '記' 등에서도 [i]를 반모음으로 설정할 필요가 없다. 하강적 이중모음은 [i, ɨ, u]와 [ɪ, ɨ, ʊ]의 변이음적 실현과 특징적인 악센트로 인한 완전모음의 약화에 기인됨을 쉽사리 알 수 있다. 실제의 발화에서 운율적 사실이 음운론적 관계에 깊이 작용하고 있음을 간과하여서는 아니 될 것이다.

국어의 자음체계에서 고려되는 시차적 자질은 약한 기식의 평음, 성문 수축에 의한 경음, 고도의 비성문적 압축에 따르는 강한 기식의 격음, 그리고 비음, 유음, 전이음 또는 반모음과 관련된다. 단정할 수 없는 현 단계에서 이원적 대립에 따른다면, 주요부류자질로서의 공명음, 모성성, 자성성, 강동자질(cavity feature)로서의 coronal anterior, 설체자질로서의 후설성, 성문수축, 이차적 개구의 비성성, 조음방식의 자질로서의 continuant, source features의 heightened subglottal pressure 등을 생각할 수 있다(Chomsky and Halle 1968:293~329).[8]

어떤 언어에서의 처리와 같이 국어의 /h/를 전이음(glide)으로 보는 데에는 조심스러운 여유가 필요할 것이다. 어두에서 이 지역어의 /h/ 은 소위 연약형을 실현시키는 일이 전무하고 더욱이 보다 강한 기식이 있는 변이음을 가지며([ɦ], [ʱ]) 비록 유성음으로 유지되기는 하나 유성음간에서 탈락시키지 않음이 일반적이기 때문에 (이는 유성성의 문제는 큰 이유는 못된다.) 전구강적 마찰과 무성공명에도 불구하고 단순한 전이음으로 처리함에 무리가 있을 듯하다. 또한 그것이 heightened subglottal pressure에 관여하여 양 시차적 자질의 동시적 발음을 가지는 전통적 고려를 아낌없이 해야 할 것이다.

그리하여 이 지역어의 자음체계는 그 시차적 자질과 통합적 관계를 고려하면 대체로 다음과 같다:

---

8 또한 유성성의 문제가 있다. 평음은 어두에서 갖는 약한 기식을 모음 간에서 또는 유성자음 아래에서 잃는다. 근자 substantial coincidence(12msec), moderate lag (35msec) 및 considerable lag(93msec)를 측정하여 short lag와 considerable lag의 두 개의 명백한 유형을 제기한 바 있다(Kim 1968). 이러한 자질은 평음, 경음, 격음의 자질 설정에 보충적인 것이 아닌가 한다. 언중의 의식은 현지조사연구(현장언어학, field linguistics)에서 특히 등한시되어서는 안 될 것이다.

p	t	s	č	k
p'	t'	s'	č'	k'
pʰ	tʰ		čʰ	kʰ
m	n		ŋ	h
	r			
w	j			

/h/는 전술한 이유에서 공명음체계에 속하며 /w/는 원순모음들의 원순성이 약한 특성과 /wi/와 /we/가 빠른 속도에서 각각 원순성이 약한 /y/와 /ø/로 실현되는 동시조음의 사실 등에 의하여 위치된다.

자음에 대한 통합관계는 음절의 항에서 약술하기로 하고 자음의 기술을 마친다.

4.3. 운율적 자질

편의상 악센트 음장 또는 특징적인 음조를 간략히 본 절에서 언급 코자 한다. 황간지역어의 전체적 발화상의 인상은 중부방언의 사용자에게는 경상방언권에, 경상방언의 사용자에게는 중부방언권(충청 지방어)에 속하는 듯 느껴진다. 전자는 운율적 특징에 후자는 어미의 사용에 의존된다.

고저는 음성적으로 [paˈm](粟), [pa²m](夜)([pa³mʦˈu³ŋ] 밤중)과 같은 차이를 보이나 음운론적인 명백한 시차적 기능을 가지지 못한다. 그러나 강세를 동반하는 이 지역어의 가장 특징 있는 음의 고저가 있다:

[nilɡə́j] 늙은이, [tʰalp'ɛ̀j] 달팽이, [k'ək'ɛ̀j] 지렁이, [tʰok'ɛ̀j] 토깽이, [pʰiréj] 파랭이, [tsʰɛ̀j] 키(箕), [haiŋk'e·] 하니까, [əmə́j] 어머니 [orabáj] 오라버니, [ʦumə́j] 주머니, [k'op'ɛ̀j] 고삐, [kɜlbɛ́j] 거지

이 고저는 예시와 같이 형태음운적 사실과도 깊은 관계를 가진다. 일반적으로는 다음 자음 특히 비음을 탈락시키며 다시 다음의 /i/를 전이모성으로 실현시킨다. 물론 이들의 모든 예가 한결같지는 않다. 이 특징적인 고저와 강세가 약할 경우 약한 비음을 가지기도 하며 또한 기본모음 /i/를 포함하기도 한다 :

[k'op'ɛj]~[k'op'ɛji] 고삐, [tolmij]~[tolmɛɲi] 돌맹이, [pʰɛj]~[pʰɛɲi] 괭이, [halmaj]~[halmə́ɲi] 할머니(호칭), [kojáj]~[kojaɲi] 고양이, [ajida]~[aɲiʤijo]~ [aɲi] 아니, [ma:j]~[ma:ɲi] 많이, [kamaj]~[kamaɲi] 가만히, [ʧijək]~[ʧiɲək]~ [ʦəɲək] 저녁, [w3nʦʰɣjiraɣo]~[w3nʦʰɣnindɛ] 원촌, [nɛŋʦʰəjrakʰanindɛ·]~ [nɛŋʦʰəniraɣudo] 냉천

접촉방언으로서의 이 지역어는 충분히 경상방언의 또는 적어도 중부방언의 특징이 아닌 현상을 보이고 있는 일례가 상기의 고저이다. 중부방언적 요소가 아닌 보충적 예를 보이겠다:

'못-' : [mo:haʤi], [moŋk'aɣuro]~[mo:k'aɣuro], [mo·ɦals'ul]
'-(이)니까' : [kiraŋk'e] 그러니까, [iraŋk'ɛ] 이러니까, [kəʃij:ŋk'ɛ] 것이니까, [hajiŋk'ɛ] 하니까, [iʃ'iŋk'ɛ]~[iʃ'iɲik'e] 있으니까, [ʦəʃ'iŋk'ɛ] 졌으니까.

이상의 예들에서 보여주는 바와 같이 비록 어휘적 형식(lexical form)에 대한 시차적 자질이 없을지라도 때로 관여적 자질(relevant feature)이 될 수 있는 고저의 잠재적 가치를 인정하게 된다. 잠재성은 전체적인 인상의 효과를 가져 올 수 있는 내적 요인이 된다. 왜냐하면 운율적 특징은 표현이 필요에 대한 직접적인 반응이기 때문이다 (Martinet 1952, 1967:§.5&6). 이 고저와 관련될 수 있는 음조의 일반적 유형이 있다:

[mɜ²ra¹·kʰi³jə²]　　　　뭐라고 해?

[kɨ²ra¹di³jɤ¹]　　　　　그러데요.

[o²ɲi³ra¹]　　　　　　　오너라.

[a²ŋɦalk²i³ra¹]~[a²ŋɦa¹lk²²ira³jɤ¹]~[a²ŋɦa¹lk'i²mɲi³da¹] 안할 것-.

[n¹il yə²jra¹ kʰa²ʥi³jɤ¹] 늙은이라 하지요. etc.⁹

　이 지역어의 문장말미의 음조의 일반적 유형은 31형 및 32형으로서 전술한 어휘상의 특징적인 고저와 관계를 갖는다. 이러한 현상은 성조방언과 비성조방언과의 갈등으로 표면상에 공존적인 결과로 나타난 듯하다.

---

9 경상도와 접경지역인 충북 보은(마로면)과 전북 무주(무풍면)에서도 유사한 유형을 사용하고 있다:

[nɪrjə ka²lk'i³jɤ¹] 내려 갈 거요.

[pam məgəts'ə³ᵂː¹] 밥 먹었어.

[pam məgət s'ət s'ə³ː²] 밥 먹었어?

[tsari i²s'i³jɤ¹] 자리 있어요.

다음으로 역동적(상가적 suprasegmental)이 아닌 계기적인 음장은 명백한 시차성을 갖는다. 이 음장은 실제의 언어에서 정의적 자질의 요소로서 보다 많이 실현되며 그 대립의 쌍은 그리 흔한 것은 아니다:

/siːta/(算, 强, 建) : /sita/(酸味)

/tɛːmi/(次, 痰) : /tɛmi/(墙)

/teːke/~/tweːke/(甚) : /teke/~/tweke/(化)

이외에 일반적인 /maːr/(言) : /mar/(馬), /paːm/(栗) : /pam/(夜) 등의 쌍이 있다. 이들의 변동은 음운론적 형태론적 또는 통사론적 조건에 형식상으로 의존하는 듯하지마는, 내적으로는 운율적인 mechanism 이 있는 것이다. 어휘적 형식에서 음장은 극히 낮은 모성에 후행하여 음성상의 전이를 조장하며, 복합적 결합(complex combination) 합성적 결합(compound comb.) 또는 통사론적 결합의 제일요소인 경우에, 그것은 상대적인 고조의 모성을 가지고 실현된다([1], [2], [3]은 음성적임):

/maː[1]r/(言) /ma[3]rhɛčamən/(말하자면);

/aːč[1]ito/(알지도) /a[2]rasa/(알아서);

/paː[1]m/(栗) /pa[3]mnaŋkhi/(밤나무가) /pa[3]mseɲi/(밤송이);

/paː[1]n/(半) /pan[2]tar-irak[h]ačijo/(반달-)

이러한 단음화와 함께 실현되는 고저의 변동은 음장에서만의 경우가 아니라, 복합어형성 또는 밀접히 연결된 통사론적 구성에서는 일반적이 아닌가 한다(이익섭 1967:131~146 참조) :

124

/pa²m/(夜), /pa³mč'u³ŋ/(夜半), /pa³mč'u¹ŋe/(밤중에); /pi¹/(雨), /pi²ts'a¹r/(빗살) 등.

이상에서 음장은 시차적 자질로서 인정되는데 그 공시적 역동관계 —통합적 관계에 의한—는 음운적 관계뿐 아니라 비음운적인 관계도 고려되어야 비로소 그 메커니즘을 결정하게 될 것이다.

그리하여 이 지역어의 운율적 자질로서의 음장만이 있으며 고저는 때로 관여적 자질이 된다. 그 외에 형징적 자질(configurative feature)로서 /↑, ↓, →/이 있는데 이들은 주로 정점적(culminative, Gipfelbildende)이다. 흔히 /#/은 형태소 이상의 경계에서 나타나는데 한계적(demarcative)이다. 정의적인 자질에 의한 음성적 특징은 성문 수축 및 무성화, 장음화 또는 /#/의 실현이다.

4.4. 음절상의 특성

음절 자체가 시차적 요소는 아니지만 음운론적 단위로서 그 음운론적 성분과 관련된다. 여기에 형태음운론적 유형의 일부를 포함할 수 있으나, 음절상에서의 시차적 자질의 연결에 한하여 이 지역어의 특성을 약술하고자 한다.

음절은 형성소나 단어의 경계에서 가능한 징표(+, #)와 모음 자음 및 반모음의 네 부류에 의하여 설명된다. 이 지역어는 후술하는 이유에서 가장 복잡한

[자모+반모음+모음+자음]

은 물론

　　[자음+모음+반모음+자음]

의 음절구성을 가지고 있다. 국어에서와 같이 음절에 대한 의식이 특히 강한 언어에서는 정의적 표현이나 음장을 제외하면 대체로 유사한 길이로 인지된다.

　이 지역어의 특징 중의 하나는 이중모음에 있다. 이중모음의 단모음화에로의 경향은 중부방언보다 강하며 표준문어의 [자음+반모음+모음+…]형이 [자음+모음+…]형으로 실현됨이 보다 일반적이다. j계 이중모음의 경우에 더욱 심하며 어두 마찰음 하에서는 j계 이중모음은 대표적이다. [반모음+모음+…]형이 일반적으로 유지되고 있음은 반모음이 자음적 성격으로 해석될 가능성의 한 특징을 보여준다고 할 수 있다. 이중모음계의 어미는 그대로 유지되고, 때로 /ipʰi(kačikon)/ '입혀 가지고는'과 같은 예에서처럼 /jə/가 아닌 /i/로 나타나는 예가 발견된다. 이는 남부방언의 밀접히 연결된 통사론적 구성 또는 구형 복합어의 활용형, 또는 용언활용형의 일부를 반영하고 있는 듯하다 (예. 입히요, 모르요 등). 즉 제1요소로서의 어간형태소가 그대로 제2요소에 결합되는 것이다. 이때 음성적으로 흔히 [ɪ]로 실현되는데 때로 수약(jə)e)i) 또는 탈락(jə→ə, i)의 과정의 결과인지(이숭녕 1954/1955:321~464) 분간키 곤란한 예들이 있다: [irɪmi] '이러며', [tsibɪsɛ] '집에서', [nɛpʼɪrinda kʰadʒi] '내버린다고 하지', [-sɪpʰi] '-싶이' 등. 이 역사적 문제는 보다 광범한 조사를 기다린다.

　전술한 바와 같이 이 지역어는 상승적 이중모음은 물론 하강적 이

126

중모음을 가지고 있다. 이중모음과 모음결합의 문제가 있으나 전술한 특징적인 악센트는 특히 j계 하강적 이중모음을 설정하도록 한다. 보다 불안정하나 이에 평행하여 w계의 하강적 이중모음도 설정되어야 할 것 같다.

이 지역어의 j계 이중모음은 상승적인 /je, jɛ, ji, jə, ja, jo, ju/와 하강적인 /ej, ɛj, ij, aj, uj/가 있으며 불안정한 /ji/ 또는 /ij/기 논의되고, 빈칸으로서 */jy/와 */jø/및 */əj/와 */oj/가 있다. 확고한 제1음절의 상승적 이중모음에 비하여 대부분의 제2음절에서 나타나는 하강적 이중모음은 악센트에 의한 후행자음의 탈락에 의존되기 때문에 악센트의 약화로 후행자음이 실현될 경우 전혀 문제가 되지 않는다. /ji/는 lexical forms에서 흔히 장음절로 실현되는데(예. /jiːŋkam/ '영감'), /ə/→/iː/([ɨ:])에 의한다. 구형복합어나 밀접히 연결된 통사론적 구성에서 단음회를 가져오는 경우에도 /ji/는 유지되어 /jə/로 뇌지 않는다. 물론 /i/와 /ə/의 중화로 인한 불분명한 발음도 있을 수 있다.

장모음 /iː/의 경우에 약한 전이를 가짐으로써 [ji] 또는 [ij]가 가능한데 양자의 구별은 극히 곤란하다(예. /jiːmi/ '의미'). 이는 음성적인 위치로 인하여 흔히 /iː/로의 해석이 있을 수 있다. [pʰɛji] '패여'에서 [j]는 [ˋ]의 고저로 /pʰɛj-i/로 음절경계가 놓인다. 여기에서 /-i/의 실현은 어미가 가지는 음성인 고저로 분명히 관찰된다. [tolmíj]~[tolmíji]~[tólmɛŋi] '돌맹이'에서는 /ij/나 /iː/의 해석이 모두 가하다. 그러나 장모음의 경우 흔히 경기지역어에 비하여 남부방언 또는 모음의 release가 심한 충청방언에 근사하게 보다 강한 전이를 가지기 때문에 /iː/보다는 /ij/의 쪽이 가할 것 같다(/tolmíj~tolmɛŋi/). 그러므로 비록 그 동질적 시차적 자질로 불안정하나 이러한 현상은 우발적인 것은 아니다.

상승적 빈칸으로서 *$/jy/$와 *$/jø/$가 있는데, 전자는 동질적 시차성의 요인도 있으나 $/y/$와 $/ø/$의 극히 낮은 기능부담량과 소졸한 대립균형에도 그 요인이 있다. $/jøŋ-i/$ '용이'가 실현가능한 자료제공자가 있었다.[10]

하강적 빈칸으로서 *$/əj/$와 *$/oj/$가 있는데 이는 이른바 i역행동화로 인하여 불가능하며 그 결과 $/ej, ɛj/$ 또는 $/Ej/$의 실현이 흔하게 된다. $/uj/$도 비생산적이다.

w계의 이중모음은 상승적인 $/wi, we, wɛ, wə, wa/$가 있으며 *$/wɨ,$ wø, wy, wu, wo$/$의 빈칸이 존재한다. 이 가운데 전부모음계의 이중모음은 자음을 두음으로 가지는 음절에서 흔히 단모음으로 실현된다. 후부모음의 그것들은 악센트가 약한 음절에서(특히 마찰음을 두음으로 할 때) 또는 순음 하에서 단모음화가 동일한데(예. $/samər/$ '삼월', $/pwəsə/→/puːsə/$ '부어서') 이는 동질적인 시차적 자질에 기인한다: 전자는 계속성(continuantness), 후자는 원순성. 마찰음을 가진 제1음절은 j계의 이중모음을 가지지 않음은 현대국어의 특질 중의 하나인데, 이 계속적 자질은 현대국어의 음운론에서 지대한 중요성을 가짐을 의미한다. 이 자질은 운율적 요인과 함께 i역행동화를 방해하는 큰 요인이 되는 자질이기도 하다.

w계의 이중모음에서의 빈칸들은 $/w/$의 원→평의 전이기능과 원: 평의 역동적 관계에서 찾을 수 있다. *$/wy, wø, wu, wo/$는 원순에 관련되는 동질적인 자질에 있으며, *$/wɨ/$는 후설모음에서만 약한 원순성에 의해서 대립되려는 역동적 경향에 기인하여 단순히 우발적인

---

10 김근수 씨(본고 주 1 참조).

것은 아니다.

w계의 하강적 이중모음의 존재여부는 음운론적 해석의 문제를 제기하여 준다. 현대국어에서 하강적 이중모음의 일반적 부인은 비음운적 압력과 시차적 자질(특히 원순성)의 비관여화를 고려치 않음에 있는 듯하다. 악센트가 약한 음절에서 원순성에 의한 모음의 시차적 자질은 비관여적이다 [w]와 [ɥ]는 원→평이 유사한 과정을 밟는다. 흔히 hiatus의 수단으로서 반모음이 사용되면서 형대음운론적 변동을 가져오는 예들이 특히 용언에서 발견할 수 있음은 현대국어의 한 특징이기도 하다 : {kʼi-}+{-ə}⇆/kʼjə/(揷), {tu-}+{-ə}⇆/twə/(置) 등. 이러한 형태음운적 사실은 문법범주에 관여하는 형태론 내의 그것과는 분명히 구별되는 형태의 음운화인 것이다. /i/와 /j/, /u/와 /w/가 어떤 하위의 경기지역어에서와 같이 비관여적일 수 있다: /paj/(岩), /kaw/(鐵) 등. 이 향간지역어에서는 특징적인 익센드가 놓여지는 음절 하에서 이와 같은 현상이 j계의 하강적 이중모음과 평행하게 나타난다. 현재까지의 국어사가 이를 부인하고, 또한 변화의 잠정적인 현단계일지라도, 공시적으로 설정된다. 접촉방언의 이중적 성격에서 특히 성조를 중심으로 뚜렷한 갈등의 현현이기도 하다.

이 지역어의 이중모음의 빈칸을 초래하는 요인으로, 그리하여, 계속적 자질, 또는 cavity features 중의 동질적 자질 및 원순성 등의 기피를 들 수 있다. 우발적인 것으로 생각하기보다는 전 체계의 역동적 현상에서조차 그 요인을 찾아야 할 것이다. 상기 요인 중에서 원순성은 그리 강한 일반적 사실은 아니다. 원순모음화라는 사적 결합관계(믈〉물 등)와는 반대로 이 결합을 어두에서조차 피한 또는 피하고 있는 과정이 또한 존재한다(몬지〉먼지, 몬져〉먼저 등). 대부분의 중부방언은 '보리〉버리, 본(本)〉번, 포대기〉퍼대기' 등에서 후설의 [ɔ] (때로 [ɔ])로 실현시키고 있다. 물론 원순성이 약화되는 현대국어(특히 중부방언)의 깊은 역동적 요인이 있을 수 있다.

이상의 이중모음 이외에 음절상에서 다음과 같은 몇 가지의 특징이 있다. 어두에서 /r, ŋ/은 물론 불구적이나 /i/와 /y/ 앞에서 /n/을 실현시킴은 현대구어에 일반적이다: /niː/(汝, 四), /nyː/(누에). 양순음은 /i/를 후행시키지 않는다. 즉 양순음 하에서 후설고모음에 유효한 원순성은 비관여적이다. 마찰음 다음에 j계의 상승적 이중모음은 실현되지 않음이 보통인데, 계속적 자질에 기인함은 전술한 바다. 때로 clarity norm으로서 /čjiːm/ '즈음'이 가능하다. 어말 음절말의 자음은 /p, t, k, m, n, ŋ, r/뿐이다. 경음, 격음 및 마찰음의 하위계열의 중화는 체언의 형태음운의 변이영역과도 밀접한 관계를 가진다. 모음 간에서 특징적인 것은 경상방언에서 흔히 볼 수 있는 음절경계의 상위이다. 유성자음은 때로 연음되지 않아서 VC-V식의 경계를 이룬다. 이는 역시 악센트에 관련되는 듯하다: 물-요(?), 돈-요(?), 맘-요(?), 콩-요(?), 월-요-일, 들-일 등. 이때 /r/은 권설음으로 실현된다. 발화에서의 음절경계도 비음운적 영향이나, 정의적 표현으로 항상 CV-CV를 유지하지는 않는다: 지비~집이(家), 지기다~직이다(殺) 등. /h/는 유성음간에서 특히 유성자음 하에서 탈락되기도 하나, 중부방언에 비하면 흔하지는 않으며, 높은 연령의 화자들은 보다 잘 유지시킨다. 탈락은 동질적인 유성공명성에 기인한다. 모음간의 자음연결(VC₁C₂V)에서 C₁은 어말의 자음과 같으나, C₂에 의하여 제한되는 성격은 다른 방언과 동일하다. C₂에서 성문수축의 자질은 비관여적이어서 평음과 중화를 이룬다. 이는 음운론적으로 경음으로 취급될 경기지역어와 상위하다.

5. 음운체계의 세대차

방언학은 시간과 공간의 제한 속에서도, 통시언어학에서와 같은 언어현상의 추단에 의해서가 아니라 직접적으로 관찰할 수 있는 이점을 가지고 있다. 문헌어 연구에서 직접적으로 접근할 수 있는 '음운적 자료'로부터 체계 내의 몇몇 음운의 변이음여을 지실하면서(공시적), 방언연구자는 음운의 분기와 융합 또는 대립균형의 분열과 통일이 어떻게 이루어지게 되는가(통시적)를 직접적으로 관찰할 수 있다. 그러므로 방언학자는 자료제공자의 발화에 대한 정확한 음성자료-보다 풍만하고 정확한 자료-의 기록에 지대한 중요성을 부여한다(Kurath 1961:93~100).

역동적인 것이 반드시 진화에 관여하는 것은 아니지만, 그 역은 성립될 수 있디. 일반적으로 심히 역동적인 음운은 그 변이음역에 뚜렷할 수 있으며, 그 음역은 인접음운의 음역과의 견인과 추진에 의하여 적절한 구조적 조건 아래에서 진화에 관여될 수 있다. 방언음운 또는 그 체계의 변화는 인접방언과의 비교에서 더욱 뚜렷하여지는데, 본고에서는 이 지역어 자체의 역동만을 우선 보고한다.

방언 또는 구어에서 고려되어야 할 것은 대부분 직접적인 감정을 수반하여 음운적이든 비음운적이든 역동적인 특징이 강하다는 사실이다. 이 지역어의 악센트의 기본적 기능은 시차적이 아니다. 앞에서 기술한 바와 같이 악센트는 실제로 단어(혹은 어떤 형성소나 구)를 포함하는 발화의 환경에서 특색화되며 위치되기 때문에(/nirkíj/ '늙은이', /kiratíjo/ '그러데요' 등) 존재한다. 다만 다른 방언과 상위한 점은 단어 내의 한 개의 음절 또는 운율적으로 유의한 의미단위에 주어진 돌출(prominence)인 악센트가 때로 관여적일 수 있는 점이다. 그리하여 악센트는 정의적 형식과 지적 형식으로 분류될 가능성이 있다. 이러한 현상은 성조방언인 경상방언권과 비성조방언인 중부방언권의 중복적 영향으로 잠정적인 변동을 내포하고 있는 것이다.

이 지역어의 모음체계는 그 모음의 변이음역이나 또는 기능부담량으로 보아 불안정한 요소가 많다. 안전간격은 /i/:/e/가 /ɨ/:/ə/나 /u/:/o/보다 크다. 또한 /ə/:/a/의 그것도 /e/:/ɛ/보다 크다. 이에 관련되는 가장 흥미있는 평행적 변이음은

$$
\begin{bmatrix} i & ɨ & u \\ I & ɪ & ʊ \end{bmatrix}
$$

인데, 경상방언과 중부방언의 변이음역을 공유시키고 있는 것이다. 그런데 [ɪ]는 [ɨ]와 [ə] 사이에서 중복음으로 실현되는 일이 있고(예. [mak'ɪʎi] '막걸리' 등) 또한 [E]는 /e/와 /ɛ/의 중복음으로 실현되기 때문에(예. [tE:mun] '대문', [jE:gi] '이야기' 등) 다음과 같은 변동을 생각할 수 있다.

1. i   ɨ   u
2.   ə↑   o
3. e
4. ɛ↑ a

이러한 불안정은 감소체계에 충분히 반영되고 있으며, 청소년의 발화가 적극적으로 실증하고 있다. /e/과 /ə/ 사이의 현저한 공간은

[ㅌ]를 실현시키기도 한다([pʰɨljɛ̄ʎi] '편리' 등).

$$i - y \qquad \dot{i} = u$$
$$e - \varnothing \qquad \partial \equiv o$$
$$(- \langle = \langle \equiv)$$

/i/:/y/, /e/:/ø/, /ɨ/:/u/, /ə/:/o/의 원순성에 의한 전설모음계열과 후설모음계열의[11] 관계도 다양한 역동관계에 있다. 전설계열이 후설계열보다 실현빈도에 있어서나 시차적 대립어에 있어서나 기능부담량이 낮다. 이는 이 지역어가 원순성의 약화를 지니고 있는 데에 기인하는 듯하다. /ɨ/:/u/가 /ə/:/o/보다 약한 이유는 /ə/가 /ɨ/로 추진(push)되는 데에 있는 듯하다. 그리하여 아직 체계화되지 못한 3+3에로의 역동적 경향은 /e/의 후설화를 방어하며 후설모음계열에 보다 깅한 원순적 자질로 인하여 /e/와 /ə/ 사이의 안전권을 가장 넓게 유지하고 있다. 견인(drag)과 추진의 결정은 극히 곤란한 경우가 많으며, 이에 관련하여 인접음운간의 융합이나 분기도 때로 동일하다. /e/와 /ɛ/, /ɨ/와 /ə/가 중화에 따라 예가 될 수 있다. 그러나 모음체계의 역동의 요인을 원순성의 약화, 이중모음의 단모음화, 및 i역행동화의 확대 등에서 찾을 수 있기 때문에, 연쇄반응이지 단순한 인접 음운의 융합은 아니다. 이 역동의 요인은 보다 면밀한 조사가 요하므로 후고로 미룬다.

자음체계의 역동은 보다 분명하게 하위체계 간에서 이루어지고 있

---

11 전설모음 및 후설모음의 용어는 여기서는 대립을 중시한 명칭이다.

으나, 비음운적 현상에 불과하다. 특징적인 변이음의 실현에 대하여만 약술하고자 한다.

마찰음과 폐쇄음 하위체계에서

p	t	s	č	k
p'	t'	s'	č'	k'
pʰ	tʰ	—	čʰ	kʰ

/s/의 격음으로서의 빈칸은 [šʰ]를 실현시키는데, 경상방언의 비경음화에 관련되어 중부방언보다 빈도가 크다.

공명음체계와 폐쇄음체계에 마찰음체계가 작용함으로써

β		γ	
ʥ̥			(ɦ̥ʰ)
m̥	(ɲ̥)	ŋ̊	

등의 변이음들의 부분적 보완이 행하여지고 있다.

이 지역어(H)는 모음에 있어서 세대에 따라 상위한 체계를 가지고 있다. 본고에서 중심을 이룬 50대~70대(H₁)와, 30대(H₂) 및 20대(H₃)를 비교하면

$$H_{1,2,3} \Bigg\| \begin{matrix} H_1/i{\sim}y/ \\ H_{2,3}/i/ \end{matrix} \approx \begin{matrix} H_1/e{\sim}\o{\sim}\varepsilon/ \\ H_2/e{\sim}\varepsilon/ \\ H_3/E/ \end{matrix} \approx i \approx \partial \approx a \approx o \approx u \Bigg\|$$

와 같은데 이는 전설모음에서의 시차적 대립관계의 역동을 보이고 있다. /ɨ/와 /ə/ H₁보다 H₂,₃에서 대어의 수가 적어지나, /kɨr/(글):/kər/ ('웇') 등의 대어가 H₁,₂,₃에 유지되고 있다. 구조방언학의 공식은 공시론적 방언체계뿐만 아니라, 통시론적 방언체계에서도 유용할 것이다 (Pulgram 1964:373~383, Cochrane 1959:69~88, Doroszewski 1957:540~564). 이 지역어의 전설모음의 관계를 공시적인 면과 통시적인 면을 또한 어휘적 대응을 동시에 고려하면 다음과 같이 결론할 수 있다 :

$$
\begin{array}{ccc}
H_1 & H_2 & H_3 \\
i_1 \quad y_2 & i_{1,2} & \\
& & i_{1,2} \\
e_3 \quad \emptyset_4 & e_{3,4} & \\
& & \varepsilon_{3,4,5} \\
e_5 & i_5 &
\end{array}
$$

$$
H_1 \; // \; i_1 \approx y_2 \approx e_3 \approx \emptyset_4 \approx e_5 \approx \cdots\cdots //
$$

$$
H_1 = H_{2,3} \; // \; \frac{H_2/i_{1,2} \sim e_{3,4} \sim e_5/}{H_3/i_{1,2} \sim E_{3,4,5}/} \; \approx \cdots\cdots //
$$

역동적 관계에서 비대립적인 형태음운 간에 나타나는 시차적 자질의 범위가 고려되어야 하나, 이 지역어에만 사용되는 특징적인 범위가 발견되지 않으므로 생략한다.

6. 결론

한국어의 형성에 지대하게 중요시되는 신라어(이기문 1967:93~110)에 속하였던(소라현 召羅峴) 이 황간지역어가 역사적으로 소급하여 연구될 수 있다면, 한국어 방언사까지도 보다 합리적으로 설명하여 줄 수 있을 것이다. 그러나 허다한 난관은 본고에서 밝힌 공시론적 역동관계까지에만 이르게 한다.

본고에서 접촉방언으로써 다양한 황간지역어의 음운적 특징과 그 역동관계를 변이음역, 시차적 자질 및 기능부담량, 안전간격, 체계상의 빈칸, 또 세대 간의 상위 등을 고려하여 시도적인 기술을 하였다. 부수적인 문제로 등어선과 방언구획이 있으나, 여기에도 공존적인 방언특징으로 단순하게 처리될 수 없는 다양성을 내포하고 있다. 일례를 구개음화에서 볼 수 있다.

[ʧibidak'ᴇ] '밑신개', [ʧibik'osari] '제비고사리' 등과 [ᵏtsə:l] '겨울', [ᵏtsəlt'ɛro] '절대로' 등에서 보이는 구개음화형과 비구개음화형과의 간음이 있음은 전술한 바다. 이러한 간음은 방언특징으로서의 구개음화형이 표준어형으로서의 비구개음화에 영향을 준 현상인지 또는 그 반대의 것인지 확언하기 힘든다. 비구개음화로서 /sirtʰi/(小蘭谷), /ototʰi/(吾道峙), /sortʰi/(松峴), /čɜtʰsi/(峴) 등의 명명형에서와 /twentika/(된 지가), /irətin/(이러지는), /səŋhɛŋatin/(성행하지는) 등의 차용요소가 이 지역에서 발견된다. 또한 '역구개음화형'으로서[12] /kimsəŋ/(짐승) /kjə:msim/~/čə:msim/(점심) /kjəur/(저울) 등이 때로 자유로이

---

12 후기중세국어는 "羽"에 대하여 주로 '짓'을 가지고 있다.

  짗~짓: 지츠로(능엄경언해 8:88), 지츨(두시언해 초 20:18), 짓(구급간이방 6:5), 지체(박통사언해 초 상4:4), 지초로(박통사언해 초 상:27), 짓우(훈몽자회 하:3, 유합 상:13, 석봉천자문 4), 짓츨(박통사언해 중 상:26), 지치(두시언해 중 9:25), 짓과(두시언해 중 9:40).

  짓: 깃과(삼역총해 9:15)

  다음과 같은 용례는 더욱 흥미롭다: 프른 지츤(두시언해 초 15:33), 프른 디츤(두시언해 중 15:33). 이기문(1961:170) 참조.

사용된다. 이러한 사실에 비하여 ['ʧibidak'ɛ]는 복합어에서의 고형유
지(예. 코:고뿔, 쌀:찹쌀 등)에 기인하고(cf. 짚〈딮〉), ['ʧibidak'ɛ]는 역구
개음화형에 기인할 가능성은 짙다(cf. 제비〈져비〉. 그러나 이들을 입
증할 충분한 근거는 발견되지 않는다. 이러한 현상은 다시 방언경계
지역에서의 방언특징의 진전과 퇴축을 결정키 곤란하게 한다. 개신
파의 충돌과 중첩의 연구는 충분한 방언사적 연구를 요한다.

[《논문집(인문사회과학편)》 1, 서울대 교양과정부, 1969]

붙임: 충북 영동 황간(黃澗)은 지리적으로 충북 전북 그리고 경북 지역에 얽혀 있으
면서 행정상의 구획과는 다른 독특한 방언현상을 보여 주는 지역이다. 이 황간 지역
에서 쓰이는 음운체계를 음성으로부터 파악하고 음절상에서의 특성을 살펴보고서
는 이 지역의 특성에서 보이는 모음체계의 세대차를 보려 하였다. 세대차에도 불구
하고 자연스러운 대화가 이루어짐은 무엇을 말해 주는 것일까. 세대차를 성분분석
으로 이해가 가능할까.

참고문헌

김방한(1968), 구조방언학, 《어학연구》(서울대) 4-1.

김영송(1963), 경남방언의 음운, 《국어국문학》(부산대) 4.

김영송(1967), 「경남방언의 음운」 재론, 《국어국문학》(부산대) 6.

김완진(1964), 음운론, 《국어학개론》, 어문학연구회.

김형규(1964), 경상남북도 방언연구, 《논문집》(서울대) 10.

이기문(1961), 《국어사개설》, 민중서관.

이기문(1967), 한국어형성사, 《한국문화사대계 V》, 고려대 민족문화연구소.

이기문(1968), 언어의 친족관계, 《국문학논집》(단국대) 2.

이숭녕(1954), 15세기의 모음체계와 Kontraktion적 발달에 대하여, 《동방학지》 1.

[《음운론연구》(1955)에 재수록]

이숭녕(1960), 15세기의 "어" 음가에 대하여, 《한글》 126.

이숭녕(1967), 한국방언사, 《한국문화사대계 V》, 고려대 민족문화연구소.

이익섭(1967), 복합명사의 액센트 고찰, 《학술원논문집》 6.

정연찬(1968), 경남방언의 모음체계, 《국문학논집》(단국대) 2.

천시권(1965), 경북방언의 구획, 《어문학》 13.

허 웅(1963), 《중세국어연구》, 정음사.

Chomsky, N. and M. Halle(1968), *The Sound Pattern of English*, New York: Harper & Row Publishers.

Cochrane, G. R.(1959), The Australian English Vowels as a Diasystem, *Word* 15.

Doroszewski, W.(1957), Le structuralisme linguistique et les études de géographie dialectale, *Proceedings of the 8th International Congress of Linguists*.

Greenberg, J. H.(1962), Is the Vowel-consonant Dichotomy Universal?, *Word* 18.

Halle, M.(1964), On the Bases of Phonology, *The Structure of Language*, ed. by Foder J. A. and J. J. Katz, Englewood Cliffs: Prentice-Hall.

Jakobson, R.(1962), *Selected Writings I: Phonological Studies*, The Hague, New York: Mouton.

Jakobson, R., E. C. Cherry and M. Halle(1953), Toward the Logical Description of Languages in their Phonemic Aspect, *Language* 24, R. Jakobson, *Selected Writings* I, The Hague, New York: Mouton.

Jones, D.(1962), *The Phoneme: its Nature and Use*, Cambridge: W. Heffer & Sons Ltd.

Kim, C-W.(1968), On the Autonomy of the Tensity Feature in Stop Classification, *Word* 25.

Kroeber, A. L.(1963), *Anthropology: Culture Patterns and Processes*, New York: Harcourt, Brace & World.

Kurath, H.(1961), Phonemics and Phonics in Historical Phonology, *American Speech* 36.

Lévi-strauss, C.(1951), Language and the Analysis of Social Laws, *American Anthropologist* 53.

Malmberg, B.(1964), Minimal Systems, Potential Distinctions, and Primitive Structures, *Proceeings of the Ninth International Congress of Linguists*.

Martinet, A.(1952), Function, Structure and Sound Change, *Word* 8.

Martinet, A.(1964), Variation in Language, *Proceedings of the 9th International Congress of Linguists*.

Martinct, A.(1967), *Éléments de Linguistique Génerale*, Paris: Armand Colin.

Moulton, W. G.(1960), The Short Vowel Systems of Northern Switzerland, A study in Structural Dialectology, *Word* 16.

Moulton, W. G.(1962), Dialect Geography and the Concept of Phonological Space, *Word* 18.

Pike, K. L.(1947), *Phonemics*, Ann Arbor: University of Michigan Press.

Postal, P. M.(1968), *Aspects of Phonological Theory*, New York: Harper & Row Publishers.

Pulgram, E.(1964), Proto-languages as Proto-diasystems: Proto-Romance, *Word* 20.

Samarin, W. J.(1967), *Field Linguistics*, New York; Chicago; San Francisco; Toronto; London: Holt, Rinehart and Winston.

Saporta, S.(1965), Ordered Rules, Dialect Differences and Historical Processes, *Language* 41.

Thompson, L. C.(1964), Pattern Fringe and the Evaluation of Phonological Analyses, *Proceeings of the 9th International Congress of Linguists*.

Troubetzkoy, N. S.(1929), Zur allgemeinen Theorie der phonologischen Vokalsysteme, *TCLP* I.

Weinreich, U.(1954a), Is a Structural Dialectology Possible?, *Word* 10.

Weinreich, U.(1954b), *Languages in Contact*, Publications of the Linguistic Circle of New York.

동해안 방언의 이중모음에 대하여

방언경계를 위한 작업

1. 서론

1.0. 본고는[1] 한국 동해안 방언의 이중모음에 대한 해명과 아울러 그 이중모음을 중심으로 하는 음운현상에 대한 기술을 목적으로 한다. 여기서 '동해안 방언'이라 함은 현지조사에 따른 편의상의 명칭에 지나지 않는다. 본고에서 관여되는 조사지점은 강릉, 삼척, 울진 등의 이른바 영동지방의 대부분의 지역으로서, 小倉進平 이후로 '영동 방언'이라 불리어 온 방언지역이 된다. 동해안 방언과 마찬가지로 이 영동 방언이란 명칭도 방언학적 제도에 의한 방언 구획상의 명칭이 아니고 통속적으로 붙여진 지방적 명칭에 지나지 않는다. 본고에서 이 '영동 방언' 대신으로 '동해안 방언'을 오히려 즐겨 붙인 이유는 이 동해안의 중부지대인 영동 방언을 기점으로 하여 동해안을 따라

---

1 본고를 위한 현지조사는 1971년 1월에 있었던 지역조사와 예비조사, 1971년 7·8월과 1972년 1·8월에 걸친 방언조사 등을 통하여 이루어졌다. 음운, 문법, 어휘의 세 부문으로 나뉘었던 이 조사에서 필자는 음운관계를 담당하였던바, 본고에서 그 일부를 보고한다.

확대시켜 가면서 인접의 대방언들과 비교·연구하려는 의도에서 나온 것이다.

　방언의 연구는 궁극적으로는 방언 분화에 관여될 수 있는 방언 특징들을 기술하고, 그것을 바탕으로 한편으로는 방언 경계를 작성하고 또 한편으로는 방언 분화의 특징들을 통한 언어변화들을 기술하는 것이다. 방언은 언어변화의 관점에서 보면 가장 직접적으로 관찰이 가능한 사적 evidence인 것이다. 그리고 방언연구자들이 행하는 직접적인 작업은 방언 분화에 의하여 형성된 방언들 사이의 방언차를 방언 특징에 의하여 조사·확인하는 것이 된다.

　그런데 방언지역들 가운데는 뚜렷한 또 구조적 가치가 큰 방언 특징들에 의하여 명확한 방언 경계를 작도할 수 있는 지역이 흔히 있겠으나, 방언 경계의 설정이 그리 쉽지 않은 지역이 또 있을 수 있다. 이 후자의 경우는 인접 방언권으로부터 모든 주요한 방언 특징들을 흐리게 할 만큼 그리하여 아직도 전이지역(transitional area)과 같은 merging에 남겨진 지대가 되는 것이다(졸고 1969). 본고에서 다루어지는 동해안 방언이 바로 이러한 전이지역의 방언으로서, 한국의 현대 방언들 가운데서 극심한 접촉 방언의 한 예가 되는 것이다. 이러한 극심한 접촉현상을 보이는 좁은 방언 지역에서의 방언 분화는 자연히 그 하위 방언들 사이에서 미세한 면에 (혼효된) 방언차를 보이게 마련이다. 따라서 이 접촉 방언에 대한 현지 조사 연구에서는 방언현상에 따라 나타나는 미세한 방언차의 체계적 기술을 전제로 하지 않으면 안 될 것이다. 필자 자신의 이러한 현지조사로부터의 작은 경험은 아직 미숙한 이론의 자리에 놓여 있지만, 초창기에 서 있는 한국어의 방언 연구를 위하여 필자 나름의 하나의 작은 시도가 이중모음의 방언 현상을 다루어 보려는 본고에서 이루어질 것이다.

1.1. 이중모음이란 glide [y, w]를 음절의 부음으로 가진 음절단위의 전통적인 개념으로 쓰인다. 따라서 이중모음은 표면적으로는 계기적 음성실현의 단위가 되는 것이다. 이 계기적 이중모음이 동시적 단모음으로 실현될 때 흔히 단모음화 현상이라 하는데, 이때의 단모음들은 더욱 깊은 차원에서 흔히 이중모음으로 해석될 가능성이 논의된다. 현지조사에 의한 방언 연구에서의 일차적 관찰은 표면적인 것이며 보다 깊은 차원에서의 이중모음의 해명은 이차적 관찰로 될 수밖에 없는 것이다.

음운현상에 대한 기술은 흔히 형태소 내부에서의 음운현상(morpheme structure rule)에 대한 기술과 형태소 경계에서의 음운현상(phonological rule)에 대한 기술로 이루어진다(Chomsky 1965, Harms 1968, King 1969). 이 두 가지 음운현상 사이에는 평행성을 보이기도 하지만, 여러 가지 형태론적 또는 형태음운론적 제약에 의하여 상위성을 보이기도 한다. 과연 동해안 방언의 이중모음을 중심으로 하는 음운현상들은 MS rule과 P rule 사이에 어떠한 평행성을 보이며 또 어떠한 상위성을 보이는가? 또한 그러한 평행성과 상위성은 방언 경계에 어떻게 작용하며 나아가서 한국어의 음운체계에 대하여 무엇을 뜻하는 것들일까?

이중모음을 이루게 하는 두 glide인 y와 w는 각각 다른 음성적 특징들을 가지고 있다. y는 전설적이고 w는 후설적이면서 원순적이다. 또한 이 둘은 모두 [-voc, -cons]에 의하여 대표된다. 이러한 일반적인 음성적 특징을 가지고 있는 y와 w는 실제로는 이중모음의 형성에 그 존재가치가 부여되는데, 이중모음에서의 glide들이 어떠한 sequential constraint를 가지고 나타나는가? 또 그러한 제약들은 glide들의 시차적 자질과 함께 생각할 때 어떠한 음운론적 의미를 가지는가?

이중모음의 목록 자체에서의 제약은 흔히 체계상의 빈칸(case vide)이란 개념으로 불리어 온 표면적 사실을 유발시켰으며, 이중모음의 실현에 있어서의 분포적 제약은 어떤 환경에서 목록상의 대립을 잃는 이른바 중화라는 개념으로 불리어 온 표면적 사실을 유발시켰다. /iy/와 같은 이중모음은 체계상의 빈칸으로 존재하였는데, 이는 경구개음적 자질상의 동질성에 기인하는 것이었다. 그러나 이는 사실상 음운론적이라기보다는 음성적인 관찰 내지는 표면적 체계로서의 음운 목록상의 관찰에 불과한 것이었다. 15C 국어의 '디-(落)'에 대한 사역형인 ':디-'의 'ㅣ'는 /i/가 아닌 /iy/로 음운론적으로 해석되는 것이다 (이기문 1972:129, 김완진 1972:56~57). 따라서 이 /iy/라는 이중모음은 P rule에 의한 이중모음의 목록 속에 새로 편입되는 것이다. 또 현대 한국어(서북 방언은 제외)는 /č, čʰ, č'/ 다음에서 y계 이중모음들과 그에 대당하는 단모음들과의 사이에 중화를 일으킨다. 그러나 이 현상에 대해서도 사적 고려에서 단순한 중화로 만족될 것이 아니고, 보다 추상적인 차원에서 y계 이중모음이 논의될 경우도 있는 것이다. 이러한 예들이 말하여지듯이, 이중모음의 목록에 대해서 또 그 이중모음의 분포적 제약에 대해서 우리의 관심을 새롭게 해야 한다는 욕심이 이어지는 것이다. 우리의 이러한 방언에서의 관심은 꼭 어떤 언어논리상의 작업에서가 아니라, 한국어(특히 동해안 방언)의 한 특성을 밝혀 보려는 욕심에서 싹트는 것이다.

2. y계 이중모음

2.0. 동해안 방언은 일반적으로 인정되는 공통어와 상당히 상위한 이중모음들의 실현을 볼 수 있는데 그 환경상의 제약은 놀라울 만큼 심한 것이다. 쉽게 관찰되는 y계 이중모음들의 목록으로서는 우선 다음과 같은 것들이 있다.

ya, yə, yo, yu, ye, yɛ

이 6개의 이중모음들은 강릉, 삼척, 울진 세 지역에서 공통적으로 관찰되는 것들이다. ya, yo, yu, ye 들은 대체로 문제시되지 않는 것으로 보이는데, yə와 yɛ는 부분적으로 설명을 아직도 기다리고 있는 것으로 여겨진다. yə는 강릉 방언에서 징모음 ə가 흔히 i와 중화되는 현상에 평행하여 yi와 음운상으로 자유변이를 일으키는데, i와 ə와의 대립이 부재하는 울진 방언에서는 오히려 yə를 장모음에서도 잘 유지하고 있다. yɛ의 실현은 yɛŋmiri(양미리)와 같은 움라우트된 어형에서 가장 뚜렷하다.[2] 강릉 방언은 yɛːki(이야기), yɛŋkɛ(이엉) 등을 yɛ의 실현예로 추가시키고 있다.[3] 그리하여 위에 든 ya, yə, yo, yu, ye, yɛ의 목록상에서는 이 동해안 방언들에서 아무런 중요한 방언차를 보이지 않는다 할 수 있다.

---

2 울진 방언은 yɛpi-(야위-)와 같은 움라우트에 의한 어형에서 yɛ의 실현을 추가시키고 있다.

3 이들 예 이외에 '이 아이, 그 아이, 저 아이' 들에서 yɛ를 기대할 듯하나, 강릉 방언에서는 이들이 yaː, kyaː, ʧaː로, 삼척·울진 방언에서는 yaː, kaː, ʧaː 등으로 각각 실현되어 기대로부터 멀어진다.

2.1. 그러면 위에 제시된 이중모음들의 목록은 어떠한 조건에서 가장 뚜렷이 실현되며, 또 어떠한 조건에서 실현되기 어려운가? 앞의 예들이 암시하여 주듯이, 자음을 음절의 두음으로 가지지 않을 경우에 y계 이중모음들이 가장 뚜렷이 실현된다. 다시 말하면 어두에서 혹은 자음을 선행음으로 가지지 않은 제2음절에서 이중모음들이 분명히 관찰된다.

	강릉	삼척	울진
쓸개	yəːr	yəːr	yəːr
여덟	yətər	yətər	yəter
열기	yərkɛŋi	yərkɛŋi	yərkɛŋi
여우	yəŋu yək'ɛŋi	yək'eŋi	yek'ɛŋi~yesu yək'ɛŋi~yək'i~yəsu
엿	yəs	yes	yəs
윷	yuːtʰ	yuːtʰ	yuːtʰ
구융	kuyəŋ	kuŋi swetʰoŋ	swetʰoŋ
고욤	koyam	köːm	k'oyaŋ
미역	miyək	miyək	miyək

이상의 어휘 목록에서의 이중모음의 실현은 이미 기술한 바와 같이 음절을 떠나서 언급될 수 없을 만큼 그 조건이 분명한 것이다. 만일 두음으로 자음을 취하는 음절에서 이중모음이 실현된다면 그것은 spelling pronunciation이나 hypercorrect pronunciation에 의하든가 또 아니면 [+foreign]에 의하여 고유어와 구별되는 외래어(특히 한자어)의 경우가 되는 것이다. 따라서 선행음으로서 자음을 취하지 않는 음절에서 y계 이중모음이 실현될 수 있다는 사실은 이 동해안 방언의

major rule에 관여되는 것이다.

2.2. 위에서 두음으로 자음을 취하지 않는 음절에서 이중모음의 음성실현이 가능함을 보았다. 따라서 두음으로 자음을 취하는 음절에서는 이중모음의 음성실현을 보기 어렵게 된다. 즉 그러한 환경에서의 이중모음들은 단모음으로 실현된다.[4]

$$\text{ya, yə, yo, yu, ye, yɛ} \rightarrow \text{ɛ, e,} \begin{Bmatrix} \text{ö} \\ \text{e} \\ \text{o} \end{Bmatrix}, \text{u, e, ɛ} \; / \; \text{\# C} \_\_$$

이는 major rule로서 관여하는 단모음화에 의한 것인데, 부분적으로는 yo→o, yu→u, ye→e, yɛ→ɛ와 같은 이중모음의 기피현상인 minor rule도 포함하고 있다. 이중모음의 이러한 단모음에로의 실현은 선행음의 자음부류에 따라 다시 상위한 현상을 보인다. 그린데 y가 그 음성적 자질로서 [+palatal]을 포함하고 있기 때문에, 이른바 구개음화 현상과 깊은 관계를 가지고 있다. 동해안 방언은 거의 완전한 치음의 구개음화와 연구개음, 후음의 구개음화를 일반적으로 각각 보이고 있는 방언이다. 치음의 구개음화에 의하여 nya, nyə, nyo, nyu, ……, tya, tyə, tyo, tyu, ……, sya, syə, syo, syu, ……, čya, čyə, čyo,

---

4 이중모음이 단모음으로 나타나는 현상을 흔히 단모음화라 부른다. 그런데 단모음으로의 실현은 두 가지의 방법, 즉 glide들이 가지는 각각의 fronting component와 rounding component를 각각 핵모음에 포유시켜 동시적 실현을 보이는 경우와 다음에 어떤 component를 탈락시킴으로써 핵모음만을 남기는 경우가 있다. 우리는 앞의 경우처럼 계기적인 이중모음을 동시적 단모음으로 실현시키는 음운현상만을 단모음화로 인정하며, glide 탈락에 의한 이중모음의 기피현상은 단모음화로부터 구별시킨다.

čyu, ……, čʰya, čʰyə, čʰyo, čʰyu, …… 등과 같은 이중모음의 음절들은 표면적으로 실현되지 않으며, 연구개음·후음의 구개음화에 의하여 kya, kyə, kyo, kyu, kye, kyɛ, hya, hyə, hyo, hyu, hye, hyɛ 등의 이중모음의 음절도 실현되지 못한다. 이 구개음화에 의하여 y계 이중모음들은 그에 대당하는 단모음으로 실현된다. 즉, ya, yə, yo, yu, ye ⇄ a, ə, o, u, e로 나타나, 음성상으로는 단모음만을 흔히 관찰할 수 있게 된다. 때로 연구개음 및 후음들이 y 앞에서 구개음화를 경험하지 않을 때에는, y탈락에 의한 이중모음의 기피현상보다는 ya〉ɛ, yə〉e 등의 이중모음의 단모음화 현상을[5] 역시 즐김으로써 이중모음의 음절들을 포유하지 못하게 된다: 혀 sə~he, 향나무 saŋnamu~heŋnamu 등. 물론 극히 적은 어휘들은 구개음화를 경험하면서도 단모음화를 일으키기도 한다: 갸름하다 kɛromhata~čɛromhata, 겨우 keu~čeu.

다음에 음절두음으로 순음을 취하는 경우에도 흔히 단모음화를 경험함으로써 그 이중모음을 들어 보이지 않는다. '벼〉베, 뼈〉뻬, 뺨〉뺌, 멸치〉메레치~메리치, 뾰족하다〉뻬죽하다' 등과 같이 단모음화의 음성현상을 보이고 있다. 이 순음 아래에서의 단모음화는 강릉, 삼척, 울진에서 모두 동일하게 나타난다.

---

5 yə〉e에 대한 사적 과정은 흔히 'ㅓ'의 음운변화(Umphonologisierung)에 의하여 또 모음체계상의 연쇄변화에 의하여 설명된다(김완진 1963 참조). 이에 대한 동해안 방언의 보충적 자료로는 '여자〉예자, 여우〉예수~예끼~예깽이, 여치〉예치(이:치)' 등을 생각할 수 있다.

	ya	yə[6]	yo	yu	ye	yɛ
강릉	ε	e	e	—	—	—
삼척	ε	e	e	—	—	—
울진	ε	e	e	—	—	—

한국어 [+proper]에서 이상과 같이 지역차를 보이지 않는 데 대하여, 한자어 [+foreign]에서는 부분적인 정도차를 보인다. yə:는 ɛ:)i:로도 나타나는데 이는 울진 방언에서 보다 심하게 일어난다. yo는 순자음의 원순적 기능과 o의 원순적 기능 사이의 이화와 단모음화에 의하여 e(장모음의 경우 i:)로 실현되는 경우가 일반적이다: '墓'에 대한 me(강릉), mi(삼척·울진) 등. 그러나 [+foreign]의 경우에는 major rule로 볼 수 있는 단모음화 이외에 y탈락에 의한 이중모음의 기피현상을 보이기도 한다. yo의 경우가 바로 그것이다.

	강릉	삼척	울진
표	pʰe	pʰo	pʰo
표고	pʰyo-	pʰo-	pʰo-
표준어	pʰyo-	pʰo-	pʰo-

이는 대부분의 방언에서 볼 수 있는 '요강〉오강, 요새〉오새' 등과 같은 예도 포함할 수 있는데, 주로 한자어의 경우에 볼 수 있으며 또 이 현상이 심할수록 그만큼 더 음절두음의 제약을 받지 않는다. 이 음절두음의 제약 없이 y를 탈락시키는 기피현상은 특히 동남 방언에서 가장 강력히 나타난다.[7] 그런데 순자음의 제약 하에서도 볼 때 강

---

6 '뽕나무'에 대하여 강릉·삼척에서는 /p'yənnamu/와 같은 방언형이 있어 yə의 실현 조건에 예외를 만든다. 혹 hypercorrect pronunciation에 의한 결과가 아닐까.

릉 방언은 이러한 y의 탈락형보다는 단모음화형을 보이든가 아니면 spelling pronunciation이나 hypercorrect pronunciation에 의한 y의 유지형을 보이든가 하고, 삼척·울진 방언은 y의 탈락형을 보다 짙게 보인다. 따라서 이러한 minor rule에 의할 때 강릉과 삼척 사이에서 하나의 미세한 등어선을 고려하게 된다.

2.3. 지금까지 형태소 내부 구성에서의 이중모음의 음운현상들을 조각조각으로 관찰하였다. 뜻밖에도 이중모음의 실현이 음절구성에 따라 극심한 제약을 받고 있음을 알 수 있었다. 즉, 이중모음으로 음성적 실현을 보일 환경은 음절의 두음으로 자음을 취하지 않은 음절에서만이라는 사실을 확인하였다. 음절의 두음으로 자음을 취하는 때에는 계기적 이중모음이 동시적 단모음화를 일으켜 이중모음의 음성적 실현을 보여주지 않는다. 이러한 환경에서 이중모음이 나타난다면, 그것은 주로 spelling pronunciation이나 hypercorrect pronunciation에 의한 것들이다. 물론 자음을 음절두음으로 가지는 경우에도 이중모음을 인정하게 될 것인가 하는 문제는 추상성의 정도에 대한 논의를 거쳐야 해결될 것이다.

y계 이중모음들의 형태소 내부에서의 음운현상은 강릉, 삼척, 울진 세 지역 방언에서 그리 중요한 방언차까지는 보이지 않는다. 다만 [+foreign]으로 볼 한자어의 경우에는 특히 yo의 경우에 부분적인 방언차를 보이는데, 강릉 방언보다는 삼척·울진 방언이 보다 심하게 y를 탈락시킨다. 생성음운론적 규칙으로 바꾸어 말할 수 있다면 세 지역의 방언들 사이에는 이중모음의 major rule에 있어서는 아무런

---

7 음절두음으로 자음을 취하는 음절에서 이중모음의 실현이 불가능한 동남 방언의 하위 방언이 있다. 정연찬(1968) 참조.

방언차가 보이지 않으나, [+foreign]의 major rule에 있어서는, 강릉 방언이 주로 major rule에 의존하는 데에 비하여 삼척·울진의 방언은 minor rule에 의존한다고 할 수 있다.

2.4. 형태소 내부 구성에서의 이중모음을 중심한 음운현상에서는 뚜렷한 등어선이 가능할 만한 방언차를 찾기 어려웠다. 그러나 형태소 경계에서의 음운현상에서는 뚜렷한 방언차를 발견하게 된다. 종래의 방언연구들에서는 형태소 내부 구성만을 다루었든가 활용형식만을 고립시켜 형태소 경계에서의 형태음운을 다루었든가, 심지어는 이 두 가지를 자료제시에 있어서까지 무분별하게 혼용하였든가 하였다. 그리하여 형태소 내부에서의 현상 사이에 존재하는 평행성과 상위성에 대한 음운론적 관계를 파악하지 못하였던 것이다. 그러나 필자는 형태소 내부에서의 음운현상과 형태소 경계에서의 그것을 구별하여 체계적으로 관찰하면서 그 음운론적인 내면적 관계까지 음미하기를 여기에서 바라는 것이다.

형태소 경계에서의 음운현상들 가운데서 이중모음에 관여될 수 있는 경우라면, 요컨대 앞 형태소의 말모음 /i/에 모음으로 시작되는 또 하나의 형태소가 연결되는 경우가 된다. 파생어나 복합어에 있어서도 이러한 이중모음이 실현되는 경우가 있겠으나, 일반적인 경우는 이른바 형태음소론적 교체상에서의 경우가 된다(이익섭 1972a).[8] 결국 어간말음 i가 i→y/_V을 거쳐 모음어미 '-어/-아'와 어울려 산출되는 yə/ya의 경우가 된다. 이 형태소 경계에서 나타날 수 있는 이중모음은 앞의 형태소 내부에서의 그것만큼이나 실현상의 아주 심한

---

8 이 논문은 본고의 형태소 경계에서의 음운현상에 대한 기술에 직접적인 관계를 갖는다. '형태음소론적 유형'의 제시는 본고의 해당 부분에 많은 도움을 준다.

제약을 받는다. 기대되는 이중모음의 음성실현을 보면 대체로 다음의 편의상의 분류표와 같다.

선행음＼지역	강릉	삼척	울진
1. 모음, #	yə	yə	yə
2. 치찰음	ə(a)	ə, e	ə, e
3. 기타 자음	e	e	e

[예]

Ⅰ. 강릉=삼척=울진: 개다→개여, 깨이다→깨여, 이다→여, 싸이다→싸여(쌔여) 등

Ⅱ. 강릉: 지다→저, 치다→처, 가르치다→갈처, 건지다→껀저, 계시다→지:사, 고치다→곤처, 마시다→마서, 모시다→뫼서, 무치다→무처, 주무시다→지무서, 자시다→자:사(~자:서), 찌다→쩌 등

삼척·울진: 지다→저, 치다→처, 가르치다→갈체, 고치다→곤체, 마시다→마세, 모시다→뫼:세(~모:세), 모치다→무체, 주무시다→주무세, 자시다→자세, 찌다→쩨, 감치다→감:체, 몰아치다→몰아체 등

Ⅲ. 강릉=삼척=울진 : 기다→게, 숨기다→숨게, 다리다→대레, 꾸미다→꾸메(꿰메), 섞이다→섞에(세께), 피다→페, 비다→베, 다니다→댕게(←댕기다), 누비다→뉘베, 틀리다→틀레, 박히다→백헤, 사귀다→사궤(괴), 야위다→얘베, 잡히다→잽헤, 후비다→휘베, 끓이다→끼레, 견디다→전데 등

위의 분류표와 예들에서 보듯이, 이중모음들이 음성실현을 보이는

환경은 선행음이 모음인 경우에 한정되고 있다. 즉, 그 음절의 두음으로 자음이 취해지지 않을 경우가 된다. 이는 형태소 내부에서의 조건과 완전히 평행을 이루고 있다. 이러한 이중모음의 음성실현은 아무런 방언차를 보이지 않아서 방언 경계의 작도에는 무관하게 된다.

음절두음으로 자음을 가지는 Ⅱ와 Ⅲ의 경우에는 이중모음의 음성실현을 경험하지 못하고 단모음화와 y 탈락현상을 통하여 단모음의 사용을 즐기고 있다. 때로 이중모음을 즐겨 내세우는 방언형을 보게 되는데, 이는 역시 통속적인 방언형이라기보다는 spelling pronunciation 아니면 hypercorrect pronunciation에 의한 경우가 대부분인 듯하다. 이중모음의 음성실현을 방해하도록 자음을 선행음으로 가지는 경우에는 그 선행자음을 우선 치찰음과 기타의 자음으로 분류하여 관찰한다. 이러한 분류는 시차적 동질성으로 인한 y와 치찰음(구개음 또는 구개음화한 지읍)과의 밀접한 관계 때문이다. 이 지찰음+y+ə에서는 이중모음의 음성실현을 싫어하고 ə 또는 e의 실현을 택한다. 이렇게 나타나는 ə 또는 e의 선택에 있어서의 어휘상의 방언차는 새로운 또 하나의 등어선을 마련하여 준다. 구체적으로 말하면, 삼척과 울진의 방언은 '지다(-지다), 치다'와 같은 특수어휘에 한하여 yə → ə를 택하고 나머지의 모든 어휘에서는 '마시어〉마셔〉마세'에서와 같이 yə→e를 택하는데, 강릉 방언은 '마시어〉마셔〉마서(~마사), 지:시아〉지:샤〉지:사(계시다)'에서와 같이 y를 탈락시킨 -ə/-a를 선택한다.[9] 그러므로 강릉 방언은 치찰음 아래에서의 yə→ə의 실현에서 MS rule 과 P rule이 완전히 평행을 이루어 major rule로써만 설명될 수 있는

9 강릉 방언의 경우 어미 -ə- 대신에 -a-를 택하는 환경이 구별된다. 이이섭(1972:106) 참조.

데 반해서, 삼척과 울진의 방언은 '지다, 치다' 등에 해당되는 minor rule에서만 MS rule과 P rule이 일치하게 되고, 일반적으로 적용되는 major rule에 있어서는 MS rule과 P rule이 불일치한다고 설명될 수 있다. 이 경우에 강릉 방언과 삼척·울진 방언에서 major rule과 minor rule이 서로 상위하여 하나의 등어선을 이룬다고 할 수 있다.[10]

그런데 강릉 방언에 있어서 표면상으로 MS rule과 평행을 이루었던 P rule에 예외적인 듯이 보이는 특수용언들이 존재한다. '가시다, 부시다, 쑤시다' 등이 y 탈락에 의한 yə→ə를 보이지 않고, '가세, 부세, 쑤세' 등의 실현을 인정함으로써 yə→e를 보인다. 강릉 방언의 이러한 특수현상은 치찰음 아래에서의 yə/ya→ə/a라는 major rule에 대하여 minor rule을 형성하는 것으로는 여겨지지 않는다. 이에 관한 한, 우리의 관심은 보다 깊은 차원에서의 음운현상에로 이끌린다. 이 특수어휘의 어간말 모음 -i-와 다른 어휘의 그 -i-와는 표면적으로는 동일할지라도 내면적으로 상위한 것이다. 즉, 보다 깊은 형태음소적 차원에서 뒤의 경우는 역시 단모음 -i-이나 앞의 경우는 그 i 앞에 어떤 모음(아마도 i)을 선행시킨 이중모음 iy이리라 여겨진다. 강릉 방언의 /iy/는 자음 뒤에서 흔히 -i-로 실현되는데(희다〉히다 등), 단모음 i가 실현시키는 음운현상(예를 들면 움라우트, 구개음화 및 그에 의한 y계 이중모음의 기피 등)을 후행시키지 않는다. 그러므로 '가시다(洗)'의 -i-를 /iy/로 해석하여 '가시다(去)'의 i와 구별하게 된다. 이렇게 하여 siy+ə→se와 si+ə→sə와의 차이는 합리적으로 설명되며 또 그

---

10 울진 방언은 강릉·삼척 방언에 볼 수 없는 특징을 가지기도 한다. 즉 동남 방언에서 자주 보이는 čˇiːtá(끼었다), čˇiːtá(쪽을 찌었다) 등과 같은 예들을 드물게 가지고 있다. 이 동남 방언의 특징은 울진 방언에 대한 새로운 개신파가 아닌가 한다.

설명은 reality를 잃지 않는다. 현대어에 앞선 단계에서 '가싀다~가싀다, 부싀다~부쉬다' 등으로 표기되었던 사실은 위의 해석에 극히 고무적이다. 또한 '찌다, 끼다'가 '찌어〉쩌'로 나타나는 데 대하여 '쎗다, 쩰다, 짓다' 등이 '쎄, 쩨, 제' 등으로 나타나는 현상은 보다 깊은 차원에서의 해석에 보충적인 자리를 마련하여 준다.

형태소 경계에서의 가능한 이중모음인 yə는 선행음은 순음, 연구개음 등 [+grave]의 자음으로 하는 Ⅲ에서 yə→e로 단모음화를 음성적으로 경험함으로써 동일한 조건에서의 MS rule에 완전히 평행되는 것이다. 물론 음성실현에서 단모음을 보이고 있지만, 그것들은 다시 보다 깊은 차원에서는 이중모음으로 해석할 수밖에 없을 것이다. 즉 e는 /yə/가 된다.

이러한 유형의 현상에 의해서는 강릉, 삼척, 울진 세 지역의 방언들에서 아무런 방언차를 보이고 있지 않아서, 동해안 빙인 안에서의 방언 경계에는 아무런 가치가 주어지지 않는다. 다만 이는 이 동해안 방언을 중부방언으로부터 구별짓게 하는 방언특징이 되는 것이다.

3. W계 이중모음

3.0. w계 이중모음으로는 강릉, 삼척, 울진 세 지역의 방언들이 공통으로 4개의 이중모음 wa, wə, we, wɛ를 가지고 있다. 때로 단모음화되지 못한 wi도 가능하여진다. 이러한 이중모음의 목록은 y계 이중모음의 실현에 있어서의 제약만큼이나 심한 제약을 받고 있다.

3.1. w계 이중모음들은 [-grave]에 의하여 대표되는 치음, 경구개음 및 유음 다음에서는 좀처럼 실현되지 못하는 일반적인 경향을 가진

다. 우리는 형태소 내부 구성에서 '눠, 뤄, 둬, 퉈' 등의 음절을 전혀 관찰할 수 없으며, '쏴, 좌, 촤' 등의 음절도 특수한 어휘(예를 들면, 의성어 등)를 제외하면 역시 들을 수 없다. 이에 대한 음운론적 조건은 [-grave]+w+후설모음의 연결이 어려운 sequential constraint에서 찾아질 수 있다. 즉 이는 w의 [+back]과 음절핵모음의 [+back]과의 연결에 음절의 두자음을 선행시킴에의 제약이라 할 수 있다. 이에 보충적인 사실은 음절핵모음이 [-back](전설모음)일 경우 가능하여질 수 있는 twɛːči~tɛːči(돼지), sʼwɛːki(씨아) 등의 예들이 존재하고 있는 사실이다. 중세 한국어의 cwasi-(좌시다) 등이 현대 한국어에서 časi-로 나타남은 이중모음의 실현 제약의 해석에 도움이 될 것이다.

w계 이중모음의 실현에 대한 또 하나의 제약이 순음과의 배열에서 보인다. 한 형태소 안에서는 '봐, 뭐, 붸, 봬, 뷔' 같은 음절이 존재하지 않는다. 이는 순음과 w 사이에 존재하는 동질적인 원순성에 기인하는 것으로서 일종의 이화작용에 관여하는 것으로 보인다. 복합어 또는 그와 유사한 구성에서도 w의 탈락은 일반적이다: 삼월〉사멀, 십원〉시번 등.

위에서 말한 바와 같은 sequential constraint 때문에 w계 이중모음이 음성실현을 보일 수 있는 자음적 음절로는 음절두음으로서 연구개음 및 후음을 가지는 것에 한정된다. 이 연구개음이나 후음의 음절두음에 후설적 w와 후설모음들이 자연스럽게 연결될 수 있는 사실은 무척 흥미로운 것이다. 즉 [+back]이 세 번이나 계기됨으로써 자음적 음절에서의 이중모음의 음성실현이 다른 자음적 음절에서보다 분명하여지고 있다. 그런데 이 [연구개음·후음+w계 이중모음]의 실현은 강릉, 삼척, 울진 사이에 뚜렷한 등어선을 마련할 만큼 가치있는 방언

차를 보여주지 않는다. 때로 w의 탈락에 의하여 이중모음의 실현을
기피하려는 현상을 보이기도 하며 더욱 드물게는 wə〉o, we〉ö와 같
은 단모음화에 의하여 이중모음의 실현을 기피하려는 현상을 보이기
도 한다.[11] 이 현상들(특히 w탈락)은 특히 동남 방언이 발상지적일
만큼 잘 알려져 있는데, 강릉으로부터 동남방언권으로, 즉 여기서는
울진으로 내려갈수록 차츰 그 경향이 짙어진다. 임의로 선택된 예들
을 보이면 다음과 같다.

	강릉	삼척	울진
과수원	kwasuwən	kwasiwən	kasuwən
과일	kwaːir	kwaːsir	kwaːsir
과자	kwača	kača	k'ača
과줄	kwačir	kwačir	kwačir
괜찮다	kwɛnčʰantʰa	kɛnčʰantʰa	kɛnčʰantʰa
괭이	kwaɲi	kwaɲi	kwɛɲi
꽹과리	kʰwɛɲsɛ k'ɛɲmak'ɛɲi	kʰwɛɲsɛ kɛɲpɛɲi	kɛːɲsɛ
괴롭다	kweropt'a köropt'a	koropt'a keropt'a	koropt'a
돼지	twɛːči (tɛːčikoki)	twɛːči	tɛːči
화로	hwaːri haːri	hwaːri haːri	hwaːrɛ haːrɛ
화전놀이	hačənnori	hačənnori	hačənnori
환갑	haːŋkap	haːŋkap	haːŋkap
황새	hwaɲsɛ	haːɲsɛ	haːɲsɛ
황토	hwaɲtʰu	hwaɲtʰu	h(w)aɲtʰu
성냥	tahwaɲ	tahwaɲ taɲhwaɲ	taɲhwaɲ

---

11 이 단모음화는 w계 이중모음의 유우현상에서 minor rule로 고려될 수 있는데 그 o는
/wə/로 원형적 표시가 가능한 경우가 된다. 이에 대해서는 졸고(1971) 참조.

비록 위의 예들이 임의로 주어진 것이지만, 이 예들에서도 역시 이 중모음의 단모음에로의 실현에 있어서 '강릉〉삼척〉울진'의 순으로 심하여지고 있음을 알 수 있다. 그러나 이러한 경향이 분명히 존재한다 하여도, 지역들 사이의 정도차에 따라 어떤 구조적 가치가 큰 등어선을 작도하기란 어려운 일이라 여겨진다. 접촉방언에서는 이만한 정도차를 가지는 방언현상들은 허다하게 발견되는데, 어떤 방언특징(αF)이 나타난다(+F) 안 나타난다(-F)의 결정에 의한 방언 경계의 작도는 이 경우에 극히 위험스러울 수 있는 것이다.

우리는 형태소 내부에서의 w계 이중모음의 실현에 대한 환경과 조건을 검토하여 왔다. 요컨대 이 이중모음들이 가장 확실하게 음성 실현을 보일 수 있는 경우는 그 선행음이 자음이 아닌 음절에서만이었고, 지역차와 세대차를 가지면서 실현 가능한 경우는 w와 유사한 후설적 조음위치를 가진 자음과의 연결에서였다. 그리하여 이러한 형태소 내부에서의 부분적으로 주어지는 방언차는 방언 경계의 작도에 큰 도움이 되지 못하는 방언 특징임을 확인할 수 있었다. w계 이중모음에 방언차는 MS rule에 있어서보다 P rule에 있어서 뚜렷하여진다.

3.2. w계 이중모음들이 P rule에 관여할 수 있는 경우는 어간말음이 -u이고 그 어간에 부사형 어미 '-어/-아'가 연결되는 형태소 경계에서의 음운현상이 되는 것이다(이익섭 1972:109~110, 졸고 1971:16~17). -o+-a- → -wa-는 '오-(來), 보-(視)' 등에 국한되고 방언차를 보이지 않으므로 현재의 논의에서 제외한다. 표면상으로 나타나는 어간말음 u와 그 선행음을 고려하여 그 이중모음의 방언현상을 알아보면 다음과 같다.

지역 선행음	강릉	삼척	울진
1. 모음	wə	wa(wə)	wa(wə)
2. 순음	ə	e	ə
3. 기타 자음	o	(w)a	(w)a

[예]

Ⅰ. 강릉: 세우다 → 세워, 배우다 → 배워, 바우다(음식을 상만하다) → 바워, 태우다 → 태워

삼척: 세우다 → 세와, 외우다 → 애와, 싸우다 → 싸와, 에우다 → 에와, 배우다 → 배와, 재우다 → 재와

울진: 세우다 → 세와, 키우다 → 키와, 데우다 → 데와, 게우다 → 게와, 치우다 → 치와, 채우다 → 채와

[즉, 강릉 방언은 주로 wə를 보이고, 삼척·울진 방언은 wə~wa를 보이는데, wə와 wa의 실현환경이 뚜렷이 구분되지는 않는다. 대체로 wa를 더욱 많이 사용하고 있으나 과거어미 '-었-/-았-'과의 연결에는 흔히 wə를 선택하는 듯하다.]

Ⅱ. 강릉=삼척=울진: 푸다 → 퍼, 기쁘다 → 기뻐, 바쁘다 → 바뻐, 고푸다 → 고파

Ⅲ. 강릉: 두다 → 도:, 가꾸다 → 가꼬, 찡구다(끼우다) → 찡고, 줄구다(줄이다) → 줄고, 바꾸다 → 바꼬, 주다 → 조:, 농구다(나누다) → 농고, 누다 → 노:, 감추다 → 감초, 맞추다 → 마초, 갖추다 → 갖초, 말류다(말리다) → 말료

삼척: 가꾸다 → 가까, 줄구다(줄이다) → 줄과, 바꾸다 → 바까, 주다 → 좌:~자:, 농구다(나누다) → 농가, 감추다 → 감차, 맞추다 →

마차, 얼구다(얼리다) → 얼과, 질구다(기르다) → 질과, 들추다
→ 들차, 안추다(앉히다) → 안차

울진: 가꾸다 → 가꽈~가까, 농구다(나누다) → 농과~농가, 냉구다(남
기다) → 냉과, 감추다 → 감차, 맞추다 → 맞차, 줄구다(줄이다)
→ 줄과, 쫄구다(조리다) → 쫄궈~쫄가, 달구다(달이다) → 달과,
익후다(익히다) → 익화, 주다 → 자:, 드수다(데우다) → 드쇄~
드사

이상의 분류표와 예들이 보이는 바와 같이 형태소 경계에서의 w계
이중모음들의 실현은 형태소 내부에서의 그 실현과 부분적인 차이를
보이고 있고 또 지역 차이를 부분적으로 보이고 있음을 알 수 있다.
Ⅰ은 모음 다음에서 이중모음이 실현되는 경우로서 앞에서 언급한
형태소 내부에서의 실현조건과 완전히 평행되는 조건으로서 wə의
단계에서 유보되는 것이다. 이는 w의 [-vocalic]이 음절구성에서 깊이
작용하고 있음을 밝히 말하여 주는 것으로 여겨진다. Ⅱ는 이때 u가
그 원형적 표시가 비원순적인 ɨ이기 때문에 w계 이중모음에 직접적
인 관계를 가지지 않는다. Ⅲ은 강릉 방언을 삼척·울진 방언으로부
터 구별시켜 주는 중요한 방언특징의 하나가 된다. 즉, 강릉 방언에
서는 자음 다음에서 형성될 이중모음 wə를 o로 단모음화시킨 것으로
서, 단모음화시키지 못한 wə~wa~a를 사용하는 삼척·울진 방언과는
방언차를 보이는 것이다. 그러므로 강릉 방언의 이 o는 보다 깊은
차원에서는 단모음이 아닌 이중모음인 /wə/로 해석될 수 있는데, o와
wə와의 동질적 음운관계는 순음 아래서 비원순모음화라든가 ɨ움라
우트 등에 의하여 확인된다(졸고 1970, 1971). wə〉o의 실현은 MS rule

160

의 minor rule에 해당되는 '꿩〉꽁, 권투〉꼰투, 권:련〉골:련, 인원〉이논, 망월〉망올' 등의 경우에 평행되는 것이다. 삼척·울진의 방언에서는 어미의 ə에 대신하여 흔히 a를 택하여 wa와 같은 이중모음이 기대되기도 하는데, 일반적으로는 MS rule에서 선행자음 뒤에서 w를 탈락시키려는 경향에 평행되도록 w의 탈락에 의한 a를 보이기도 한다. 삼척·울진이 방언에서이 wa〉o는 형태소 내부구성에서 뿐만 이니리 형태소 경계에서도 실현되지 않는다. o가 때로 기저 표시로 wa가 될 수 없음을 입증하여 주는 것이다. 형태소 경계에서 wə〉o의 현상이 삼척·울진의 방언에서 특히 노인층의 방언에서 드물게나마 실현되기도 하는데, 이는 동남 방언에서 때로 '두어(置) → 도:, 주어(與) → 조:' 등과 같은 예들을 가지고 있는 만큼이나 드문 것이다. 이만한 정도의 방언차는 강릉 방언과 삼척·울진 방언과의 방언차를 방해할 만한 것이 못된다.

형태소 경계에서의 wa~wə의 출현은 이른바 'ㅂ 변칙용언'의 활용 형식에서도 있을 수 있다. 그런데 '밉다→미와, 곱다→고와' 등에서 wa〉o는 실현되지 않으며 wə로 나타날 경우에도 wə〉o의 실현은 없다. 이는 환경에서 볼 때 형태소 내부에서의 wə의 모음 다음에서의 실현조건과 같다. 이 'ㅂ 변칙용언'과 u 어간말 용언은 추상적 기저 표시에서는 그 말음을 때로 β와 -wi-로 각각 설정함으로써, 두 부류 사이의 음운현상의 차이를 합리적으로 설명할 수 있게도 할 것이다.

4. 결론

4.0. 우리는 지금까지 강릉, 삼척, 울진 등을 중심으로 한 동해안

방언의 이중모음 현상에 대하여 주로 그 환경에 따라 기술하여 왔다. 그리고 그 기술에서는 형태소 내부에서의 음운현상과 형태소 환경에서의 음운현상을 구별하여 이 두 경우에 있어서의 상위성과 평행성을 찾았고, 그에 의하여 이 접촉 방언에서의 등어선의 작도에 필요한 방언 특징들을 색출하였다. 접촉 방언이 원래 접촉 방언들의 많은 부분적인 방언 특징들을 가지고 있기 때문에, 우리들의 관심은 자연히 미세한 사실에까지 미치게 되었는데, 방언 경계에 필요한 등어선을 고려하면서 각 방언들에서 major rule이 될 수 있는 것에 대한 관심이 주축으로 된 셈이다. 이렇게 하여 다음과 같은 몇 가지 새로운 사실을 본고는 말할 수 있게 되었다.

(1) 음절두음으로 자음을 취하지 않은 음절에서 이중모음들의 음성 실현이 가장 뚜렷하다. 이는 형태소 내부에서나 형태소 경계에서나 동일하게 나타나 평행선을 이룬다.

(2) 형태소 내부에서 선행음으로 자음을 취하는 경우에는 y계 이중모음들이나 w계 이중모음들이 모두 극히 불안한데 y계 이중모음들이 더욱 심하다.

(3) 단모음화 또는 w나 y의 탈락에 의한 단모음의 사용에 의하여 다음과 같은 사실들이 드러난다.
　　① 전설적인 y는 구개음화의 과정 때문에 전설적인 순음과의 연결에서 가장 보수성을 보이며, 후설적인 w는 후설적인 연구개음, 후음과의 연결에서 가장 보수성을 보인다.
　　② 따라서 y의 전설성과 w의 후설성이 음운현상에서 확인된다.

(4) 형태소 내부에서는 중요한 방언차를 보이지 않으나, 형태소 경계에서는 강릉 방언과 삼척·울진 방언 사이에 심한 방언차가 존재한다.

    ① 형태소 경계에서의 -yə-는 강릉 방언에서는 치찰음 아래에서 -ə-(또는 -a-)로 나타나 형태소 내부에서의 그것에 평행을 이루는 데 비하여, 삼척·울진 방언에서는 다른 자음들 아래에서와 마찬가지로 yə→e를 보여 형태소 내부에서의 그것에 평행을 이루지 못한다.

    ② 형태소 경계에서의 -wə-는 강릉 방언이 자음 아래에서 -o로 나타남으로써 형태소 내부에서의 major rule과 상위성을 보이는 데 비하여, 삼척·울진 방언은 -(w)a-를 보임으로써 형태소 내부에서의 그것과 평행성을 보인다.

(5) 이중모음들의 음운현상에서 볼 때 한국어의 음절단위는 중요한 기능을 갖는 것이며, 이 음절단위에서 보아 현대 방언에서의 y와 w는 [-voc]의 시차적 자질을 강력히 지니고 있음을 알 수 있다.

[《진단학보》 36, 1973]

붙임: 동해안이라는 연속적 지역에서 이중모음의 실현이 어찌 지역간의 방언차를 보이는지 현지조사에 의한 자료에서 테스트해 본 것이다. 여기서 이중모음이라 한 것은 중앙어에 기대서 출발점으로 삼은 것에 불과하다. 접촉지대의 성격이 강한 강릉, 삼척과 울진 세 지역에서 찾을 수 있는 방언차는 결국 이 동해안 지대에서의 방언경계를 찾는 특징이 되지 않을까.

참고문헌

김완진(1963), 국어 모음체계의 신고찰, 《진단학보》 24.

김완진(1972), 다시 β〉w를 찾아서, 《어학연구》(서울대) 8-1.

이기문(1972), 《국어음운사연구》, 서울대 한국문화연구소.

이병근(1969), 방언 경계에 대하여, 《한국문화인류학》 2.

이병근(1970), 경기지역어의 모음체계와 비원순모음화, 《동아문화》(서울대) 9.

이병근(1971), 현대 한국 방언의 모음체계에 대하여, 《어학연구》(서울대) 7-2.

이익섭(1972), 강릉 방언의 형태음소론적 고찰, 《진단학보》 34.

정연찬(1968), 경남 방언의 모음체계, 《국문학논집》(단국대) 2.

Chomsky, N.(1965), *Aspects of the Theory of Syntax*, The M.I.T. Press.

Harms, R. T.(1968), *Introduction to Phonological Theory*, Englewood Cliffs: Prentice-Hall inc.

King, R. D.(1969), *Historical Linguistics and Generative Grammar*, Englewood Cliffs: Prentice-Hall inc.

운봉지역어의 움라우트 현상

1.

운봉지역어에[1] 대하여 소박하게 주어지는 이 현지보고서는 한국어 하에서 지금까지 내놓은 i움라우트 혹은 i모음역행동화라고 한 음운 현상에 참여하였던 실현예들에 대하여 새로운 정보를 제공하면서, 이제까지의 업적들을 되씹어 볼 기회를 만드는 데에 그런 대로의 뜻 이 있을 것이다. 필자는 이 움라우트 현상이 모음체계에 대하여 주어 지는 의미가 지극히 중요함을 이미 강조한 바 있다(졸고 1970b:375~

---

[1] 운봉은 전라북도 남원군의 속면으로서 그 지역어는 서남(전라) 방언권의 북반부에 속한다. 지리적으로 경상남도 함양군과 근접하여 있고 중요한 교통로가 지나는 관계로 동남(경상)방언으로부터의 많은 차용적 특징들을 가지고 있다. (지도 참조) 전라북도 방언조사(1969, 문화인류학회의 전국민속종합조사 계획) 문화인류학회의 전국 민속 종합조사 계획(1969)에서 운봉지역어의 예비답사를 행하는 기회를 가졌고, 다시 성균관대학교 국문학과의 방언조사 시(1970) 참여하여 이기문 교수의 도움을 받아 움라우트에 대한 확인조사를 마쳤다. 이 새로운 보고논문이 이루어질 수 있게 됨에 고마움을 잊지 못한다. 현지조사에 함께 참가했던 조사대원들께 소박하게 나마 고마운 뜻을 전하고 싶다.

390). 그런데 이는 문헌적 자료의 한계성과 특징으로 인하여 움라우트 현상의 음운론적인 해석에 치중할 수밖에 없는 것이었다. 한국어의 움라우트 현상에 대한 연구 가운데서 언급해야 할 중요한 것들이 있다면, 이숭녕(1954:231~254)과 김완진(1971:131~136)이다. 전자에서는 움라우트가 음성체계에 부여하는 의미를 파악하려 하였으며, 후자에서는 특히 이 현상에 대한 보다 깊은 층위로부터의 내면적 관찰을 이룩하려 하였다. 이러한 통합현상(syntagmatic phenomenon)에 대한 새로운 발견은 진작 이루어졌어야 할 만한 일들이었다. 역행동화로서의 움라우트 현상은 동일한 층위인 음운론적 층위에서만의 관찰로써는 그 망라적인 이해가 힘들었던 것이며, 상이한 층위의 기제를 확인함으로써 이 음운현상에 대한 새로운 발돋움을 마련할 수 있었던 것이다. 후기의 근대 한국어로부터 비롯되었던 이 역행동화는 모음체계의 변화와 아울러 현대 한국어(특히 남부 방언)에서 실현 범위를 확대시켰을 뿐만 아니라(예. 특히 u→ü, o→ö 등), 층위가 다른 형태론적 제약마저 붕괴시키고 있음을 보이고 있다(예. pap-i→pɛp-i 등의 체언 어간과 어미 사이에서의 실현 등). 이와 같은 여러 제약의 붕괴라고 하는 의미에서, 한국어의 여러 통합적 음운현상 가운데서도 방언에서의 움라우트 현상은 모음구조와 층위적 제약에 관련하여 우리의 시선을 적극적으로 잡아당기고 있는 것이다. 운봉지역어를 포함하는 남부 방언으로부터 새로이 제공되는 정보를 통하여 움라우트 현상이 음운구조에 부여하는 의미를 관찰하고 음운론적 통합현상에 주어지는 문법적 제약의 의미를 반추하고자 함이 본고의 뜻하는 바가 될 것이다. 필자는 본고에서 동남 방언과 서남 방언과의 접촉방언으로 간주될 수 있는 운봉지역어를 중심으로 움라우트 현상을 관

찰함으로써 새로운 문제점들을 제기하려고 한다. 이 지역어를 관찰의 대상으로 삼는 이유는 현대 한국어의 움라우트 현상이 동남(경상) 방언과 서남(전라) 방언에서 가장 뚜렷이 실현되고 있기 때문이다. 전 방언에 걸친 움라우트의 종합적인 검토는 더욱 넓고 세밀한 현지조사를 기다려서야 인쇄화할 것이다.

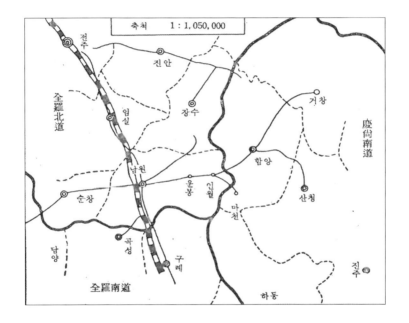

2.

움라우트 자체는 음운론적 통합현상이므로, 그 관련 범위는 흔히 음운론적이거나 형태론적인 것을 벗어날 수 없으며, 나아가서 이 현상은 문법의 기능 범주와는 직접적인 관련을 가지지 않는다. 그리하여 이는 word phonology 혹은 phonological grammar의 소관이 된다.

이 움라우트의 해명을 위한 초점은 형태소 내부의 음운론적 관계로 부터 또 한걸음 나아가서 word boundary로서의 두 juncture 사이에서 의 음운론적이거나 형태론적인 제약에까지 걸쳐 놓여지게 마련이다. 우리가 움라우트 현상을 기술하려고 할 때, 그 실현의 본질과 의미는 물론이요, 음운론적 및 형태론적 제약까지도 구명하려는 소이의 하 나가 바로 여기에 있는 것이다. 김완진(1971)에서 이 움라우트가 lexical morpheme 내부에서 가장 자유로우며 lexical morpheme과 grammatical morpheme의 결합에서는 일정한 제약조건 아래에서만 가능함이 논 의되게 되었다. 동화주와 피동화주 사이의 한계범위는 소박하게 '어 간내에서만'이 되었으며, 이로부터 음운현상에 대한 형태론적 제약 이 가지는 중요성을 강조하기에 이르렀다. 더욱이 이 음운현상에 관 여하는 규칙들의 적용순위에 있어서 형태론적 제약이 음운론적인 그 것보다 앞선다는 사실의 지적은 무척 자극적이기조차 한 것이다.

하나의 변명할 수 없는 언어학자들의 고민이 있다. 어떤 언어를 기술의 대상으로 하는 때, 그 대상범위를 공통어로 하느냐 아니면 방언까지 고려하느냐 또 방언을 어느 정도까지 고려하느냐가 그것이 다. 이는 언어기술의 성격에 따라 달라질 수 있겠으나, 방언이 이전 시대로부터의 역사적 산물로서의 최근사임이 분명할진댄 방언적 사 실의 그 어느 것도 소중히 아끼고 싶다는 것이 필자의 솔직한 심정이 다. 그런데 언어와 방언과의 본질상의 별무차를 인정함이 일반적인 데도 불구하고, 방언에서 많은 문제를 일으킬 움라우트에 대한 연구 에서 방언적 특징들이 늘 외면당했던 일은, 우리 방언학의 초창기적 미숙에서이기도 하다. 이렇게 하여 방언을 고려할 때 또 다시 주의해 야 할 상식이 있다. 즉 방언현상이 보수적인 특징들을 보임은 이제 더 이상 강조할 필요가 없고, 또 그것이 예외처럼 보이는 첨단적 변화를 뜻함도 새삼스러이 말할 필요가 없다. 역사가 그리 길지 못한 한국어에서의 움라우트 현상은 여러 방언적 차이에서 보아 이 첨단적 변화의 예로서 등록될 수 있다고 여겨진다.

그런데 음운변화는 흔히 일정한 의미 부분인 단어를 최소의 단위로 하여 단어로부터 단어에로 점진적으로 화대된다고 한다. 우리가 한국어의 움라우트 현상을 특히 통시적인 관찰의 대상으로 삼을 경우, 그 교착적인 형태론적 특성을 고려하여 계기적 요소인 grammatical morpheme까지도 포함된 단위를 단어로 받아들이는 생각을 우리는 일단 가지고 싶다. 이는 저 앞에서 말한 움라우트의 실현범위를 두 juncture 사이에서의 최대공약수인 단어로 삼으려 했던 일과도 평행되는 것이다. 물론 우리가 단어를 중심으로 방언 자료를 피상적으로 관찰할 때, 그것들은 극히 조잡한 규칙들로 이루어져 있는 듯이 보일 수 있다. 이 무질서하게 보이는 방언현상은 방언들의 공통점으로부터 파생되는 방언차에 대한 일정한 관계의 규칙들로 기술됨이 이상적이다.

표면적으로는 복잡한 듯한 방언현상을 보다 깊은 또는 상이한 층위로부터 간략히 설명할 수 있다는 사실은 충분히 존경받을 만하다. 만일 언어구조에 깊이 뿌리를 박고 있는 동질적인 힘을 확인할 수 있다면, 보다 바람직하지 아니할까 하는 욕심을 가지게 된다. 여기서 방언차라 함은 어떤 공통된 방언특징을 밑바탕으로 하여 방언간에 나타나는 변종이기 때문이다.

지금까지, 방언에서의 움라우트 현상을 기술하는 데 고려되어야 할 몇몇 문제들을 단편적으로 생각하여 보았다. 중부·남부 방언을 띄엄띄엄 조사했던 필자의 조그마한 경험으로부터 나온 바가 바로 이러한 것들이었다.

3.

통합적 음운현상은 계합적(paradigmatic) 음운체계를 전제로 한다. 그런데 전자는 후자의 고정성에 비하여는 극히 유동적인 가능의 현상일 수 있음이 일반적인 듯하다. 즉 움라우트와 같은 통합적 현상은 한 언어사회 안에서의 동일한 어형에 대해서도 실현을 보일 수도 있으며 보이지 않아도 무방한 것이다. 우리의 정서법에서 '올창이~올챙이, 지팡이~지팽이' 등을 가끔 논의하고 있음은 바로 이 통합적 현상이 가지고 있는 가능성이란 본질에 대한 하나의 evidence인 것이다. 운봉지역인들도 움라우트된 어형의 당위를 고집하려고는 않으면서, 그들의 방언의식(dialect intelligence)에 의하여 case by case로 판단을 내릴 뿐이었다. 그리하여 다음에 제시하게 될 모든 움라우트의 실현 예들도 운봉지역인들의 가능성을 표현하는 것으로 채택된 것들임을 미리 일러두게 된다.

움라우트는 전부화의 음운론적 성분(phonological component for fronting)의 영향으로 후부 모음이 전부 모음화하는 역행동화 현상을 이르는데, 한국어의 그것도 stress와 직접적인 관계가 없어도 이러한 palatal umlaut에 속한다고 생각된다. 이 움라우트는 시차적 자질상에서 본질적으로

$$V \rightarrow [\text{-back}] / \underline{\quad} C_1 \left\{ \begin{array}{c} \text{-consonantal} \\ \text{+high} \\ \text{-back} \end{array} \right\}$$

(C₁은 coronal sounds가 아님. 후술 참조)

〈표1〉

인데, 운봉지역어에서 움라우트가 실현된다는 사실은 그 모음체계가 이미 전부 모음구조와 후부 모음구조가 양분된 체계로 존재하고 있음을 말하여 주고 있는 것으로 믿어진다. 실상 운봉지역어는 중부 방언과 마찬가지로 다음과 같은 모음체계를 가지고 있음을 확인할 수 있다.

	전		후	
	원	평	원	평
고	ü	i	u	ɨ
	ö	e	o	ə
저		ɛ		a

즉 전부와 후부로 양분된 이 체계는 각각 원순계열과 평순(비원순)계열로 하위구분된다. 그리하여 움라우트의 실현도 이 계합적(또는 계열적) 구조에 따라 정밀화되는 것이다.[2]

---

2 여기서 ┃은 움라우트에 의한 전부화를 뜻하고, ⊐은 원순적 대립의 변이영역의 한계를 표시한다.

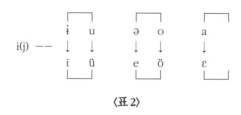

〈표 2〉

여기서의 모음체계 안에서의 원순적 대립의 의미를 생각하여 볼 필요가 있게 된다. ɨ와 ə와의 원순적 짝인 u와 o는 underlying representation으로 각각 wɨ와 wə가 된다.[3] 이에 따라 ü는 wɨy로 ö는 wəy로 각각 대표된다. 음운이 '음운론적 성분의 공존적인(coextensive) 셋'이라는 프라그의 이론을 믿는다면, 움라우트의 실현도 더욱 정밀화될 수 있다. 즉, Martin(1951:521)이 제시한 5개의 음운론적 성분(I, E, A 및 W, Y)을[4] 바탕으로 하여 움라우트의 해명이 가능하다.

움라우트는 후부모음이 Y계의 동화주로 하여금 전부모음화하는 현상이므로, 후부모음에 전부화 성분인 Y가 보태지는 첨가규칙(addition rule)이 되는 것이다. 즉,

　ⅰ) ɨ 〉 i → I 〉 IY

　ⅱ) ə 〉 e → E 〉 EY

---

3 o 자체를 underlying representation에서 인정하려는 견해가 김진우 씨에 의하여 피력된 바 있다(Kim 1968:516~527). 필자는 이 o도 한국어사에서 보아(원순모음화 및 비원순모음화) 또 방언적 특징에서 보아(가꾸-+-어라 → 가꿔라 → 가꼬라 등의 형태음소론적 사실), wə로 대치될 수 있는 즉 ə의 원순적 짝으로 보고 싶다. 이에 대한 논고는 별도로 마련될 것이다.

4 high tongue position I　　　front tongue position Y
　 mid tongue position E(E)　 lip rounding W
　 low tongue position A

172

iii) a ⟩ ε → A ⟩ AY

와 같이 성분분석이 가능하다. 그런데 운봉지역어의 모음체계의 후부계열에서 ï와 u 및 ə와 o가 원순성에 의한 대립의 짝들임이 틀림없으므로, u와 o의 움라우트는 ï와 ə의 움라우트에 원순성을 첨가했다는 사실 이외에 아무것도 뜻하지 않는 것이다. 그리하여 원순모음 계열의 움라우트는 원순성의 첨가규칙에 의하여

iv) u ⟩ ü → WI ⟩ WIY
v) o ⟩ ö → Wɛ ⟩ WɛY

으로 대표된다. 다시 말하면, ï와 u는 원순적 대립의 짝이기 때문에 ï의 움라우트가 I⟩IY임에 띠라, ï에 원순성이 첨가된 u의 그것은 WI⟩WIY가 될 수밖에 없다. 마찬가지로 ə의 움라우트가 ɛ⟩ɛY임에 따라, ə에 원순성이 첨가된 o의 그것은 Wɛ⟩WɛY이 되는 것이다.

다시 i와 ü와의 또 e와 ö와의 관계를 보면 동일한 조음위치에서 발음되면서 오직 원순성의 차이만이 있게 됨을 알 수 있다. 그리하여 ü는 i에 원순성을 보태든가 u에 전부화 성분을 보탬으로써 동일하게 얻어지며, ö는 e에 원순성을 보태든가 o에 전부화 성분을 보탬으로써 얻어진다. 즉, 이는 상이한 방법에 의하여 동일한 가치를 인정하는 음성적 대상(compensation)의 좋은 예가 되는 것이다. 이 대상은 음운체계가 포유하고 있는 음운론적 성분들의 의미를 역설하여 주는 듯이 보인다.

이리하여 움라우트는 저 위의 표1에서 제시한 공식을 본질로 하여

이른바 표면상의 음운화를 표2와 같이 보이게 되는 것이다.

이제 운봉지역어로부터 얻은 움라우트에 대한 가벼운 예들을 약간
씩만 들어보자.

i→i   끼리다(끓이다), 디리다(드리다)

u→ü   깜뷔기(깜부기), 뉘비다(누비다)

ə→e   두께비(두꺼비), 벳기다(벗기다)

o→ö   괴비(고비), 욍기다(옮기다)

a→ε   대리비(다리미), 채리다(차리다)

이상의 5종류의 움라우트 형식 가운데서 a→ε와 ə→e가 가장 자
유로이 실현되는 것들이며, o→ö, u→ü, i→i 등이 차례로 순서를
잇는다. 이 순서는 중모음의 단모음화라고 하는 사적 현상과 깊은
관련을 맺고 있는 것인데, 운봉지역어에서의 이러한 사적 과정은 한
국어사의 이단적 사실이 아니기로, 이미 이 사실을 강조하였던 업적
들에 양도한다(이숭녕 1954, 김완진 1963, 졸고 1970b). 한 가지 덧붙
이고 싶은 가설적 사실은 통합적 음운현상은 음운체계의 추이에 대
하여 첨단적인 변화는 물론이고 또 극히 보수적인 일면도 보인다는
점이다. 움라우트 현상이 이중모음 체계의 변화를 반영함이 그 일례
이고 또 모음조화 현상이 모음체계의 추이에도 불구하고 보다 이전
의 것에 집착하는 일도 훌륭한 예라 할 수 있다(이기문 1969:141).

다음에 우리가 주목해야 할 일은 동일한 층위에 관련되는 음운론
적 제약의 해명이다. 그런데 이 음운론적 제약은 층위가 다른 형태론
적 제약 속에서도 포유되는 중요성을 가지고 있는 듯하다. 음운론적

제약에 있어서도 운봉지역어는 예외자가 아니다. 음운론적 제약을 공시적으로 관찰할 때에 나타나는 형태음소론적 제약을 제외한다면 (예. 어디, 여기, 거기 등), 공시적으로나 통시적으로나 coronal feature 에 의한 음운론적 제약이 무엇보다도 강력히 작용하는 듯하다. 이 계속적 자질에 의한 제약은 지금까지 흔히 'ㅅ, ㅈ, ㅊ' 및 'ㄴ, ㄹ' 등과 이들을 포함하는 준자유들이 동화주와 피동화주 사이에 개개히는 것 으로 대변되어 온 것이다.

거시(회충) 돌가지(도라지)

고치(누에고치) 할무니(할머니)

모자리(못자리) 연치(여치)

쇠뭉치(쇠뭉치) 주먼치(주머니)

골미(ㄱ무) 달비(다리)

볼피다(밟히다) 뚤피다(뚫리다)

이들 개재된 자음들의 공통자질로서 움라우트의 제약에 관여하는 것이 곧 계속적 자질이 되는 것이다. 이 자질을 동화주와 관련시켜 볼 때, 동질적인 것들의 연결을 싫어하는 조음적인 음운론적 제약의 인자가 되는 것이다. 이러한 자질상의 공통된 결합의 기피는 한국어 사에서 때로 발견될 수 있는 것이다.[5] 한편 상기한 개재자음 가운데 'ㄹ, ㄴ' 등에 대해서는 특별한 고려가 필요한데, 그것과 음성적으로

---

5 '몬져〉먼저(先), 봇〉벚(樺), 보션〉버선(襪)' 등에서와 같이 labial+round → labial+ nonround로 되는 비원순모음화가 있다. 즉, 이는 위순적 성분(W)의 탈락이 된다. 졸 고(1970b:149~167) 참조.

언급되어 온 구개음화된 변이음들과 그렇지 않은 것들과의 구별을 가정적으로 원용하는 일이다. 이때 구개음화된 변이음들은 잉여적 자질로서의 계속성을 포유함으로써 움라우트로부터 고립된다고 할 수 있다. 이러한 해석은 상위한 층위로부터 볼 때에는 형태음소적 차이를 설정하는 데로 발전된다고 여겨진다. 'ㄹ'이 개재자음으로 되는 예들을 드는 정도로 만족스러울 것이다.

(A) 움라우트가 실현되는 예

대리미(다리미)   에러부니(어려우니)

에레서(어려서)   매렵다(마렵다)

개린다(가린다)   채린다(차린다)

디린다(드린다)   끼린다(끓인다)

뉘리오(누리요)   뉘릿뉘릿(누릇누릇) 등

(B) 움라우트가 실현되지 않는 예

때와리(딸기)   포리(파리)

버버리(벙어리)   하리살이(하루살이)

소소리(회오리)   재털이(재털이)

하타리(울타리)   조리먹다(졸여먹다)

또바리(또아리)   눈쩌리(눈초리)

대수리(다슬기) 등

움라우트에 대한 음운론적인 의의는 이미 석명된 업적들에서의 그것과 별로 다를 바 없으므로, 여기에서 멈추려 한다. 다만 세대차에 따라 e와 ε, ü와 i, 또 ö와 e가 자유변이함으로써 a → ε(또는 E), u → ü(→ i), o→ö(→e)로도 나타난다는 사실을 덧붙여 두고자 한다.

4.

순서상 앞에서 기술되기를 원하는 형태론적 또는 통사론적 제약에 대하여 보고하려는 일이 본장의 임무이다. 이미 2에서 제시한 바와 같이 적어도 운봉지역어의 움라우트의 실현 범위는 두 juncture 사이의 최대공약수인 단어이다. 단어란 용어는 정교하게 정의되지 못한 채로 널리 사용되고 있는데[6] 한국어의 경우에는 교착성을 고려하여 grammatical morpheme을 포유시킴이 좋을 듯하다. lexical morpheme에 결합되는 grammatical morpheme들은 단어를 구성하는 계기적 요소들(les élémentcs successives)이 된다고 말힐 수 있다. 이 계기직 요소들 가운데서 움라우트와 관련될 수 있는 것들은 주격 marker -i, copula -i- 그리고 nominalizer '-기, -이' 등이다.

주격 marker -i와 copula -i-에 의한 움라우트의 실현은 다음의 주어진 예들이 말하여 주듯이 무척 자유로이 나타나고 있는 것이다.

(다음의 방언형 표기는 인쇄를 위하여 간편히 하였음)

(A) ① 갱이(江이), 배비(밥이), 재미(잠이), 통개미(通鑑이), 대키(닭이), 땡미(마댕이), 대대비(對答이), 부태기(부탁이), 모옝이(모양이), 동재기(動作이), 동해기(同學이), 정히랭이(鄭喜郎이), 쌔:미(싸움이)

---

6 '단어'에 관한 유용한 논의에 대하여는 Martinet(1966:39~53) 참조.

② 베비(法이), 떼기(떡이), 부세기(부석-아궁이-이), 문테기(문턱이),
   귓구메기(귓구먹이), 쳉이(大廳이), 주예기(周易이)

③ 쇠기(속이), 뫼기(목-길목-이), 쾽이(콩이), 되키(돌이), 뇌비(놉-일
   꾼-이), 할됭이(活動이), 괴툉이(交通이)

④ 수튕이(수통이)

⑤ 이림이(이름이), 거림이(거름이), 밑거림이(밑거름이), 어림이(어름이)

(B) ① 갱이라고(江), 또랭이라고(또랑), 뱅이라고(房), 시뱅이야(時方), 몰
    뱀이지(마름), 쟁이거든(市場), 쉴쳄이라(쉴참), 질쌤이지(길쌈), 옷갬
    이라고(옷감), 마댕이구요(마당), 흰챙잉기요(흰창-흰자위-입니까)

② 꼬리떼기라고(甲皮餠), 쳉이라고(大廳), 체:미네(처음), 주예기나(周
   易), 네미지(넘-남-)

③ 메벵이라(墓), 뇌비라도(놉), 유문됭이지(柳文童), 에미벵이라요
   (蜂), 초베미지(初春)

④ 수튕이라고(수통-水筒-)

이러한 lexical morpheme과 grammatical morpheme과의 사이에서의
움라우트의 실현은 '단어 안에서는' 가능하다는 evidence로 생각된다.
체언의 경우 lexical morpheme 또는 어간이라고 하는 문법의식이 운
봉인에게 강한 것만은 사실이나, grammatical morpheme의 의존성에
대한 의식도 상당하다는 사실을 위의 예들은 입증하여 주는 듯하다.
이의 실현은 현재로서 그 정확한 분포영역을 확인할 수는 없으나,
대부분의 동남방언 및 서남방언에서 나타나고 있다. 小倉進平의 경상
북도, 전라북도의 방언보고에서도 이 현상을 확인할 수 있으며,[7] 전
라남도의 방언보고에서 "'체언+이(주격)'나 용언의 활용에서 더욱 강

하게 나타나는 현상이다"를 발견할 수 있다(이돈주 1969:149).

움라우트의 실현 범위가 단어보다 더 큰 단위일 수 없음은 명백하다. 움라우트는 밀접히 연결된 통합적 현상이므로 휴지가 개입되는 단어와 단어 사이에서는 그 실현이 불가능하기 때문이다. spoonerism인 Máke tea~Táke me와 같은 오해 내지 의식적 표현을 제외한다면, 휴지의 전후에서 문법범주와 관련 없는 통합적 음운현상이 불가능함은 그 자체의 운명인 듯이 여겨진다.

위에서 주어진 예들이 보여주는 통사론적 제약 이외의 또 다른 의미가 있다. 그것은 이 체언 어간과 어미 사이에서도 음운론적 제약을 받아들이는 일과 피동화음의 대당적 단모음(ü, ö) 등이 이중모음으로부터 단모음화한 사적 과정을 어간내에서의 움라우트와 마찬가지로 암시하여 주고 있는 사실이다. 이 두 가지의 사실은 음운론적 제약과 통사론적 제약에 있어서 음운현상에 대해서만은 같은 층위의 의미가 더욱 크다는 점을 말하여 준다고 할 수 있다. 통사론적 사실은 음운현상에 대한 규제이다. 그리하여 김완진 교수가 형태론적 제약규정이 음운론적 제약규정보다 앞서 적용된다는 사실을 발견한 것은 핵심을 찔렀다 할 것이다.

nominalizer '-기/이'는 흔히 움라우트를 방어하는 인자가 된다. 이

---

7 "움라우트 ㅣ 음의 역행동화"라 했음에 대한 조사는 전라북도급충청북도 방언, 조선교육 6-6, pp.28~29, 1922. 경상북도 방언, 조선교육 7-6, p.20, 1923 등의 방언별 보고서에 나오며 이들이 小倉進平(1924)에 요약되었다(p.46 및 음운분포도 제15권 참조). 이의 보고에 의하면 '왕이-왱이, 사람이-사림이, 바람이-바림이, 반공일-반굉일, 몸이-묌이' 등으로 나타나는 지역은 대체로 전라남도, 충청남도, 경상남도의 거의 전역 및 경상북도의 남부에 동해안 지역 또 충청북도의 일부 지역(청주, 영동 등)으로 되어 있다. 분포지역은 경기도 남부 지역 등을 포함하여 더 넓으리라 여겨진다.

움라우트로부터의 제거는 통사론적 기능에 있는 것이다. '-기'는 단순히 용언어간에만 후접되어(형태론적 구성을 이루어) 기능하는 것이 아니라, 그 용언을 포함하는 통사론적 구성 전체에 대하여 nominalization의 의미를 가진다고 할 수 있다. 따라서 이 경우 현재의 움라우트의 실현 범위 즉 단어 내부에서 가능하다는 문법적 제약에서 보아 움라우트로부터 소외될 수밖에 없을 것이다. 다음의 예들을 보자.

> 베기 싫다~뵈기 싫다(보-), 베기 좋다~뵈기 좋다(보-), 딛디 좋:다(듣-), 딛기 싫다(듣-), 개기 싫다(가-), 개기 좋:다(가-)

이러한 예들은 통사론적 구성이라기보다는 형태론적 구성으로 굳이 인식되어 아무런 문법적 제약을 받지 않는다. 형태론적 구성으로 화석화함으로써 한 단어로 기능하여 움라우트가 가능하여진 예들로서는 '압세기(앞세기, 岁), 본베기(본보기)' 등이 있는데, 보다 더 대표적인 예로서는 용언 및 부사의 파생접미사에 의한 것을 들 수 있다.

(1) 메기다(먹이다), 벳기다(벗기다), 꾕기다(곪기다), 욍기다(옮기다), 쥐기다(죽이다), 제피다(접히다), 윗기다(웃기다), 깨끼다(깎이다)

(2) 쇠키(속히), 이생이(이상히), 참채미(참참이), 똑떼기(똑똑이)

움라우트가 lexical morpheme 내부에서 가장 강하게 실현된다는 사실은 이전의 연구들에서 너무 너무 강조된 바다. 한자어의 경우에는 단일형태소처럼 인식될 정도로 통속화(화석화)되면 마찬가지로 움라우트가 실현된다.

햄영(咸陽), 댐영(潭陽), 세면(西面), 냄면(南面), 됭면(東面), 핵교(學校), 샘
일(三日), 옌기(煙氣), 옌필(鉛筆), 셍묘(省墓), 귀기림(國有林), 툉일(統一),
쇵편(松餠), 칭일(終日), 세규(石油)

한자어에 있어서의 이러한 움라우트 현상은 순수한 한국어의 경우
와 평행되는 것으로서('왱기〈왕거, 딩기〈듕거' 등), 비록 한자어의 하
나하나의 구성요소들을 인식하는 일이 있더라도, 그 형태론적 구성
에 대한 인식이 강하지 못할 때에는 움라우트가 가능하여지는 것이다.

본장에서는 native speaker들의 언어의식을 중요시하면서 움라우트
의 실현에 대한 문법적인 규제를 살펴보았다. 요컨대 음운현상에 대
한 문법적 규제를 확인할 수가 있었다. 문법적인 사실이 음운현상에
주어지는 의미는 음운론적 제약과는 좀 다른 '규제'라고 생각하고 싶
다. 이 규제는 어떤 실현범위를 정하여 주는 정도로서 음운론적 제약
과는 본질적으로 층위적 차이를 가진다고 여겨진다. 따라서 김완진
교수가 밝힌 바와 같이, 제약규정의 적용에 있어서 음운론적 층위에
서의 그것보다 통사론적(다음에는 형태론적) 층위에서의 그것이 앞
서는 순위를 차지하는 것이다.

5.

지금까지 우리는 움라우트라고 하는 음운현상에 대하여 우선 운봉
지역어의 모음체계와 상관관계를 살피고 이어서 음운론적 제약과 형
태론적 통사론적 제약의 각각의 의미를 파악하였다. 이리하여 움라
우트의 공시적인 윤곽이 어느 정도로는 드러나게 되었다. 즉 전부모

음화인 움라우트라고 하는 통합적 음운현상을 통하여 그 모음구조가 전부·후부로 또 그 각각은 원순과 비원순의 두 계열로 양분됨을 확인할 수 있었으며 음운론적 제약으로서는 조음적 이유로 관련되는 계속적 자질(실은 +coronal로 됨)을 추출할 수 있었다. 또한 문법적 제약으로서는 두 juncture 사이의 최대공약수인 단어를 실현 범위로 하여 형태론적 구성이 아닌 통사론적 구성의 비(非)움라우트의 경우를 말할 수 있었다. 본디 통사론적 구성이었던 것 가운데서 형태론적 구성으로 화석화되는 경우에는 움라우트가 가능하여짐을 볼 수 있었다. 둘 이상의 형태소로 구성된 형태론적 구성은 그것이 하나의 형태소로 인식될 때 움라우트가 가능하여진다. 그리하여 단일형태소 내부에서 움라우트가 가장 자유로운 경지를 이룬다는 사실에 이르게 된다. 그러나 이 모든 음운론적 층위 이외의 층위로부터의 제약이란 그 실현범위에 대한 규제를 뜻하는 것으로밖에 여겨지지 않는다. 그러므로 nominalizer '-기' 등의 문법적 층위로부터의 제약은 동일한 음운론적 층위로부터 제약과는 본질적인 차이를 갖는다. 음운론적 제약은 문법적 제약의 가능한 실현범위 내에서도 항상 작용하고 있는데, 이는 너무나도 당연한 일이기도 하다.

여기서 끝으로 움라우트의 통시성에 대하여 우리의 초점을 돌려 놓자. 이전의 졸고에서 보았듯이(졸고 1970b), '식기, 듸리, 둑게비, 익기는, 췌겨, 늬리고, 두듸려, 기듸리노라, ……'와 같은 단일형태소 내부에서의 움라우트와 '지핑이, 메긴, 맥히다, ……' 등의 파생어간 내부에서의 그것이 19C에는 거의 전부였다. 즉, 현대 한국어 이전의 시대에는 어간 내에서의 움라우트이었다. 그런데 운봉지역어를 중심한 대부분의 남부 방언에서는 본고에서 밝힌 바와 같이 '어간내에서'라는

규제를 벗어나, lexical morpheme인 체언어간과 grammatical morpheme
인 어미 사이에서도 i역행동화가 가능해진 것이다. 여기서 공시적으
로는 제약규정의 적용에 있어서 높은 층위로부터 낮은 층위로 순서
를 잡을 수 있을지라도, 통시적인 면에서는 제약의 해방이 높은 층위
에로 점진적으로 확대되어 간다는 사실을 인정하지 않을 수 없게 된
다. 움라우트와 같은 특수한 통합현상은 단일형태소 → 형대론적 구
성 → 통사론적 구성 등의 단일형태소로의 기능적 화석화는 곧 층위
적 제약으로부터의 해방이란 가설적 해석을 낳게 한다. 이 사실은
움라우트의 실현에 대한 방언적 비교로부터 다시 확인된다. 어간내
에서만 가능한 중앙어, 부분적으로 lexical morpheme과 grammatical
morpheme 사이에서조차 가능한 경기도 남부 이하의 중부 방언 및
본고에서 보인 바와 같은 남부 방언의 대부분의 지역어, 이들의 방언
차가 곧 움라우트의 층위적 제약으로부터의 해방이란 역사를 뜻하게
된다.

[《김형규박사 송수기념논총》, 일조각, 1971]

붙임: 운봉은 전북 남원에 속하면서도 남부지역에 대한 방언조사 경험이 충분치 못
한 60년대 말에 선정해 조사했는데 동남방언과 서남방언의 특징을 아울러 관찰할
수 있지 않을까 해서 조사지역으로 선정해 보았다. 특히 딴 방언들에서보다 음운 작
용이 활발한 남부방언의 가운데 지역에서 움라우트 현상을 모음체계와 연결시켜 해
석을 시도해 보고 싶었다. 19세기 한국어에서 본 움라우트와의 통시론적 관련도 궁
금했었다.

참고문헌

김완진(1971), 《국어음운체계의 연구》, 일조각.

이기문(1969), 중세국어 음운론의 제문제, 《진단학보》 32.

이돈주(1969), 전남방언에 대한 고찰, 《어문학논집》(전남대) 5.

이병근(1970a), 19세기 후기 국어의 모음체계, 《학술원논문집》 9.

이병근(1970b), 경기지역어의 모음체계와 비원순모음화, 《동아문화》(서울대) 9.

이숭녕(1954), 《국어 음운론 연구 제1집 ' 、' 음고》(조선문화총서 7), 을유문화사.

小倉進平(1924), 《南部朝鮮の方言》, 朝鮮史學會.

Kim, C.-W.(1968), The Vowel System of Korean, *Language* 44-3.

Martin, S. E.(1951), Korean Phonemics, *Language* 27-4.

Martinet, A.(1966), Le mot, *Problémes du langage*.

중부방언의 어간형태소 소고

구어상의 규칙성을 위하여

1.1. 한 언어의 표준어는 제1차적인 구술형식과 제2차적인 서기형식—symbols of symbols—을 포함한다. 이들 양자 간의 상위성이 체계 간의 공통성으로 인하여 항상 분명한 것은 아니지만 현대국어의 연구에서 구분될 필요가 있다. 언어학에서 언어사회란 개념이 불가피한 동시에 유용하다. 그리하여 언어사회의 동질성은 어떤 언어연구의 단계에서는 유용한 실용적 가정이 된다. 언어행동의 주된 목적이 통신이며, 따라서 언어는 통신의 도구이기 때문이다. 상기한 동질성의 가정은 상호이해가능성의 기준에 의거한다. 그러나 실제 언어사회는 자연환경, 사회 및 문화 환경 또는 시간적 환경에 따라 많은 언어변종을 포함한다. A. Martinet는 다음 4개 항목의 언어변종적 사실을 강조하고 있다(Martinet 1962:107~108).

1. No community is linguistically homogeneous.
2. Many people belong to two, or more than two communities.
3. Many people use concurrently different styles of the same language.

4. Many people who do not use more than one style or one language understand different styles or different languages.

이들 언어변종의 사실은 정확하게 동일한 언어를 말하는 두 화자가 존재할 수 없다는 공리에서 출발한다고 할 수 있다.

1.2. 언어변종에 의하여 언어사회에서의 주요한 유형이 분류 가능하지만(Bloomfield 1962:52)[1] 표준어에 대하여 구술형식과 서기형식의 분류가 일차적이다. 전자는 흔히 구어문법을 형성하게 되며 표준어를 형성하는 실체적인 지방표준어를 포함함이 일반적이다. 동일어의 두 체계—구술형식과 서기형식—의 비교에서 철자체와 문어체를, 또한 구술형과 구두형의 변개를 결합하면, 양체계의 대조를 보다 엄밀하게 할 수 있고 또한 그 결과 편리하게 될 것이다. 그리하여 다음과 같은 written and spoken English의 관계를 고려할 필요가 있다 (Gleason 1965:371).

literary keys	spoken keys
formal	deliberative
semiformal	consultative
informal	casual

(oratorical)
(intimate)

인간언어행동의 written, literary forms에의 집중은 청년문법학파의

---

1 ① literary standard, ② colloquial standard, ③ provincial standard, ④ sub-standard, ⑤ local dialect

중심문제이었고 국어학에서도 "philologists"가 아직 많은 부분을 차지한다. 필자는 이들에 대조적 체계인 spoken keys를 문제로 삼는다.

1.3. 본고에서는 표준어의 중심적 실체어가 되는 중부방언─대부분 표준어의 구술형식과 관련되는─의 어간형태소에 있어서 표준어와 대조를 이루는 한 특징을 기술코자 한다. 즉 학교문법에서 이른바 '르변칙'(예. 흐르다, 流)이 중심이 된다. 필자의 작업에서 generation이 고려되어 자료제공자는[2] 30세~60세가 대부분이었고 그 이외는 보조적이었다. 자료제공자의 언술은 거의 frequency norm이었으므로 clarity norm은 참고로 취하겠다.

1.4. 한 언어의 기술형식으로 Hockett는 item and process와 item and arrangement를 들었다. 즉 전자는 어떤 기체형(*/말르-/ : 裁)에 process가 부가하여 새로운 어형(/마릉개질/ : 재단하는 일)으로 "된다"(변화한다 혹은 대치한다)고 기술하는 허구적 방식이다. 후자는 /마릉개질/이란 /말르-/와 /ㅇ-개-질/의 형태론적 구성으로 양형태가 이러한 순

---

2 주요한 자료제공자는 다음과 같다.

　　　　　이행순: 경기 용인군 구성면(84세)
　　※ 이무순: 경기 용인군 구성면(59세)
　　　　　예연호: 경기 화성군 송산면(60세)
　　※ 김주순: 경기 화성군 송산면(56세)
　　　　　홍사철: 경기 화성군 송산면(74세)
　　　　　이창기: 경기 화성군 남양면(62세)
　　　　　서장영: 충남 당진군 우강면(55세)
　　※ 김수명 : 충남 당진군 순성면(59세)
　　※ 김준식 : 충북 영동군 황간면(28세)
　　기타 조사지역 광주·파주·양주·이천·부평·서울 등. (이 지역의 제공자는 대체로 40대이었다.)
　　본고는 강원도를 제외한 임진강과 추풍령 간의 지역을 대상으로 한다.

서로 결합하여 "-하는 일"을 의미한다고 기술하는 방식이다. 이들 양 방법은 유용하지만 본고에서는 형태음소론적 변화와 기본형이 관계되므로 소위 adjustment model(Gleason 1961:215~216, Hockett 1958: 386~399)이 더 중요시된다. 귀납적으로 이형태로부터 설정된 기본형은 다시 연역적으로 환경과 process에 의하여 기술 가능한 공시적 변화로 설명되기 때문이다. 그런데 Adjustment Model에서의 process는 기술상 기본적인 것이 아니며 어떤 환경 내에 존재한다.

2.1. 언어의 불규칙성에는 형태론적 불규칙성과 통사론적 불규칙성이 있다(Robins 1965:268~269). 본고에서는 역시 전통문법에서 집중되었던 전자에 속하게 되는데 초분절적 형태소가 제거된 abstraction에서의 음소론적 교체가 중심을 이룬다. 불규칙형은 대체로 비자동적, 형태적으로 조건된 교체형이다. 이들은 문법적 교체로서 특수한 범주를 형성한다. 규칙성은 정도의 문제이기는 하나 흔히 수적 우열을 중시한다(Bloomfield 1926:48, Swadesh and Voeglin 1958:88).[3]

2.2. 어간말음절 /-르-/는 흔히 변칙의 명칭하에 논의되어 온바, '으변칙'(고르다, 均), '르변칙'(혹은 르변칙용언 둘째)(가르다, 分割)과 '러변칙'(르변칙용언 첫째)(이르다, 至)이 그것인데 이들은 서기형식(교양있는 개인어도 포함)에 의한 기술이었다. 또한 이 '-르-'에 대한 음소변동도 언급되지 않고 있다. 형태음소적 변동이 먼저 기술되어야 하겠고 다음에 형태론적 고찰이 따라야겠다.

어간말음절 /-르-/는 어미 /-구/(-고) 앞에서 /-루-/로 음소적 변동을

---

3 highly productive treatments(regular principles) : less productive treatments(irregularities)

일으키고 어간전말음절의 핵음(peak nucleus)이 /ㅜ/인 경우에도 /-루-/로 비인접동화를 일으킴이 보통이다. 음절핵음으로 /ㅜ/를 가지지 않는 여타의 어미(-지, -니, -믄,⁴ -겠- 등)의 앞에서와 어간전말음절의 뒤에서는 기본적인 /-르-/를 갖는데 /-루-/로도 가끔 실현한다. 이들 사실은 어느 정도로 음소적으로 규정된 이형태를 구성한다고 보아도 좋을 것이다. 예를 들면 /흘르다/(流)의 어간 /흘르-/는 어미 /-구/와 결합할 수 없으며 이형태 /흘루-/와 결합한다. 또한 /서:툴루다/(未熟)의 어간 /서:툴루-/는 반대로 어미의 첫 음절이 /ㅣ/를 포함할 때 /서:툴르-/의 이형태를 자유로이 얻으며, 그것이 /ㅡ/일 때는 /루/를 얻는다. 이들 교체형들은 어미 /-구/ 등에 의한 형태론적으로 규정되는 것들이 아니고 전설·중설모음과 후설모음의 동화에 의한 음소적인 현상이다: 예. /골룬다구, 골루쥬, 골루구, 골르지, 골루믄, 골른대/. 어미의 첫음질 핵음과 신어밀집미사의 그것이 중실모음인 경우 자유변이를 일으킨다.(cf. /골루거쓔/, /골르게때유/ 등)

그리하여 특히 화성·용인·광주 지역을 중심한 경기지역어에서의 /-르-/(-루-)/를 전후한 배열관계는 대체로 다음의 도표와 같다.

환경	배열	환경	배열	환경	배열
F_F	-르-	C_F	-르-	B_F	-르-, -루-
F_C	-르-	C_C	-르-, -루-	B_C	-루-
F_B	-르-, -루-	C_B	-루-	B_B	-루-

(F: 전설모음, C: 중설모음, B: 후설모음)

3.1. 어간형태소에서 말음절 /-르-/(/-루-/)를 가지는 형태소들의 목

---

4 cf. '-면'(/-믄, -먼/), '-겠-'(/-겠-, -겠-/)

록은 다음과 같다:

i) 갈르-(分割), 걸르-(濾·隔), 거슬르-(逆), 길:르-(怠), 길르-(養), 골르-(擇), 굴르-(轉), 글르-(非), 기둘르-(待), 끌르-(解), 클르-(解), 날르-(運), 눌르-(壓), 달르-(異), 둘르-(帶), 들르-(訪), 말르-(裁·乾), 몰르-(不知), 물르-(柔軟·退·熟), 발르-(塗), 벨:르-(配布·意圖), 불르-(呼·飽), 빨르-(速), 살르-(燒), 얼:르-(弄見·倂合), 올르-(登), 을르-(喝), 일르-(早·謂), 잘르-(切), 짤르-(絶), 질르-(衡·叫·燒), 찔르-(刺), 졸르-(絞結·催促), 주물르-(按摩), 흘르-(流) 등

ii) 가파르-(峻), 강파르-(峻), 고르-(均), 치르-(經·劃給), 따르-(隨)

iii) 누르-(黃), 푸르-(靑), 이르-(至)

iv) 굴-~굴르-(轉), 까불-~까불르-(箕), 날-~날르-(飛), 물-~물르-(退), 머물-~머물르-(留), 서둘-~서둘르-(躁急), 서:툴-~서:툴르-(未熟), 풀-~풀르-(解), 헝클-~헝클르-(混縈), 부풀-~부풀르-(膨) 등

v) 일컫-~일커르-(曰), 다닫-~다다르-(臨)

vi) 넓-~너르-(廣), 짧-~짜르-(短), 땛-~따르-(注)[5]

이들 자료는 상기한 바와 같이 30~60세의 제공자의 언어이었다. 홍사철(경기 화성 송산 먹골, 74세) 씨와 이창기(경기 화성 남양, 62세) 씨 및 충남 유아들의 개인어로는 다음과 같은 것이 있다:

---

[5] 언제나 /딸-/로 실현된다: /딸-어, 딸-쿠/. 유기음을 한 단위음소로 보는 경우, 공시적 전위에 의한 불연속형을 얻지 못한다(졸고 1967).

/다루게/(異), /모르거쓔:/(不知), /물가쌔으:[6]/(不知), /물류/(不知) 등

ⅰ) 예들은 모음 앞에서 어간말음소 /ㅡ/를 규칙적으로 잃는다: 물류/몰러유(不知), 달러유(異) 등. 어간말음절의 핵모음 /ㅡ/의 규칙적 탈락에 따라 기본교체형은 /갈르-/와 /갌-/(分割)의 양이형태 중 어느 것도 선택될 수 있다. 필자는 minus feature를 갖는 전자를 기본 교체형으로 취하겠다. 따라서 중부방언의 화자에게는 르변칙용언이란 존재치 않으며 /쓰다/(書·用), /크다/(大) 등의 예와 같은 규칙적 어형변화표에 포함된다. '으변칙'은 중부방언에서 인정할 수 없다. [으+어]의 음소배열은 존재치 않으며[7] */긋:-/(劃)+/어/는 /거:/(kɔ:~kə:)〜/그:/로 음소변동을 한다.

그런데 여러 이형태 가운데는 역사적인 잔존형이 존재한다. 현대 이는 진 시대어와의 자승관계와 생친관계를 가지어서 사직(혹은 비교) 언어학에서 기술적 자료를 체계적으로 비교·대조하지만, 기술 언어학 내지 공시론은 사적 지식이 없이 우선 철저한 기술을 요한다.

/갈르-/에 대한 /가르-/가 중부방언에서도 실현된다. 그러나 전 시대어와의 이질적 구조를 가진 현대방언에 잔존하는 회구적 연성형(reminiscient sandhiforms)으로 기술되어야 할 것이다. 다음과 같은 회구적 어형이 있다:

---

6 경기지방어의 /ㅜ/는 /j-/의 환경에서 /ㅡ/와 중화를 일으킨다.

7 '긋:-(劃)'은 /ㄱ:-라, ㄱ:-믄, 귿:-찌, 극:-꾸, 근:-니, 귿:-쮸/ 등으로 실현되어 이론적 기본교체형 '/긋:-/을 설정한다.

basic forms	reminiscient sandhiforms
말르다(裁斷)	마릉개질(재단하는 일)
갈르다(分割)	가르마~가리마(頭上分線)
둘르다(帶)	두루매기~후루매기(周衣)
얼:르다(弄見)	어:른(成人) 등

　즉 상기한 어형변화표는 '말르-∞마르-, 갈르-∞가르-, 둘르-∞두루-, 얼:르-∞어:르-'와 같은 변형의 이형태를 가지는 회구적 형태들이다. 이러한 불규칙적 분포를 가지는 완전한 어형변화표를 작성할 필요가 있지만, 그것이 /말르-, 갈르-, 둘르-, 얼:르-/를 어간형태소의 기본형으로 설정함에 별로 영향을 주지 못한다. /가르-/로 /갈르-/를 설명하려면 복잡한 조업이 필요하다. 또한 /딴/ "other"과 공통의 의미로 /다른/을 사용하여 /달른/ "different"과 구별하고 있다. 그래서 /다른/과 /달른/은 상이한 형태소로 분류된다. 양자가 상보적 분포를 가지고 parallel formations에서 실현될지라도 동일한 의미를 가지지 못하기 때문이다. 여기에서 함께 언급해야 할 것은 서술형어미 /-다/와 결합하는 형태를 동음이의적 부정형(否定形)으로 결정할 때의 문제다. 전술한 바와 같이 어간전말음절의 핵모음이 후모음(/ㅜ, ㅗ/)일 때 서술형어미와 결합하여 /-르- → -루-/로 형태음소적 변화를 일으킨다. /-다/의 직접적 연결은 형용사부류의 어간형태소에서 가능하며, 동사부류는 선어말어미 /-ㄴ-/의 개입 없이 어간에 /-다/(서술형이기보다는 간접적 표현)의 연결을 불허한다. 중설모음 /ㅏ/로 인하여 frequency norm에서 /-루-/와 /-르-/의 자유변이를 일으킨다. 다만 /ㄱ/를 포함하는 접사(/-게, -겠-, -구/) 앞에서는 frequency norm에서 /-루-/를, 공손

하게 서서히 하는 언술 내에서 /-르-/를 갖는다. 그리하여 frequency norm에 중점을 둔 본고에서는 잠정적인 다음과 같은 /-루-/계열의 어형변화표를 작성하고 검토한다:

굴루다(轉), 기둘루다(待), 까불루다(箕), 눌루다(壓), 둘루다(帶), 물루다(柔軟・退), 머물루다(留), 부풀루다(膨), 불루다(呼・飽), 서둘루다(躁急), 서:툴루다(未熟), 주물루디(按摩), 풀루디(解), 푸루다(靑)

위의 예 중에서 /푸루다/(靑)를 제외한 모든 형태들은 모음 앞에서 어간말음 /ㅜ/가 규칙적으로 탈락하여 혹 우변칙이라고 하는 /푸다/(把)와 같은 하위부류에 속한다. 그러나 /푸다/는 변칙활용이라 볼 수 없으며 */프-/를 기본교체형으로 설정하여 /ㅍ/에 의한 자동적 동화(/ㅡ/→/ㅜ/)—원순화현상—으로 총합형에서 파악될 수 있나. 그리하여 (i)의 예들의 기본교체형 /갈르-/, /걸르-/ 등과 같이 말음절 /-르-/를 취한다: 예. {굴르-}(轉), {기둘르-}(待) 등. 회구적 연성형을 제외하면 이형태들을 음소적으로 한정시켜 설명할 수 있다. 즉 minus feature로서 기술된다.

3.2. ii)의 예들은 모음 앞에서 어간말음 /ㅡ/의 규칙적 탈락으로 (i)의 예와 동일한 하위부류를 이룬다. 《우리말본》에서 /가파르-/(峻)를 르변칙용언류로 다루었는데(최현배 1946:706) 중부방언뿐만 아니라 표준국어에서도 /가파르다, 가파루구, 가파러서, 가파른지/ 등으로 활용하여 소위 르변칙이란 부류가 아니고, 어간말음을 모음과의 결합에서 예외 없이 탈락시키는 규칙적 교체에 속한다.

3.3. /누르-/(黃), /이르-/(至), /푸르-/(靑) 등은 흔히 러변칙용언(르

변칙용언 첫째)으로 표준서기형식에서 기술되고 있으나, oratorical keys를 제외한 구술형식과 중부방언에서는 존재치 않는다. 모음 앞에서 의미상 유사한 어휘들로 대표하여 사용한다:

누르-: *누렇-
이르-: 가-(往), 도차카-(到着), 도다라-(到達), 닫-(到)
푸르-: *퍼렇-

즉 '푸르러'를 사용할 위치에서 '퍼러'를, '이르러따'를 사용한 자리에서 '가따, 도차캐따' 등을 사용하고 있다. 그러므로 이들은 중부방언 및 표준구술형식의 불규칙적 어형변화표를 형성치 못한다. 다만 /누르-/, /푸르-/의 예에서 형태소 배열상의 한정을 가지므로 부분적으로 불구형(defective forms)을 이루어 즉 이들 소수의 용언류는 어형변화표상의 불규칙성(paradigmatic irregularities)을 형성한다.

3.4. iv)의 예는 /-ㄹ-/계열과 /-르르-/계열이 변형으로 공존하는 특이한 형태부류다. 전자는 흔히 frequency norm에서, 후자는 clarity norm에서 발견된다. /-ㄹ-/계열은 '살다(生), 빨다(吸·洗), 줄다(減)' 등과 같은 부류로서 음소론적인 환경에 의하여 이형태들을 얻어 규칙활용을 하며, /-르르-/는 /갈르-/, /몰르-/ 등의 i)의 부류에 속하여 역시 규칙적이다. 이들 양계열의 이형태의 선택은 개인어에 의존하는데, 기술의 편의와 빈도수를 고려하여 기본적 어간교체형을 '까불르-, 날르-, 머물르-, 서둘르-' 등의 형태들로 취하며, 전자(까불-, 날-, 머물-, 서둘- 등)는 기본형의 말음절 /-르-/의 단축형으로 기술한다. 다음과 같은 변형도 여기서 고려할 필요가 있다: 알으니:아니(知), 빨

으니까:빠니까(洗), ……. 전자의 활용형이 많은 화자에게서 발견되면, /아르-, 빠르-, ……/를 어간형태소로 설정할 수 있으나, 중부방언의 화자에게는 극소수이었다.

3.5. '일컫-~일커르-(日), 다닫-~다다르-(臨)'는 '이르-, 푸르-'보다 더욱 구술형식에서 자료로서 제공받기 힘든 서기형식적 예들이며 교양 있는 화자에 의하여 간혹 주어진다(cf. 다다른다구#처지↓). 이 예들은 '일컫-'과 '다닫-'을 기본적 이간교체형으로 설정하는데, 후자 계열을 취하는 경우에는 /일커르-/의 /르-/가 /ㄷ-/에 대치됨을 현재로서는 설명하기 곤란하게 된다. 물론 이들 예들도 자유변이형이기는 하지만 '일컫-, 다닫-'을 기본형으로 취하여 기왕의 ㄷ변칙용언의 형태부류에 포함시킴이 좋겠다.

3.6. vi)의 양계열은 어감적 가치(connotative value)상의 차이를 가지고 있으며, /ㄹ_V/에서 /ㅂ/이 탈락하는 형태들은 체언이나 용언을 막론하고 희소하다. "땋-~따르-'는 /V_V/, /VC_V/에서 /ㅎ/이 실현되지 않으므로 "땋-' 등을 기본형으로 취함은 v)의 예들과 동일하다. '넓-~너르-(廣), 짧-~짜르-(短)' 등은 중부방언(특히 경기지방어)에 존재하는 일반적인 형태론적 구조형을 고려하여 기본교체형을 결정하지 않으면 안 된다. 음소론에 있어서도 구조적 압력이 작용하듯 형태론에서도 동일하며 어떤 언어의 연구도 그 일반적 구조형을 미리 숙지함이 필요하다. 그런데 중부방언에서는 체언과 용언에 있어서 규칙적인 상위성을 나타낸다. 즉 중부방언의 체언의 어간형태소는 말자음연결(final consonant clusters)을 가지지 않는 반면에(서울방언의 {없-](怯)은 제외), 용언의 어간형태소는 말자음연결을 가진다:

$\begin{cases} \text{값-(價): 갑-이, 갑-뚜, 감-만, 갑-올리다, ……} \\ \text{없-(無): 읍:-따, 읍:-꾸, 음:-는, 읍:-써, ……} \end{cases}$

$\begin{cases} \text{닭-(鷄): 닥-이, 닥-께기, 당-만, 닥-뚜, ……} \\ \text{밝-(明): 밝-어유, 박-꾸나, 방-는대, 박-찌, ……} \end{cases}$

$\begin{cases} \text{여덟-(八): 여덜-이라, 여덜-애다가, 여덜-만, 에레덜-이라(18), ……} \\ \text{밟-(踏): 밟-어유, 박-꾸서, 밤-는, 발-찌, ……} \end{cases}$

　체언에만 나타나는 '넋(魄), 몫(取分), 삯(賃), 쌊(芽); 곬(向方), 돐(菁)' 등도 동일하게 중부방언의 모음 앞에서 자음군으로 실현되지 않는다. 또한 용언에만 존재하는 '-ㄴㅈ-, -ㄴㅎ-, -ㄹㅌ-, -ㄹㅂ-, (-ㄹㅁ-)' 도 '-ㅂㅆ-, -ㄹㄱ-, -ㄹㅂ-'과 같이 /__V/에서 모두 실현된다. 물론 국어의 모든 용언은 자립형식이 아니기로 /__#/는 고려할 필요가 없다.

　이상과 같은 형태상의 일반적인 구조형에 의하여 용언인 '넓-~너르-(廣), 짧-~짜르-(短)' 등은 '넓-, 짧-' 등을 어간형태소의 기본교체형으로 취하게 됨을 강요받는다. 그러나 이 현상은 서울을 중심한 지역어에서는 상보적 분포에 공존하지 못하여 각각 상이한 형태소를 형성하여 유의어가 된다. 화자에 따라 어느 한 쪽을 선택하기도 한다. 대체로 '짧-'는 양주·파주·부평·수원·화성·용인 등의 지방어에서, '짜르-'는 예산·당진·홍성 등의 자료제공자에게서 얻었다. 이러한 한 방언 내에서의 지역적 상위에 의한 것은 보다 세밀한 조사와 기술을 요할 뿐이다.

4.1. 다음에는 음소 /-ㄹ-/에 대한 몇 개의 실례를 들어 상기한 형태론적 설명을 보충코자 한다. /ㄹ/의 분포는 특징적이다.

ⅰ) 버리(麥), 그륵(皿), -더러, -버러(여격의 후치사)

ⅱ) 가루→갈루(粉), 가랭이→갈랭이, 자루→잘루(袋), 마루→말루, 마루(廳)+애(처소격조사)→말래, 마루(山峯)→말랭이(충남 및 충북 일부), 들(野)+일(事)→들릴

ⅲ) 이리+루→일루(이리로), 저리+루→절루(저리로), 아래+루→알루(아래로), 거기+루→거길루(글루)(거기로), 여기+루→열루(여기로), 위+루→울루(위로), 뭐+루→뭘루(무엇으로), 저+루(+해서)→절루해서(저로 하여금)

ⅳ) -ㄹ래: 갈래(去), 헐래나(爲), 줄래나(與), 무를래(問)
　　-ㄹ라구: 갈라구, 헐라구, 줄라구
　　-ㄹ라: 빠질라(沈), 챌라(濡), 들킬라(發覺)
　　-ㄹ래믄[8]: 갈래믄, 할래믄, 줄래믄 등 (-(으)러 : 낭구 허러, 주:러 등)

중부방언의 이상과 같은 특징은(지리적 상위성은 있을지라도) 체계적인 암시는 아니나 /흐르-/(流)와 /흘르-/의 대조를 보충하여 준다. 표준어의 '모자라다(不足)'에 대한 /모잘르다/, '끄시리다(焦)'에 대한 /끄실르다/ 등은 더욱 근사한 예라 하겠다.

5.1. 이상으로 중부방언의 형태론적인 한 특징을 어간형태소의 말

---

8 충청지방어는 /-ㄹ라먼/을 갖고 있다.

음절 /-르-/를 중심으로 관찰하여 그 규칙성을 분류 기술하였다. 표준
어의 서기형식과 상위한 문법적 특징을 찾았다:

> i) 어간말음절 '-르-'는 전후음절의 핵모음이 후설모음(/ㅜ, ㅗ/)인 환경에
> 서 /-루-/로, 전설모음인 환경에서는 /-르-/로 음소변동을 하며, 중설모
> 음이 전후 핵모음으로 결합되는 경우 자유변이를 한다(cf. §2.2. 도표)
>
> ii) '가르다(分), 거르다(濾), 나르다(運), 다르다(異)' 등은 /갈르다/, /걸르
> 다/, /날르다/, /달르다/ 등으로 실현되어 중부방언에서는 규칙활용형
> 으로 기술된다.
>
> iii) /ㅡ/와 /ㅓ/의 연결이 불가능하여 |둘르-|(帶)에서 /-으-/의 모음 앞에서
> 의 규칙적인 minus feature는 '으변칙'을 인정치 않게 한다.
>
> iv) '러변칙활용'도 발견하지 못하였다.

이상으로써 중부방언에 나타난 형태론적인 한 특징—서기형식과
대조를 이루는 구술형식의 특징이기도 하다—을 기술하였다. 자연
적 · 문화사회적 · 유기체적 환경에 따른 복잡한 언어변종은 일률적
인 기술을 곤란케 한다. 한 방언 내의 지역어들 사이에서도 대조적
현상이 발견된다. 그러나 보다 시급한 구어의 연구와 문학어의 정착
의 필요성은 방언의 철저한 기술을 우선 요구하고 있다.

[끝으로 필자의 조사에 적극 협조하여 주신 예연호 씨와 이행순 씨,
충청지역어에 조언을 준 정광 님에게 다사한다. 녹음 세트의 편리를
제공한 한상복 형께 감사한다.]

[참고]

여러 가지루 불리지만 마려: 당진서 시거리라구 하는 디:가 이써. 시거리장터라
구, 시걸장터라구 인는디, 그저내는 강이 이써는디 시방두 강은 인써 …… 거기
다리 놔써. 성무느루 드러가는데 채우니라는 여자가 이써써. 예저네 추니라는
여자가 참 그저느루 말하자문 도는 좀 뭐 이는디 아드리 옵:꾸, 혼자 사:게 데:따:
그마려 ……

(당진군 순성면 김수명(56세) 씨의 「채운리」 지명설화 중에서 : 음소적전사)

[《문리대학보》 13, 서울대, 1967]

붙임: 이 글은 학부시절에 시도해 본 소논문의 내용을 손질해 청탁에 응한 것이다.
그 주제는 한글맞춤법 통일안 제정시에 이희승 위원이 주장한 -ㄹㄹ- 받침과도 연결
된다. 서울을 비롯한 중부방언에서 딴 방언들보다 활발히 실현되는 현상 즉 '다르-)
달르-'와 같은 현상을 자료의 출발로 삼아 확대시켜 보았다. 이 자료는 서울을 중심
으로 보면 서기형식에서 구어형식으로의 변화로 보인다. 여기서 보이는 새로운 규
칙활용을 하는 형태론적 형식의 규칙화를 보인다고 할 수 있다. 다시 이 글은 후에
유음화를 다룸에 기초가 되어 점차 발전시켜 보려 하였다.

참고문헌

이병근(1967), 국어의 도치현상 소고, 《학술원논문집》 6.

최현배(1946), 《우리말본》, 정음사.

Bloomfield, L.(1926), A Set of Postulates for the Science of Language, *Language* 2.

Bloomfield, L.(1962), *Language*, Holt.

Gleason, H. A. Jr(1961), *An Introduction to Descriptive Linguistics*(Revised ed), New
York: Holt, Rinehart and Winston.

Gleason, H. A. Jr(1965), *Linguistics and English Grammar*, New York: Holt, Rinehart and Winston.

Hockett, C. F.(1958), Two Models of Grammatical Description, *Readings in Linguistics*, ed. by M. Joos, New York: American Council of Learned Societies.

Martinet, A.(1962), *A Functional View of Language*, Oxford: Clarendon Press.

Robins, R. H.(1965), *General Linguistics*, London: Longman.

Swadesh, M. and C. F. Voeglin(1958), A Problem in Phonological Alternation, *Readings in Linguistics*, ed. by M. Joos, New York: American Council of Learned Societies.

경기지역어의 모음체계와 비원순모음화*

1. 서론

언어의 모든 현상이 언제나 같은 방향으로 진화된다고 말하기는 힘든 듯하다. 예를 들면 구개음화현상에 대하여 역구개음화현상이 미약하나마 존재하는 것 등을 생각할 수 있다. 또 근대국어의 특징적인 음운론적 현상의 하나로서 순음 아래에서의 원순모음화('믈〉물, 블〉불' 등)는 널리 알려진 사실인데, 이러한 변화에 반하여 순음 아래에서 'ㅗ〉ㅓ'로 되는 '몬져〉먼저(先), 몬지〉먼지(埃), 보션〉버선(襪), 본도기〉번데기(蛹), 봇나모〉벗나무(樺), 쏨〉뺨(莘)' 등 일련의 예들이 있음도 이미 지적된 바이기도 하다. 바로 이 ㅗ〉ㅓ의 현상을 검토하려는 것이 본고가 다룰 일인바, 이 연약한 성질의 변화가 왜 그리고 어떤 조건 아래에서 이루어졌으며 확대되고 있는지 검토하는 것은 자못

---

* 본고는 제2회 한국문화인류학회 전국대회에서 〈중부방언의 비원순모음화에 대하여〉라 제목으로 발표한 내용 가운데서 언어인류학적인 것을 제외한 부분을 정리한 것이다.

흥미 있는 일일 것이다.

다시 말하면, 원순모음화에 반하는 듯한 이 순음 아래에서의 이 o)ɔ의 통합적(syntagmatic) 현상 및 그 확대가 경기지역에서—지리적으로 충분히 확대될 가능성을 가지지만—어떻게 나타나며, 나아가서 그것은 모음체계에 대하여 무엇을 뜻하는지 기술하려 함이 본고의 작은 의도가 될 것이다.

국어의 순음에 대한 연구는 국어음운연구의 다른 부문과 마찬가지로 중세국어의 자료에 집중되어 온 느낌이다. 그 가운데에서도 'ㅸ'의 음가 및 음운설정의 문제가 비교연구와 방언연구의 도움을 받아 극을 이루었다(이숭녕 1954). 또한 어두경음화 및 어두격음화에서의 순음에 관한 기술도 뚜렷한 국어사의 지위를 차지하게 되었다(이기문 1955). 그런데 현대국어에 있어서 특히 구어적 또는 방언적 자료의 수집을 통하여 본고에서 다루어질 순음에 따르는 통합적 관계를 기술한 것은 아주 부분적이었다. '몬져〉먼저'를 국어사의 관점에서 '저설모음화'로 보거나(유창돈 1964), 생성음운론의 논고 가운데서 '자유변이'로 보았던 것이다(Kim 1968). 전자의 경우에는 음성적 위치와 음운구조와의 관계가, 후자의 경우에는 방언 사이에 나타나는 상이한 방언음운체계의 개념이 각각 문제될 것이다.

근대국어의 중요한 현상 가운데서, 순음에 따르는 '원순모음화' (i)u)의 발견은 근대국어 모음체계 자체의 해석뿐만 아니라 현대국어 모음체계의 해명에도 이바지하리라 믿어진다(김완진 1963). 적어도 중부방언의 음운의 방언체계(diasystem)가 원순성에 의한 대립의 짝들을 포함하고 있다면, 이 대립에 관련되는 통합적 관계도 고려되어야 할 줄 안다.

그런데, 어떤 통합적 구조가 분포만으로써 단순히 정의되는 것은 만족스럽지 못할 것이다. 그 통합적 구조는 계합적(paradigmatic) 구조와 입체적으로 관련되어야 할 것이며, 나아가서는 전자가 음운론적 가치를 강하게 가짐으로써 후자의 역동적인(dynamic) 현상까지 보일 때는 두 구조는 더욱 밀접한 관련 아래에서 기술되어야 하지 아니할까 한다. 따라서 통합적 구조를 언제나 주변적인 것으로 등한시하여 버릴 수는 없게 된다. 이러한 면에서 앞으로 필자는 순음 아래서의 '비원순모음화'라고 부르고 싶은 이 현상에 관련될 방언형(예. 보리〉버리, 본〉번 등)을 중심으로 하여 경기어의, 나아가서는 중부방언의 한 음운론적 특징을 기술하려고 한다.

2. 자료

근대국어에서의 ㅇ〉ㅗ에 대한 피상적인 기술은 근대국어 자체(특히 후기)에 대한 전반적인 기술의 불충분 때문이기도 하겠지만, 그보다는 이에 속하게 되는 예들이 앞에서 들었던

몬져(先), 몬직(埃), 보션(襪), 본도기(蛹), 봇(樺), 쏨(笀) 등

소수에 한정된 데서 그 원인을 찾을 수 있지 않을까 한다. 그런데 이러한 극소한 자료에 비하여 경기지역어는 지리적으로 중부방언 및 그 침식지역어로 확산되면서 통합적 음운관계의 가장 뚜렷한 특징의 하나일 정도로 많은 용례를 가지고 있다.

1. 제1음절에서의 예

i) '본'을 포함하는 한자어나 그 혼용어(hybrid)는 흔히 '번'으로 나타난다.

본(本) 〉 번	보늬(殼裏皮) 〉 버늬
본디(元) 〉 번디	본마누라(本婦人) 〉 번마누라
본밑(本錢) 〉 번밋	본바닥(本土) 〉 번바닥
본바탕 〉 번바탕	본보기 〉 번베기
본:데(없다) 〉 번:데(없다)	본때 〉 번때
본뜨다 〉 번뜨다	본가(本家) 〉 번가
본견(本絹) 〉 번견	본서방(本書房) 〉 번서방
본남편(本男便) 〉 번남편	본부인(本婦人) 〉 번부인
본심(本心) 〉 번심	본적(本籍) 〉 번적
본전(本錢) 〉 번전	본처(本妻) 〉 번처
본청(本廳) 〉 번청	

ii) 'ㄹ, ㄷ' 등을 후속시키는 '보-, 포-, 모-'가 '버-, 퍼-, 머-' 등으로 나타나는 예:

보리(大麥) 〉 버리	보리수(拘禁子) 〉 버루수
볼거리(疾腮) 〉 벌거리	볼때기(腮) 〉 벌따구니
포대기(襁) 〉 퍼대기	모루(鑢) 〉 머루 등

iii) 'ㅊ, ㅌ' 앞에서도 아주 약하게나마 때로 ㅗ〉ㅓ([3])가 발견된다.

모처럼 〉 머처럼

보태다 〉 버태다 등

2. 제2음절 이하의 'ㅗ'가 'ㅓ'로 나타나기도 한다:

너무(過): 너머	부모(父母): 부머
모본단(模本緞): 모번단	버선본(襪本): 버선번
봄보리(春麥): 봄버리	-보다: -버더(-버덤)
-(ㄹ)보터: -(ㄹ)버터	-(ㄹ)보고: -(ㄹ)버구
-부터: -버터(-버텀, -부텀)	

　제2음절 이하에서의 또는 이에 준하는 위치에서의 모음의 변동은 제1음절에서의 그것에 비하여 그 대립적 가치가 크지 못함이 보통이어서 여기서는 이상의 예시에 그쳐 둔다.

　제1음절의 경우에도 문자나 공통국어의 강한 영향을 받은 화자들은 그 정도차를 느끼어서 순음 아래에서 'ㅗ'를 유지하는 방언형은 오히려 문어적이라고 생각하고 있다. 본고에서는 토착적 혹은 통속적이라고 말하여질 수 있는 방언형—frequency norm도 포함하는—을 우선 자료의 대상으로 삼아 기술할 것이다. 왜냐하면 방언형 혹은 때로 구어형은 표준문어형에 비하여 변화의 보수성뿐만 아니라 변화의 첨단도 보일 수 있다고 생각되기 때문이다. 또 세대차가 문제가 되나 이는 교육이라는 비언어적 사실을 고려하면 본고와 같은 공시적 출발에서는 그리 큰 문제가 되지 못할 것이다.

　제1음절에서의 o〉ɔ가 되는 경우, 어두의 순음은 [p, pʰ, m(ᵇm)]으로 실현되며 /ɔ/는 mid. back [ɜ], [ɔ] 또는 [ɤ]로 실현되는데(금릉군 등의 접촉된 지역에서는 [ə]로 나타난다: [pəri] '보리'. 이는 /o/가 원순성을 약화시킨 음성에 해당된다. 1의 ⅰ), ⅱ)의 자료들은 [ɔ]로 실현되어 '몬져〉먼저'에서의 o〈ɔ의 음성실현에 완전히 평행되는 것으로 인식

된다. 다음에 iii)의 예들은 [ɤ]로 인식되는 부류로서 교육을 받은 화자들은 clarity norm에서 o를 유지시킴이 일반적이다.

　다음에 이들 자료가 보여 주듯이 o〉ɔ의 비원순모음화는 후속되는 자음에 의하여 어느 정도로 제약을 받는 듯하다. 이 비원순모음화가 가장 강하게 조건 지어지는 것은 'ㄴ, ㄹ, (ㄷ, ㅅ)' 등이다. 이들은 치음이란 자음부류로 묶여지는데 문헌어에서 고정되어 버린 '먼지, 번데기, 버선, 벗나무' 등과도 평행되는 조건이다. 이러한 후속자음의 제약은 무엇을 뜻하는 것일까? 왜 o가 그에 해당하는 비원순의 ɔ로 되었으며 또 그것은 모음체계에 대하여 무엇을 뜻하는 것일까?

3. 모음체계와 비원순모음화

　현대국어의 각 방언은 소밀의 차가 있을지라도 원순계열과 비원순계열로 나누어질 수 있는 모음체계를 가지고 있다(Martin 1951, 허웅 1965, 김완진 1967, 정연찬 1968, 이혜숙 1969, 이병근 1969a). 중부방언의 대표적인 최대의 모음체계는 다음과 같이 상정될 수 있다:

	전부		후부	
ㅣ	ㅟ	ㅡ	ㅜ
ㅔ	ㅚ	ㅓ	ㅗ
ㅐ		ㅏ	

　그리하여 현대국어의 모음에서 원순성의 유무에 의한 상관적 대립은

ㅣ	ㅔ	ㅐ	ㅡ	ㅓ	ㅏ
|	|	|	|	|	|
ㅟ	ㅚ	X	ㅜ	ㅗ	X

와 같이 고·중모음의 전부·후부에서 각각 이루어지며 'ㅐ'와 'ㅏ'는 무관적이다. 이러한 모음체계에서 보아 순음 아래에서의 o>ɔ는 원순 o가 그 상관적 대립의 짝인 비원순 ɔ로 바뀌는 '비원순모음화'로 해석될 수 있는 것이다. 이렇게 보면, 이 비원순모음화는 순자음과 원순모음 사이에서의 기능상의 이질화가 되며 동질적인 통합적 발달인 근대국어의 ɨ>u와는 역행의 현상이 될 것이다. 즉 ɨ>u는

Labialism + unroundedness → Labialism + roundness   (**rounding**)

임에 반하여 o>ɔ는

Labialism + roundness → Labialism + unroundedness   (**unrounding**)

인 것이다. 이와 같이 역행의 현상은 지리적 분포의 상보성을 가지면서 구개음화에서도 마찬가지로 나타난다(이기문 1961:170, 허웅 1965:510, 이병근 1969a:54).

짗 > 깃(羽)   질드리다 > 길드리다(制)
맏디다() 맏지다) > 맏기다(맡기다 任)

우리는 어떤 언어변화를 항상 규칙적으로 동일하게 해석할 필요는 없을 것이다. 이러한 정·반 현상은 그 우열의 차가 있기는 하나, 어떤 언어변화가 일정하게 점진적으로 반드시 규칙화하지는 않는다는 사실을 잘 말하여 주고 있는 것이다. 대부분의 언어사회는 유동적이며 이질적 구조를 흔히 포함하며, 언어 내적·외적 요인들에 의하여 여러 변이형 구조를 가지게 된다. 그리하여 그 언어가 공시적으로나 통시적으로나 흔히 많은 불규칙성과 때로 연약한 변화를 보이게 됨은 오히려 자연스러운 일일 것이다. 또한 이렇게 일어나는 몇 개의 음운변화가 서로 영향을 미칠 수도 있기 때문에 그 변화는 동시적 묶음 속에서나 연쇄반응 속에서 기술될 수 있을 것이다(Malkiel 1968: 19~46). o)ɔ도 예외는 아닌 듯한데 이 문제는 다음 장에서 다루어질 것이다.

현대국어의 원순적 자질에 의한 대립은 뚜렷하나, 그 변이음을 보면 그 대립적 가치는 약화되는 듯하다. 전부모음계열에서 [y]와 [wi](또는 [ʷe]), [ø]와 [we](또는 [ʷe])는 각각 대립의 짝을 가지기가 힘드나, [i] [e]에 원순적 기능을 가지는 [w]가 동시적으로 실현되는 이유에서 각각 음운구조상의 단위로서 인정될 수 있다. 이러한 전부모음계열보다 후부모음계열은 공시적으로나 통시적으로나 보다 강한 원순적 자질을 포함하고 있다. 그러나 전자보다 강한 대립을 가지는 후자도 변이음에 있어서는 역시 약한 원순성을 가지어서 원순적인 [u, o]에 대하여 비원순의 [ɯ, ɤ]가 흔히 실현되고 있는 것이다. 이러한 원순성의 소원성은 순음 아래에서의 원순적 기능을 그 음에 양도하면서 비원순모음화를 일으키어, 그 결과 이와 같은 변화가 이루어지게 되었다. 그러나 고모음에서의 음운론적인 */u/⟩/i/는 근대국어 이후의 강력한 원순모음화인 ïⵍu로 인하여 실현되고 있지 못하다.

$$
\begin{array}{ccc}
\dot{\mathrm{i}} & \longrightarrow & \mathrm{u} \\
\mathrm{ɔ} & \longleftarrow & \mathrm{o} \\
& \mathrm{a} &
\end{array}
$$

후부모음에
있어서의
순음과의
통합적 관계

그리하여 순음 아래에서의 oⵍɔ는 음운대립에서 보아 '비원순모음
화'로 규정되며, 그 변이의 요인은 모음체계상의 연약한 원순성이 순
음의 시차적 자질로 인하여 상실되는 데서 찾을 수 있을 것이다. 따
라서 이 후부모음에서의 중모음간의 비원순모음화는 그 고모음간의
원순모음화와 상반된 방향을 취하게 되었을 것이라고 할 수 있다.

4. 비실현조건들

위에서 규정한 바와 같은 이 비원순모음화 oⵍɔ를 보다 분명하게
검토하기 위하여서는 oⵍɔ의 비실현조건들을 알아 보는 것이 좋지 아
니할까 한다. 이 비실현조건들의 대부분은 사적 과정(특히 모음체계
의)과 밀접히 관련되어 근대국어의 모음체계로부터 현대국어의 그것
에로의 변화가 동시적인 묶음 속에서 해명되어야 할 요청이 있게 된다.

ⅰ) 이 원순모음화는 앞에서 말한 바와 같이 주로 치음을 후속시키
고 있다. 이 조건은 문헌어로서 고정된 '먼저, 먼지, 번데기, 벚나무,
버선' 등에서도 마찬가지다. 말할 것도 없이 이 조건은 후속모음 o와

ɔ에 대하여 음성적인 상사(similitude)로 이끈다. 이를 반증하여 주는 사실로서는 연구개음과 후음 앞에서는 o가 원순성을 강력히 유지하고 있는 점을 생각할 수 있다.

후속자음이 순음 및 경구개음인 경우 극히 연약하게나마 o〉ɔ의 예가 발견된다: 봄〉쏨〉쌤（)뻠)(笋), 모처럼〉머처럼. 현대 경기지역어에서는 순음을 후속자음으로(예. 몸, 봄) 또는 치음 다음에 순음을 다시 포함시킬 때(예. 보름, 모름직이) 원순성을 강력히 유지하고[1] 경구개음의 경우는 약하게나마 유지함이 보통이다. 이는 후속자음이 치음인 경우와 마찬가지로 이 비원순모음화의 한 변인이 조음적인 데 있음을 보충한다고 믿어진다.

또한 후속자음 가운데에서도 'ㄴ, ㄹ' 등이 강하게 작용하는 것은 구어형에서의 제1음절로서의 /몬-, 물-, 본-, 볼-/ 들을 가지는 어휘가 적다는 이유에서도 비롯된다고 할 수 있을 듯하다. '몬'(物)이 사어가 되어 버린 것은 이러한 사실과 함께 생각할 때 암시적이다. 음절의식이 강한 국어에서(이병근 1967a) 흔히 쓰이지 않는 음절구조를 기피하는 것은 '-걀과 같은 드문 음절을 포함하고 있는 '달걀'에 대한 방언형에서도 확인된다: 달기알(tark-i-ar), 달결(tark-j-ɔr), 달갈(tark-∅-ar), 닥알(tak-∅-ar) 등.

ii) 이 지역어에서는 순음 아래에서의 전부모음계열의 원순모음(y, ∅)을 찾기 힘든데 이는

---

1 충남 천안, 아산, 당진 등 퍽 많은 지역어에서 먼지에 대하여 '몸지'가 쓰이는바, 'ㄴ' 와 후속자음 순음과의 관계가 흥미롭다.

a) 순음 아래에서 (다른 자음 아래에서 보다 더 강력하게) 'ᅱ〉ᅴ〉ㅣ'의 변화: 뷔-〉븨-〉비-(空), 퓨우-〉픠우-〉피우-(燒) 등

b) 이중모음의 유지: 뫼~모이 등

c) 전부모음계열에서의 원순적 대립의 역동성(y〉i 및 ø〉e로의 흡수)

등에서 그 이유를 찾을 수 있다. 이러한 순음 아래에서의 y와 ø의 기피는 o〉ɔ와는 직접적인 관계가 있는 것은 아니나 순음과 원순모음과의 연결을 꺼리는 사실을 밑받침하여 준다고 할 수 있다.

이와 마찬가지로 순음 아래에서의 원순성의 기능약화라는 사실을 뒷받침하여 주는 주변적인 예들이 있다. 순음 아래에서의 원순성의 약화는 형태소 경계에서나 모음 앞에서도 나타날 수 있다.

sam + wɔr 〉 [samʷɔr] 〉 samɔr 삼월

sip + wɔn 〉 [ʃibʷɔn] 〉 sipɔn 십원

po- + -ara 〉 pwara 〉 [pʷara] 〉 paːra 보아라

puɔk 〉 pwɔk 〉 [pʷɔk] 〉 pɔːk 부엌

muɔ(s) 〉 mwɔ(s) 〉 [mʷɔ(s)] 〉 mɔː(s) 무엇

iii) 움라우트나 축약에 의하여 o, u가 전부모음 ø, y로 되는 경우에도 전항에서 언급한 전부모음계열의 이유에 준한다: 보기싫다〉뵈기싫다〉베기싫다, 보이다〉뵈ː다〉베ː다(〉비ː다), 모이다〉뫼ː다〉메ː다 등. 이러한 사실은 비원순모음화가 움라우트 축약 등과 같은 사적 발달에 후행되었음을 또는 거의 동시에 이루어졌음을 말하여 준다고 믿어진다.

iv) 중부방언의 특징 가운데 하나인 o~u(혹은 o〉u)를 포함하는 제1 음절의 경우에는 비원순모음화가 실현되지 않는다: 못하다~뭇하다, 모르다~물르다, 모:자라다~무:잘르다(무:질르다), 포대~푸대 등.

이 o~u인 경우에 */u/〉/ɨ/의 비원순모음화가 기대되나, 앞에서 말한 바와 같이 근대국어 이후의 국어 전반의 원순모음화(ɨ〉u)로 아직 실현되는 예를 발견할 수 없다. 이러한 o~u인 경우에 비원순모음화가 이루어지지 않는 사실은 비록 자유변이를 하더라도 원순 /u, o/가 비원순 /ɨ, ɔ/와 팽팽한 상관적 대립을 이루고 있음을 보여 주고 있다고 할 수 있다.

v) 장모음 음절에서는 비원순모음화가 일어나지 않는다. 따라서 '뵐:'(腦)과 같은 장모음 음절을 가진 단어는 형태론적 구성에서 단음화를 거쳐 비원순모음화를 일으키게 된다.

뵐: + 거리 〉 뵐거리 〉 벌거리~벌거지
뵐: + 따:귀 〉 뵐따귀(뵐따구니) 〉 벌때기~벌태기~벌따구니

만일 형태론적 구성에서 장모음을 유지하면서 비원순모음화가 일어난다면, 중부방언의 한 특징인 ɔ:〉ɨ:로 인하여 */o:〉ɔ:〉ɨ:〉u:/의 변화를 일으키게 된다. 적어도 시차적인 음장을 가지고 있는 경기지역어에서는 그 음장은 흔히 통합적 변동(움라우트 등)을 방해하는 요소가 되기도 한다(이병근 1969b).

흥미있는 것은 ɔ:〉u:의 예들이 나타나는데 이는 ɔ:〉ɨ:에 다시 ɨ:〉u:의 원순모음화가 이루어진 것이라고 봄이 타당하다: pɔ:ri〉pɨ:ri〉pu:ri, pɔːr-〉piːr-〉puːr-. 이러한 장모음 관계는 적어도 'ㆍ'의 소실로 하여, 'ㅓ'가 'ㅡ' 쪽으로 또 밑으로 변이음역을 이동시킨 다음에야 비원순모음화가 가능하리라는 사실을 암시하여 준다.

vi) 개음절의 단음절어는 이를 강력히 유지한다: 보(褓), 모(秧 方), 포(砲 脯) 등. 이는 용언어간 '보-' 등이 구속형식으로서 어미와 밀접히 연결되는 데 비하여 체언의 그것은 자립형식으로서 휴지 앞에 나타나 독립성이 강하기 때문이다. 그리하여 이들의 복합어 및 파생어도 원순 o를 유지함이 일반적이게 된다.

vii) 한편, '빠개다~뻐개다~뽀개다, 짜개다~쩌개다~쪼개다, 포개다~퍼개다' 등의 모음변동이 의미상의 미세차를 보이는바, 이는 차라리 음성상징과 유관한 것이다. 따라서 본고에서 논술한 비원순모음화의 조음적 조건에 큰 영향을 주지 못할 것으로 생각된다.

이상에서 보아, 순음 아래에서의 o〉ɔ는 모음구조상의 '비원순모음화'로 규정될 수 있으며, 그 원인은 아마도 후속자음이 치음이란 조음적 요인 및 모음대립에 있어서의 원순성으로 인한 것인 듯하다. 그리하여 labialism + roundness →labialism + unroundedness를 밟게 되었고 고모음에서의 원순모음화(ï〉u)에 대하여 중모음에서의 비원순모음화(o〉ɔ)로 연약하나마 상반된 방향을 가지게 되었다고 할 수 있다.

현대사로부터 한 경향을 말한다는 것은 조심스러운 일이겠지만, 공시적 사실은 통시적 사실의 최근사라고 할 수 있기 때문에 양자를 밀접히 관련시킨다면 그 추단은 더욱 틀림없게 될 것이다. 강력한 문자 및 공통국어의 영향에도 불구하고 중부방언 또는 그 침식된 지역어에서 여전히 비원순모음화가 실현되고 있는 것은 모음체계에 대하여 자못 흥미로운 현상이라고 할 수 있다. 다만 중부방언에 있어서도 하위방언에 따라 어휘상의 차이가 있는데 이는 하위방언지역의 역사·사회·문화·지리 및 인접방언과의 접촉관계 등 여러 상이한 요인들에 의할 것이다(Forder 1965).

우리가 '방언'이란 개념을 인정한다면 이러한 folk dialect에서의 비원순모음화를 단순한 '자유변이'(cf. Kim 1968)로 피상적으로 보아 넘기기에는 아쉬운 느낌이 없는 바 아니다. 만일 한 방언에서 '몬저~먼저'가 자유변이를 일으킨다면 그것은 이중방언을 사용하는(bi-dialectal) 혹은 흔히 보수적인 남부방언과 중부방언과의 접촉방언(dialect in contact)에서 있을 수 있는 것이다. 접촉된 두 지역 사이에서의 언어상의 간섭 현상(interference)은 특수한 연구를 요망한다.

다음에 '몬저〉먼저'에 대하여 '저설모음화'라는 또 하나의 견해가 있었다. 이 순음 아래에서의 o〉ɔ는 이상에서 필자가 논술한 내용으로 보아 '저설모음화'라는 주장(cf. 유창돈 1964)은 도저히 믿을 수 없는 것이다. /ɔ/의 변이음의 일부가 저향으로 이동하고 있을지라도 그 대립적 기능에서 보아 음운론적 비원순모음화일 수밖에 없다.

5. 변화의 시기

현 단계에서 국어방언사를 정확히 기술한다는 일은 쉬운 일이 아니나, 국어음운사에 비추어 이 비원순모음화의 대략적인 시기가 합리적으로 추정될 수 있을 것으로 보인다. 사용빈도가 그리 크지 못한 이들 용례이지만 대체로 18세기 후엽에 부분적으로 비롯되지 아니하였는가 여겨진다.

근대국어 전반기까지 '몬져'(先)로 표기되던 것이 《유제도도신윤음》(1794, 규장각본 4168)에서 '면져'(6)로 나타나며, 그 후 다음과 같은 용례도 보인다.

십구사략언해(중간본)

그 면져는 글온 셜이니(1:28)

염불보권문(해인사판)

브딕 몬져 압길흘 숣피딕(37)

염불보권문(흥률사판)

몬져 죽거나 ᄒᆞᄂᆞᆫ 즈식은(33)

몬져 주근 열흔힛만애(40)

잡아 가도아 몬져 못고(40)

몬져 미타팅긔 녜ᄒᆞ고(41)

몬져 범ᄒᆞᆫ 무간죄뵈(42)

부딕 몬져 압길흘 숣피딕(47)

대명복수가(이상헌선생회갑기념논문집 소수)

三河巡撫 면져(먼저) 가고(553)

뒤를 면져(먼저) 씨를 젹의(557)

방언적인 색채가 짙은 《염불보권문》 등 이들 자료에 대하여는 보다 정밀한 방언사적인 검토가 있어야 할 것이다. '몬져'가 '면져'로 문헌상으로 명백히 두드러진 것은 19세기 후엽에 들어서면서의 일이다.

규합총셔(1869)

　　츙계를 먼져 지지고(18)

　　독을 ᄯᆞ희 뭇고 먼져 너코(8)

　　먼져 장국을 ᄭᅳᆯ인 후에(9)

　　먼져 물에 줌기게 말고(11)

　　쓸갈네 먼져 조고ᄆᆞ치 부어(15)

과화존신(1880)

　　신명은 임의 먼져 드르시고(3a)(「三聖訓經」 5b)

삼성훈경(1880)

　　ᄆᆞ음은 먼져 귀신의 촉노ᄒᆞ여

죠군령젹지(1881)

　　멀니 먼져 빅셩의게 밋ᄂᆞ이(4)

잠상집요(1886)

　　먼져 셩ᄂᆡ 빈 땅에 시무고

　　먼져 난 뒤에도

　그리하여 '몬져'의 보수적 표기가 금세기까지 내려 오기도 하였으
나(예.《대동력사략》 1910), 적어도 중부방언에서는 19세기 이전에
'먼져'()'먼저')로 동요되기 시작한 것이 아닌가 한다.

　이 비원순모음화는 앞에서도 지적한 바와 같이 'ㆍ'의 소멸과 깊은
역동적인 관계를 가지고 있다. 'ㆍ'의 소멸이 단음의 'ㅓ'[ə]를 [ɔ](또는
[ɜ])로 이끌리게 하고(이기문 1961:165) 장음의 'ㅓ'를 상부로 더욱 끌리게
하여(ə→ɨ) 두 음운 사이의 안전간격을 흐리게 하였기 때문에, 'ㆍ'의
소멸 이전에 이 비원순모음화가 이루어졌다면 ə와 ɨ의 밀접한 관계로

216

다시 i〉u의 원순모음화를 되풀이할 가능성이 짙게 된다. 따라서 변화의 준비기를 거쳐 'ㆍ'의 소실이 이루어지고 후부모음계열에서 원순성에 의하여 ㆢ와 o가 대립의 짝으로 이루어진 후에야 이 비원순모음화는 합리적으로 가능하게 된다. 또한 17세기 말엽에 이루어졌다고하는 순음 아래에서의 원순모음화가 완성된 이후에야 비롯되었을 것이고, 움라우트, 축약, 장모음(ㆢ·〉i·)[2] 등에 관련하여 19세기 중엽에나이 비원순모음화가 소수의 예에서나마 확고하게 되었을 것으로 여겨진다.

'몬겨' 이외의 o〉ㆢ의 문헌상의 발견은 곤란하다. 다만

    뺨(筓,《아언각비》 1:23)
    벗나모(樺皮木,《화어류초》 28)

과 같은 예들은 이 비원순모음화의 시기를 지지하여 주는 듯하다. 현대 방언에서와 같은 정도로 보여 주게 된 것은 역시 20세기에 들어와 문헌상에서 확실하게 된다. 《사정한 조선어 표준말 모음》(1936)은 정확한 방언 구분을 보이고 있지는 않으나 다음과 같은 예들을 가지고 있다.

    모본단~모번단, 보늬~버네, 보리~버리, 보채다~버채다, 보선~버선, 번연
    히~본연히, 먼지~몬지(몬대기) 등

---

2 ㆢ·〉i·에 대한 예로 《죠군령젹지》의 '으드리니'(得 6), 또 《과화존신》이 '쓰리지'(憚 8a) 등이 이미 나타남은 그 시기와 관련하여 특기할 만하다 하겠다.

그 외에 《이국 녀즈 라란 부인젼》(1907), 《누터기교긔락》(1908) 등도 '먼져, 먼쳠' 등으로 대부분 보이고, 대표적인 구어적 표기를 지닌 《주해어록총람》(1923)도 '먼져'는 말할 것도 없고 '쎔, 버리, -버덤' 등도 보여 주고 있다.

6. 결론

이상으로써 중부방언 특히 경기지역어를 중심으로 순음 아래에서의 o〉ɔ를 문헌어(몬져〉먼저)로부터 방언형(보리〉버리)에 이르기까지 검토하였는데, 이를 요약하면 대체로 다음과 같다.

ⅰ) 이 순음 아래에서의 o〉ɔ는 원순성에 의한 후부모음구조에서 보아 '비원순모음화'로 규정함이 좋다.
ⅱ) 치음을 주된 후속자음으로 하여 음성적인 상사(similitude)로 이끌고 거기에 원순성의 연약성으로 자음과 원순모음과의 연결에서 원순성은 비시차적이 된다.
ⅲ) 'ㆍ'의 소실로 인한 'ㅓ'의 이동, 원순모음화(ㅡ〉ㅜ), 움라우트, 축약, 순음 아래에서의 원순적 전부모음의 기피, 장모음 'ㅓ〉ㅡ', 순음 아래에서의 o∼u 등과 관련시켜 볼 때, 이 비원순모음화는 18세기 후엽에 비롯되어 19세기 중엽에 확실하여지고 다시 현대 경기지역어에서와 같이 확대되었다고 할 수 있다.

또한 이 적은 결론으로부터 얻어질 수 있는 가설은 다음과 같다.

ⅰ) 현대 국어의 후부모음에서 o와 ɔ는 원순성에 의하여 대립을 이루고 있는 짝이라는 점

ⅱ) 현대국어의 모음체계 및 그 안전간격은 19세기 중엽에 'ᅱ, ᅬ'의 단모음화를 제외하면 거의 동일하게 이루어졌을 것이라는 점

ⅲ) 나아가서, 어떠한 언어의 변화가 항상 동일한 방향으로 진행되는 것이 아니라, 우열의 차는 있더라도 정·반 현상을 이중적으로 가질 수 있다는 가능성

[《동아문화》 9, 서울대, 1971]

붙임: 이미 19세기에 일부 단어들에서 볼 수 있었던 순음 아래에서 'ㅗ〉ㅓ'의 변화가 특히 경기지역어에서 확대되었음에 유의하여 원순모음화에 비하여 이러한 연약한 변화가 왜 어떤 조건 아래에서 이루어졌으며 확대되고 있는지 검토해 보려 한 것이 이 글이다. 새로운 방언특징의 발굴과 논의로 모음의 변화이기에 모음체계와의 관계를 고려해 보았다.

참고문헌

김완진(1963), 국어 모음체계의 신고찰,《진단학보》 24.

김완진(1967), 음운사,《한국문화사대계 Ⅴ》, 고려대 민족문화연구소.

유창돈(1964),《이조 국어사 연구》, 선명출판사.

이기문(1955), 어두자음군의 생성 및 발달에 대하여,《진단학보》 17.

이기문(1961),《국어사개설》, 민중서관.

이병근(1967), 국어의 도치현상 소고,《학술원논문집》 6.

이병근(1969a), 황간지역어의 음운,《논문집》(서울대 교양과정부) 1.

이병근(1969b), 경기지역어의 형태음운에 대하여,《국어국문학》 46.

이숭녕(1954), 순음고: 특히 순경음 "ㅸ"을 중심으로 하여,《논문집》(서울대) 1.

이혜숙(1969), An Attempt of Reformulations of Phonological Features for Korean, 《한국문화연구원 논총》 13.

정연찬(1968), 경남 방언의 모음체계, 《국문학논집》(단국대) 2.

허 웅(1965), 《국어음운학》, 정음사.

Forder, I.(1965), *The Rate of Linguistic Change*, The Hague: Mouton.

Kim, C.-W.(1968), The Vowel System of Korean, *Language* 44-3.

Malkiel, Y.(1968), *Essays on Linguistic Themes*, Berkeley and Los Angeles: University of California Press.

Martin, S. E.(1951), Korean Phonemics, *Language* 27-4.

'새갱이'(土蝦)의 통시음운론

1.

필자는 방언어휘의 조사에 있어서 의미상의 방언차를 면밀히 파악하여 그 의미차를 방언구획의 작업에서 조심스럽게 고려할 것을 언급한 바 있다(졸고 1969). '새우'의 경우를 그 하나의 예로 고려하였다. 여기에 가정되는 의미자질로서는 [대(중)형/소형]과 [해수/담수] 등을 들 수 있다.

한 보고서에서 옮겨 예를 보이면 다음과 같다(이익섭 1970:73).[1]

	대	소
해수	대와	새우
담수	징기미	새뱅이

〈영동군〉

---

[1] 이 '새우'의 의미체계는 다양한 지역차를 보인다. 경기도 이천, 광주 등은 해하(海蝦)의 경우 모두 '새우'를 사용하고, 민물에서 사는 토하의 경우 '생이'(소)/징게(미)(대)를 구별하여 사용한다.

이 예는 어휘상의 방언체계에 있어서 최대체계에 해당하는 듯하다. 이 어휘족은 여러 재어휘화의 문제들을 포함하고 있다. 단어형성에 관여하는 사적 형태론의 문제로서는 한자어(cf. '대하') 축소접미사(cf. '-앙이') 등의 사용이 그 해결의 실마리로 될 것이며, 의미론적인 문제로서는 이 밖에 사서적 의미의 전용 즉 의미자질의 변경(cf. 징게미)이 그 실마리로 될 것이다. 이러한 형태론적·의미론적 관심 이외에 이 '새우'란 어휘가 늘 우리에게 클로즈업되었던 것은 사적 음운론의 한 주제를 이루어왔던 이른바 'ㅸ'의 문제였던 것이다. 이 'ㅸ'의 음운사의 해명은 자연히 실증적 자료로서의 문헌어와 그 방언적 지표로서의 방언적 반사형과의 관계에 초점을 두게 되었던 것이다. 그리하여 문헌상에서 보인 'ㅸ'의 음운사를 깊이 있게 기술하게 되었고, 때로는 방언적 반사형과의 비교로부터 몇몇 경우에는 재구까지 하게 되었다. 특히 최근 김완진 교수는 '형태소의 구조를 기준으로' 하여 음소의 분포위치에 따른 음운변화의 상위를 정밀하게 기술함으로써 'ㅸ'의 음운사연구에 있어서의 또 하나의 진전을 보게 되었다(김완진 1974). 이러한 'ㅸ'의 음운사적 논의 가운데서 흔히 등장하는 입증자료의 하나가 '새우'인 것이다.

사비 爲蝦 (훈민정음해례)
蝦蟹 酒必格以 (조선관역어)

필자가 이 소고를 통하여 논의하고 싶은 문제는 이러한 'ㅸ' 자체의 음운사에 대한 것이 아니라, '새우'의 반사형들 사이에서 보여지는 음운론적인 일부 즉 접촉방언에서의 자연부류의 통시론적인 문제이다.

중부방언의 하위방언들은 '새우'의 축소적인 반사형들로서 '토하'(민물새우)의 뜻을 지닌 '생이~새갱이~새뱅이'들이 관찰된다. 이 반사형들에 대한 통시음운론이 소고의 관심거리가 된다.

2.

'생이~새갱이~새뱅이' 들이 연속적인 지리적 분포를 보이는 지대는 경기도와 충청남북도와의 접촉지대인 중부방언의 하위방언들의 지역이다. 즉 서울~수원~평택~천안 등을 잇는 경부선의 연변지역이다. 이 지역 속에서 대체로 경기도의 중북부·서부지역은 '생이'를 보이며, 수원·평택·용인 등은 '새갱이'를 가지고 있고, 안성과 충남의 천안 등은 '새뱅이'를 지니고 있다. 또한 충남의 북부해안지대에서는 '새강지'가 관찰되기도 한다.

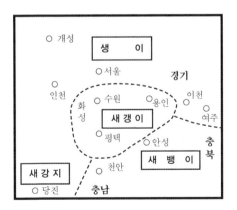

이 축소형태소가 포함되어 재구조화된 방언형들은 파생어를 형성하는 형태론적인 과정과 함께 통시음운론적인 과정의 해석으로 그

역사가 설명되어질 것이다. 파생어의 단어형성규칙과 'ㅸ'의 음운사 및 이에 다시 관련되어 있는 음운규칙들에 의한 재구조화 등의 문제가 현재의 논의에 참여하는 주제들이 된다.

축소형태소에 의한 파생어의 형성은 그 어근(어기)으로서 명사를 필수적으로 요구한다. 이 경우에 어기로서의 명사는 물론 구체명사의 계열에 속한다. 축소형태소의 기저형의 설정은 미세한 복잡성을 보이지마는 '-앙이, -앙지'와 같은 형태들이 생산적이라는 데에는 별다른 이의가 주어지지 않을 것이다.[2] 이 [구체명사+파생접미사]의 과정에서 적용되는 국어의 음운규칙이 있다. 즉 모음으로 시작되는 파생접미사 앞에서 명사의 어간말모음인 i가 탈락된다.[3]

$$i \to \emptyset \ / \ [\cdots \ \_]_{stem} + [V \cdots]_{derivational\ suf.}$$

[참고]

고삐 → 고빼이, 키 → 챙이, 토끼 → 토깽이, 꼬리 → 꼬랭이, 꼬리 → 꼬랑지, (가히))가히(가이) → 강아지, 나시 → 나생이, 가지 → 가쟁이(가장구) 등

모음탈락의 음운행위가 일반적으로 접미사에서 관찰되는 점에 비

---

2 '송아지, 망아지, 강아지'는 축소접미사로서 '-ㅇ아지'를 보이는데, 이의 형태소식별은 해석자에 따라 구구하다.

3 이 음운규칙은 형태론적 규칙을 전제로 하고 있어, 〈+파생접미사〉라는 범주화를 요청한다. 음운규칙에 대한 형태론적 · 통사론적 제약에 대해서는 졸고(1975)를 참조. 명사어간말 i모음탈락규칙은 상당히 일찍 형성되었던 듯하다. '무디+억이 → 무더기 (→ 무데기)'에서 보면, 이 규칙이 적어도 t구개음화(cf. 무지)에 앞서 적용됨을 알 수 있다.

추어 보면, 위에 주어진 음운규칙은 상당히 특이하게 보인다. 파생접
미사에 의한 이 특이한 모음탈락은 축소명사들의 형태론적 과정에서
도 필수적인 음운행위로 여겨진다(cf. 토끼+-앙이 → 토깽이). 따라서
'생이~새갱이~새뱅이' 또는 '새강지' 등은 그 단어형성에 있어서 앞의
i모음탈락규칙이 적용되었다고 본다.

　어간말 모음으로서 i를 가지게 되는 명사어기의 기저형의 설정은
곧 역사적으로는 'ㅸ'의 음운사와 깊이 관련되어 논의되어야 할 것이
다. 앞에서도 말해 둔 바와 같이 'ㅸ'의 음운사(특히 고대사) 자체는
현재의 논의 밖에 있다. 방언연구의 현 단계로서는 한 형태소 안에서
의 ㅂ계 방언과 ㅸ계 방언이 고려될 수 있을 것이다. 전자에 속하는
대표적인 방언으로서는 동남방언과 동북방언을 예로 들 수 있으며,
후자에 속하는 대표적인 방언으로서는 중부방언 가운데서도 경기지
역어를 들 수 있다. 중부방언권에 속한다는 충청지역어의 경우도 대
체로 ㅸ계 방언으로 여길 수 있다. 충청지역어에서 관찰되는 방언형
들의 하나인 '새뱅이'는 ㅂ계 방언 어휘로서 가장 광범위한 분포를
보이는 대표적인 예이다. '새우'의 방언형은 중부방언에서 모두 /새우/
로 나타나면서 해물의 것을 뜻한다. 토하를 뜻하는 방언형은 방언량
이 커서 앞에서 보인 '생이~새갱이~새뱅이(새웅게, 새부랭이)' 등으로
나타난다. 이들 방언형 가운데서 '생이'는 ㅸ계 방언형으로 또 '새뱅이'
는 ㅂ계 방언형으로 기술될 수 있으며 '새갱이·새강지' 등은 특이한
관심 아래에서만 논의될 수 있으리라 믿어진다.

　'생이'와 '새뱅이'는 그 어기를 각각 *'사ㅸㅣ'와 *'사비'로 포함시키게
되는데, 전자는 이른바 β〉w〉ø의 약화·탈락의 규칙에 의하여 '사이'
를 얻고, 후자는 이 규칙의 적용을 받지 않고서 움라우트규칙에 의하

여 '새비'에 이른다. 이렇게 유도된 각각의 어기형식에 '-앙이~-앵이'
의 파생형태소와의 조합에서 다시 저 앞에서 보인 i모음탈락규칙인
단어형성에서의 규칙의 적용을 받아 결국 '생이'와 '새뱅이'를 실현시
키게 된다. 본래 해하를 뜻하던 '사이'와 '새비'에 축소접미사인 '-앙이'
가 부접하면서 방언에 따라 토하로 뜻을 바꾸어 재구조화와 재어휘
화를 이룩한다.

　현재 논의의 최대 관심은 이상의 바탕 위에서 새로이 제기되는 '새
갱이·새강지' 등에 놓인다. '생이'계의 방언권과 '새뱅이'계의 방언권
사이에서 관찰되는 이 특이한 '새갱이·새강지' 등은 이 파생명사가
포함하고 있는 분절음 /K/의 해명을 요구하고 있다. 말할 것도 없이
이 분절음은 '새뱅이'의 /P/에 대응되는 것인데, 우리의 방언비교연구
에서 흔히 P~K 대응이라 불리었던 현상이다(이숭녕 1954, 이돈주
1971). 이 P~K 대응을 보이는 대표적인 예들로서는 ① 문헌상의 '솝~
속, 붚~북, 거붑~거북, 부섭~브억(부엌), 고봄~고곰, 봇(옷)~곳' 등과
② 방언상의 '거품~거큼(~버쿰), 저봄~저금, 주벅~주걱, 또바리~또가
리(또아리), 짚신~찍씬, 누부리~누구리(노을), 두부~두구, 문데비~문
데기(먼지), 눕다~눅다, 어둡다~어둑다, 얼부다~얼구다, 가붑다~가굽
다' 등등의 많은 예들과 ③ 지명에서 사용되는 '-골~-불(-울)' 등이 있
다. 이들 자료가 보여주듯이 이른바 P~K 대응은 통시론적인 재구조
화과정에서 자질변이규칙에 의하여 비롯된 것들이지, 공시론적인 교
체현상을 보여주는 것들은 아니다.

　이 P~K 대응을 보여준 선구적인 문헌자료들은 현대방언에서조차
P~K를 실현시킨 방언형들로 나타난다. 나머지의 P~K 대응을 일으킨
지역은 흥미로운 지리적 분포를 보여준다. 즉 이 대응을 보여주는

지역은 저 앞에서 말한 ㅂ계 방언인 동북방언, 동남방언 및 서남방언 등이 대표적이다. 이 ㅂ계 방언에서 P~K 대응이 실현되었던 사실에 주의를 기울이지 않으면 안 된다. 한편 이 P~K 대응을 실현시킨 ㅂ계 방언은 또한 '달개다(달래다), 멀구(머루)' 등등에서 논의되는 'ㄱ'을 강력히 유지하고 있는 /K/계의 방언인 것이다.[4] 반대로 말하자면 약화 · 탈락을 실현시키는 방언에서는 P~K의 대응도 일반적으로 실현시키지 않았던 것이다.[5] 즉 P~K의 대응의 방언, ㅂ계 방언, ㄱ계 방언이 대체로 동일한 방언권을 형성하는 데서 국어의 어떤 통시음운론적인 문제가 제기될 수 있을 것이다. 재구조화를 이룬 공시태만으로는 이러한 문제는 전혀 해결되지 않는 것이다.

P와 K, 두 분절음 사이에서의 대응은 말할 것도 없이 하나의 시차적 자질에 의한 자연부류를 허술한 대로 인정하게 된다. 여기서의 음성적 자질은 [±grave]로 대표되는 [grave/acute, peripheral/central, peripheral/medial, ……] 등등이다. 시차적 자질에 따른 자연부류의 개념은 음운론의 기술에서 요청되고 있는 것이지만, 그 자연부류가 음운변화에 미치는 작용은 쉽사리 풀리지는 않는다. 현재의 논의 속에서 다만 말할 수 있는 것은 자연적 분절음들 사이의 관계가 강한 방언(P계 · K계 방언)이 허술한 방언(약화 · 탈락규칙이 적용된 β계 · γ계 방언)에 비하여 자연부류로서의 강한 자격을 가진다고 하는 사실이

---

4 이는 중세국어에서 '-ㄹ ㅇ-'으로 표기되었던 것이 대표적이다. 이에 대한 방언적 지표는 '-ㄹ-/-ㄹ ㄹ-'과 '-ㄹ ㄱ-'으로 흔히 나온다. 후자를 보이는 방언을 여기서 잠정적으로 K계 방언이라 부른다.

5 제주도방언은 β⟩w⟨⟩ø)와 같은 '빙'의 약화현상을 보이면서도 P~K 대응을 극심하게 실현시켰다. 이런 면에서도 이 방언은 특별한 음운사적 관심을 불러일으킨다. 두 현상의 사적 순위가 고려되어야 할 것이다.

다. 그리하여 더욱 자연스러운 부류를 보이는 방언은 그 부류를 이루게 하는 시차적 자질에 따르는 음운규칙에 있어서 보다 강력한 생산력을 드러낸다고 할 수 있을 것이다. P계·K계의 방언이 바로 P~K 대응의 방언이 되고 있음은 이 사실을 지지하여 주는 것으로 믿어진다.

3.

자음체계의 고대사를 우선 제쳐 놓고 이 논의를 믿고 나간다면, 'ㅂ, ㄱ' 등에 대하여 유성음계의 방언(/β, γ/), 무성음계의 방언(/P, K/)을 어느 역사적 단계에서 가정하게 된다.[6] 유성음계의 방언은 특정한 환경에서 strength hierarchy에 따른 약화·탈락과정을 거치게 되고, 무성음계의 방언은 이 개신을 입지 않아서 /P/와 /K/를 기저형에 그대로 포함하게 된다. 한 형태소의 내부라고 조건을 내세우면 경기지역어는 대체로 유성음계이고 충청남도지역은 허술한 대로 무성음계이라 할 수 있다. 'ㅅ'과 'ㅿ'의 상황도 이에 유사하리라 믿어진다('ㅅ'이 보다 북상하여 있지만). 그러니까 '생이'는 유성음계의 방언형이고 '새뱅이'는 무성음계의 방언형이 된다.

그러면 유성음계와 무성음계 사이에서 관찰되는 '새갱이'의 정체는 과연 무엇일까? '새갱이'가 분포되어 있는 수원, 화성, 용인, 평택 등의

---

6 고대국어에서의 'ㅂ' 등의 유성음계의 존재에 대한 가능성에 관해서는 김완진(1957), 이기문(1972)를 참조. 이기문 교수는 이 저서에서 고대어의 자음체계가 /β, z, γ/와 같은 유성마찰음계를 포함하였을 가능성을 논의하고 있다. 동남방언의 '새비, 가시개, 낢' 등의 'ㅂ, ㅅ, ㄱ'은 본래 유성자음이었던 것이 그에 해당하는 무성자음과 합류하였을 것이라는 가정을 세운다. 이러한 고대사에 따르면, 여기서의 무성음계 방언은 곧 이 합류가 이루어진 방언이 된다.

지역은 본질적으로는 유성음계로서 'ㅂ, ㄱ'의 약화·탈락을 경험한 지역이다. 당연히 '생이'가 쓰여져야 할 이 지역에서 '새갱이'가 존재하게 된 것은 전이지역에서의 접촉현상이라 볼 만하다. 단순히 ㅂ계의 방언 차용이라면 응당 '새뱅이'가 분포되어야 할 것이다. ㅂ계가 아닌 방언이 ㅂ계의 방언과 접촉하면서 그 자연부류의 대당인 연구개음 'ㄱ'으로 대응시키게 된 것이다. '새갱이'는 결론적으로 말하면 '*사비'와 '-앙이'와의 조합에서 움라운트규칙과 i모음탈락규칙을 적용시키고 다시 이어서 P→K의 자연부류 사이에서의 분절음의 자질변경을 일으켜 생산된 것이라 할 수 있다. '새강지'의 경우는 '*사비'의 움라우트형이 이루어진 다음에 '-앙지'에 의한 파생어형성에서의 i모음탈락과 P→K 교환이 차례로 실현되었다고 할 수 있다.

4.

'새갱이'의 통시음운론을 통해서 우리는 몇 가지의 음운론적인 암시를 받을 수 있다. 첫째는 형태론적 제약이라고 부를 만한 단어형성에서의 음운규칙의 특이성이며, 둘째로는 'ㅸ, ㅿ, ㄹㅇ' 등에서 제기될 수 있는 음운변화상에서의 자연부류의 상관성이고, 셋째로는 P~K 대응이란 사실에서 설명되는 [±grave]란 자질의 확인이며, 넷째로는 위의 음운론적인 바탕 위에서 방언접촉현상이 보여주는 자연부류의 작용 등이다. 엉성한 또 때로는 충분치 못한 논의들로 해서 예비적인 논고로 그치고 말았다. 질정을 받아 이 예비논문으로부터 벗어나기를 스스로 고대한다.

[《어학》3, 전북대, 1976]

붙임: 이 짧은 글은 지역적으로 연이어 분포된 '생이, 새갱이, 새뱅이' 삼자의 관계를 통시음운론적으로 검토해 보았다. 자음체계의 역사를 염두에 두고 생각해 보았다. 전국적으로 확대시켜 방언에서의 자음체계의 변천을 검토해 보면 소득이 있을까 없을까.

참고문헌

김완진(1957), 원시국어의 자음체계에 대한 연구, 《국어연구》 3.

김완진(1974), 음운변화와 음소의 분포, 《진단학보》 38.

이기문(1972), 《국어음운사연구》, 서울대 한국문화연구소.

이돈주(1969), 전남방언에 대한 고찰, 《어문학논집》(전남대) 5.

이병근(1969), 방언경계에 대하여, 《한국문화인류학》 2.

이병근(1975), 음운규칙과 비음운론적 제약, 《국어학》 3.

이숭녕(1954), 순음고: 특히 순경음 "ㅸ"을 중심으로 하여, 《논문집》(서울대) 1.
　　　[《음운론연구》(1955)에 재수록]

이익섭(1970), 전라북도 동북부지역의 언어분화, 《어학연구》(서울대) 6-1.

경기도의 말

천년 역사를 지닌 표준 방언

경기도 지역은 서울과 함께 이른바 표준말 지역이라고 할 수 있는데, 그럼에도 불구하고 경기도 방언 또는 서울 방언은 있다. 그리고 방언권은 그렇게 뚜렷이 금이 그어지는 것이 아니고 또 행정권에 꼭 들어맞는 것도 아니어서 경기도와 서울의 말은 이웃 지역들인 황해도, 강원도 또는 충청도의 말과 조금씩 다르다.

경기도 지역과 서울 안에서도 말이 늘 같지는 않다. 이를테면 표준말인 '게'(바닷게, 민물게)를 놓고 보자. 표준말로 채택된 '게'는 일부 전라도와 함경도에서 쓰는 방언인데, 서울말로는 '궤'요, 경기도말로는 황해도에서처럼 '궤' 또는 '그이'이다. 서울 토박이가 쓰는 '궤'는 고양군, 파주군, 장단군, 강화군 같은 서울 북쪽의 경기도 일부 지역과 황해도 연백군에서 쓰고, 경기도와 황해도의 대부분 지역, 강원도, 충청도의 일부 지역에서는 지역에 따라 '그이', '기' 또는 '패'라고 한다.

중앙어로서의 구실

경기도말과 함께 서울말은 중부 방언 또는 경기 방언의 핵심을 이룬다. 이 방언의 형성에는 기나긴 문화 역사의 배경이 복잡하게 얽혀 있다.

삼국 시대에는 부여 계통의 고구려말과 백제말이 관련되었을 것이고, 통일 신라 시대에는 그 본바탕이 한반도 남부의 한어 계통인 신라말로 대치되었을 것이다.

고려 왕조가 설 무렵에 중세 국어가 형성되었을 터인데, 그때의 표준말은 개성말이었을 것이고, 중앙 집권 체제의 힘을 입어 정치, 문화의 중심지인 개성에서 쓰던 이 말이 전국으로 널리 퍼져나가기 시작하였을 것이다. 그때의 개성말은 비록 그 바탕은 한어에 있다고 해도, 그 성격에 고구려말의 요소가 꽤 많이 남아 있었을 것으로 짐작된다. 또 개성말이 중심 언어였던 그때의 중부 지역은 중부 방언권을 형성함으로써 한반도 동부의 동부 방언권과 한반도 서남부의 서남 방언권과 한반도 동남부의 동남 방언권과 더불어 크게 세 방언권을 이루었던 셈이다.

조선 왕조가 선 뒤에 정치와 문화의 중심지가 서울로 바뀌었으나, 서울은 크게 보아 개성과 함께 중부 방언권을 형성하고 있었으므로, 왕조의 바뀜이 정치 역사와 문화 역사에서만큼 언어 역사에 별다른 뜻이 있었다고는 믿어지지 않는다. 말하자면 개성과 서울을 중심으로 한 한반도 중부 지역이 고려 왕조가 선 뒤로 천 년이 넘게 전파력이 가장 큰 표준 방언 곧 중앙어의 구실을 맡아 왔던 것이다.

그러나 경기 지역과 서울은 정치와 문화와 교통의 중심지이기 때문에 오히려 다른 지역의 주민들로부터 큰 영향도 받아 왔던 듯하다. 더욱이 육이오 뒤의 이러한 사정은 우리가 잘 아는 터이다. 말하자면 경기 지역과 서울의 말도 늘 복잡성 속에서 새로운 언어 전통을 마련하면서 그 말의 특징을 전국에 확산시키고 있는 셈이다. 그러나 이 중앙어가 언제나 그 말의 세력을 지방으로 확대시키는 것은 아니다. 역사를 통해서 보면 그 세력이 정반대로 미치는 수도 있었으니, 이를 테면 구개음화(딮 → 짚), 움라우트(어미 → 에미), 낱말의 첫 자음의 된소리화(개구리 → 깨구리) 같은 것은 오히려 남쪽 방언에서 비롯되어 북쪽으로 전파되었다.

형용사 뒤에 붙는 '아니'

요새는 경기도말과 서울말이 다른 지방의 주민들 때문에 꽤 복잡한 모습을 띠면서 세대 사이의 차이까지도 보이고 있다. 그러나 아직도 딴 방언에서 들어온 특징들은 자연스러운 서울말이나 경기도말로는 들리지 않는다.

경기도말과 서울말에서는 부정해서 말할 때에 부정의 '아니(안)'를 상태를 나타내는 말 곧 형용사 뒤에 놓는 것이 정상이다. 말하자면, "날씨가 좋지 않다", "기분이 상쾌하지 않다", "걸음이 빠르지는 않다"라고 말한다. 이것은 동작을 나타내는 말에서 '먹지 않는다'와 '안 먹는다'의 두 가지가 함께 쓰이는 것과는 다르다.

그런데 요즈음에는 상태를 나타내는 말 앞에 부정사를 놓는 '안 좋다'와 같은 표현을 젊은 세대가 자주 쓴다. 이것은 아마도 남부 방언의 영향일 것이다. 그러나 "먹어 못 봤음매", "앙이 빠지요"와 같은 북부 방언, 특히 함경도말의 부정 형식은 경기도말과 서울말에는 전혀 영향을 미치지 못하였으니, 이 지방에서는 "먹어 보지 못했오", "빠지지 않아요"가 쓰일 뿐이다. 다만 가뭄에 콩 나듯이 거기에도 예외가 있다면, 서울 삼청 공원 자동차길 골목의 교통 표지판에 쓰인 "걸어 못 다님" 같은 것일 것이나, 그 또한 서울말은 아니다.

경기도말과 서울말에서는 흔히 "사람이 죽었다구", "나라가 컸다구요?"에서처럼 주격 조사로 '이'와 '가'가 받침 있는 말과 받침 없는 말에 각각 쓰이고, 특이하게 '누+이+가 → 뉘가', '나+이+가 → 내가' 같은 경우에만 '이+가'의 중복된 형식이 쓰인다. 이 원칙은 아주 엄격한데, 함경도말을 포함한 일부 방언에서 "사람들이가 많이 죽었다", "그 사람은은 사람도 아니야?", "총을을 쏘아서 개를 잡았나?"와 같이 '이+가' 말고 '은+은(으는 또는 으느)'이나 '을+을(으를 또는 으르)' 같은 중복형을 쓰기도 하는 것과 크게 대조된다.

"제가요, 개성댁 큰 자부를 만났거등요."

듣는 이를 높이거나 낮추어 말하는 말씨는 사회 집단의 성격 또는 대인 관계에 따라 다르다. 관계가 가장 친밀한 식구끼리 말할 때와 형식적인 예의를 갖추고 말할 때와는 말이 서로 다르다.

가까운 사이에서는, '한다', '해라', '하자', '하니?'와 같이 상대방을 '너'로 여기고, 낮추어 '해라' 하는 말과 '해요(하세요)', '해요?(하세요?)' 같이 상대방을 높이는 존댓말이 쓰인다. 그리고 '해라' 할 경우에보다는 상대방의 지위로 좀 더 높여 하는 낮춤말로 '그래', '그랬어'에서와 같이 '해' 하는 반말과, '해요' 할 경우에보다는 상대방의 지위를 좀 더 낮추어 하는 존댓말 '허우' 하는 말이 쓰인다.

그러나 상당히 격식을 차리는 대인 관계에서나 그런 관계를 요구하는 사회의 환경, 이를테면 장인과 사위 또는 사장과 사원 사이에서는 '해라' 할 수가 없으므로 '허게', '허세(함세)', '허네?와 같은 '허게' 하는 말이나 '합니다', '합니까?와 같은 가장 높이 존대하는 말을 쓰는 것이 보통이다.

전통적인 유교 사회에서 현대 사회로 넘어오면서 존댓말을 쓰는 방식이 달라져 가고 있다. 이를테면 '잡수시다'와 '들다'의 쓰임새가 뒤죽박죽이 되고 있다. '먹다'의 존댓말은 분명히 '잡수시다'였고 현대 경기도말과 서울말에서도 대체로 그러하다. 한편으로 '들다'는 본디 윗사람이 아랫사람에게 말할 때에 쓰던 말로서 "김 서방, 약주 한잔 들게"와 같은 경우에 썼는데, 지금은 많은 경기도 사람과 서울 사람들이 특히 젊은이들이 "선생님, 점심 드셨습니까?", "아버지, 과일 한 쪽 드세요"에서와 같이 윗사람에게조차 '잡수시다' 대신에 '들다'를 혼동해서 쓴다. 보기를 또 하나 들자면 '읍시다', '읍시오', '읍지요' 따위가 있다. 본디 이런 명령형들은 전통 사회의 양반 계층에서는 당돌한 말투라고 하여 쓰지 않고 중인 계층이나 그 아래에서 주로 쓰던 말인데, 요즈음에는 이런 계층의 차이가 무너져서 나이가 비슷한 사람들끼리 또는 아랫사람이 윗사람에게 격식을 차려 말할 때에도 쓴다. "함께 갑시다", "어서 오십시오"가 그 보기이다. 하기야 "어서 옵시오!", "어디로 모실깝시오?" 같은 예전에 하층 계급에서 쓰던 형식은 이제 거의 쓰지 않고, 아주 적은 수효의 접객업소에서 손님들에게 쓸 뿐이다.

경기도말과 서울말에는 다른 몇몇 방언들의 것과 얼마쯤은 구별되는 존대말투가 있는데, 그것은 바로 '요'의 사용이다. 거의 모든 방언에서도 이 '요'나 그에 해당하는 말을 쓰고 있지만, 서울말과 경기도말에서만큼 자주 붙이지는 않는 듯하다.

"제가(요), 장에 갔었는데(요), 개성댁 큰 자부를 만났거등요. 그런데(요) 저를 보더니(요), 그만 줄행랑을 놓더군요."

위의 보기에서 '요'는 한 문장이 끝날 때에는 말할 것도 없고 말마디 사이사이에 숨을 끊을 때마다 섞음섞음 덧붙인다. 이와 같이 '요'를 붙이지 않으면 윗사람한테 건방진 인상을 주게 된다.

위의 보기에서 모든 '요'를 빼 버리면 상대방에게 '해' 하는 반말 문장이 되어 버리는데, 비록 "만났거등요", "놓더군요" 하더라도 그 앞의 마디마디에 '요'를 부지런히 붙여서 그때그때에 상대방에 대한 존경심을 표시해 주지 않으면 말이 그만큼 반말투에 가까워지기 때문이다. 이 '요' 말투는 가까운 사이의 존대말투로도 소개했었는데, 실상은 오늘날의 경기도말, 서울말에서 가장 두루 쓰이는 존댓말이기도 하다.

경기도말과 서울말에서는 경상도말 같은 방언에서와는 달리, 윗사람에게는 반드시 "안녕히"라는 표현을 써서 인사말을 해야 하고 '평안히', '편(안)히'라는 말을 해서는 안 되는 것으로 되어 있다. 따라서 경상도 젊은이가 그 지방의 말버릇대로 경기도나 서울의 노인에게 "편히 계시소" 하면, 그 노인은 당황해 할 것이다. 이처럼 방언에 따라 인사법이 달라, 상대방에게 불쾌한 인상을 주는 수가 있다.

'합디다'의 경우에도 마찬가지이다. 경기도말과 서울말에서는 이

'합디다' 형식은 웃어른한테는 쓰지 못하고 '허우' 하는 사이에서 쓸 수 있다. 그런데 어떤 방언에서는 이 말을 웃어른한테 자연스럽게 쓴다.

경기도와 서울 지방에서는 '자개(ᄌᆞ갸)'가 중세 국어에서만큼은 아니지만 아직도 부부 사이에서나 같은 나이의 사람들 사이에서 존칭으로 쓰인다. 그러나 요즈음 젊은이들이 쓰는 애칭의 '자기'와는 다르다.

현대 경기도말과 서울말에서는 문장을 연결시킬 때에 쓰는 표준말의 '고', '거든', '(으)니까'를 '구', '거등', '(으)니깐' 따위로 쓴다. 그런데 본디 그 앞말을 그 뒷말에 연결시킬 때에 쓰던 이와 같은 연결 어미가 요즈음에는 한 문장을 끝내는 자리에서도 쓰인다. 곧 "내가 어제 거기 놀러 갔었다구", "엄니(엄마)가 얼른 오셨거등", "비가 틀림없이 왔었다니깐"이 그 보기이다.

확대되는 불규칙 활용

표준말에서 "비가 오니까 가지 못하겠어"에서처럼 어떤 이유나 원인을 가리키는 뜻으로 쓰이는 '(으)니까'에는 '드루'가 덧붙어 '(으)니깐드루'가 된다. 또 만일에 "비가 와서 가지 못 하겠어"에서처럼 '(아)서'가 어떤 이유나 원인을 나타날 때에는 거기에 'ㄹ라무니'가 덧붙어 '(아)설라무니'가 되나, 젊은층에서는 그 대신에 '(아)가지고'를 쓴다.

경기도말과 서울말에서는 표준말 체제에 나타나지 않는 달리 느껴지는 특징들을 또 찾아볼 수 있다.

표준말의 '가르다', '다르다', '마르다' 따위는 '갈라', '달라', '말라'처럼 그 모양이 바뀌어서 '(물을) 따르다'가 '(물을) 따라'가 되는 것과는 달리 이른바 '르 불규칙 활용'을 한다고 하는데, 이 지역—실제로는 다른 지역에까지 확대되지만—에서는 '갈르고', '갈르면', '갈라'처럼 쓰여서 마침내 '갈르'와 같은 규칙적인 모습을 보이게 되었다. 그러나 '가르마', '다른(딴)', '마름개질'에서와 같이 하나의 낱말로 이미 굳어져 버린 경우에는 예전의 모습이 그대로 간직되고 있다.

'ㄹ'을 어간의 끝소리로 가지는 모든 동사와 형용사는 '들고', '들면', '들지', '들더니', '들어서'와 같은 경우에는 'ㄹ'을 그대로 두면서 규칙 있게 활용하고 '든', '드시고', '드니까', '듭니다'와 같은 경우에는 'ㄹ'을 빠뜨리는 활용을 한다는 것이 표준말의 법칙이나, 경기도말과 서울 말에서는 위의 불규칙 활용형들이 각각 '들은', '들으시고', '들으니까'로 바뀌어 어간과 어미를 규칙화시키고 있다.

'잇+어'를 '이어'가 되게 하는 'ㅅ 불규칙 활용', '춥+어'를 '추워'가 되게 하는 'ㅂ 불규칙 활용', 그리고, '듣+어'를 '들어'가 되게 하는 'ㄷ 불규칙 활용'은 경기도말과 서울말을 포함한 몇몇 고장 말의 특징으로 볼 수 있다. 그런데 근래에는 다른 방언에서와 마찬가지로 경기도말, 서울말에서도 그런 불규칙 활용이 바뀌어 어근 자체까지 탈바꿈된 낱말들이 있으니, '구어(궈)', '굿는다', '굿지'로 활용되어 '굿다'로 바뀐 '굽다'가 그것이요, '싫는다', '싫지', '싫고'로 활용되어 '싫다'로 바뀐 '신다'가 그것이다.

'노래(노랗다)', '파래(파랗다)', '빨개(빨갛다)', '하얘(하얗다)' 들에서 보듯이 '하+어 → (하여) → 해'와 비슷하게 활용한다고 할 수 있는 '앟'을 어간에 가진 형용사는 빛깔말들인데, 경기도의 여러 고장에서는 '나쁘다'라는 뜻으로, 쓰이는 '망핳다'(사람이나 옷 따위가)가 있어 '망

해요', '망핳지요' 같은 형태로 빛깔말과 같이 활용한다.

18세기 이전에는 '(동물의) 삿기'라고 했던 말이 그 뒤에 '새끼'로 바뀌었고, 이런 변화는 '아기 → 애기', '아비 → 애비', '어미 → 에미', '소경 → 쇠경', '아끼다 → 애끼다', '먹이다 → 메기다', '옮기다 → 욍기다'에서처럼 경기도말과 서울말에서도 점차로 확대되고 있다. 본디 이 움라우트 현상 곧 'ㅣ' 모음 역행 동화는 경상도와 전라도의 남부 방언에서 십칠 세기쯤에 일어나 북쪽으로 전파된 것이다. 그러나 경기도말과 서울말에는 남부의 방언에서처럼 '밤+이 → 배미', '밥+이 → 배비', '방+이 → 뱅이', '부락+이 → 부래기' 같은 심한 경우가 아직 없다. '보기 싫다 → 뵈기 싫다', '돋보기 → 돋뵈기' 들은 있으나 '나(를) 보기(가) 역겨워'의 '보기'가 '뵈기'로 변하게까지는 되지 않았다.

'디다'가 '지다'로 바뀐 'ㄷ → ㅈ'의 구개음화도 남부 방언에서 먼저 일어나 평안도 지방을 뺀 전국으로 퍼진 현상이다. 요즈음의 경기도 말과 서울말은 이렇게 굳어진 것 말고도 '밭+이 → 바치'(다만 '밭을', '밭에'만은 본디 소리를 지킨다), '맏이 → 마지(맏아들)'에서와 같이 'ㅌ'이 'ㅊ', 'ㄷ'이 'ㅈ'으로 바뀌는 현상을 보여 준다. 그러나 남부 방언은 말할 것도 없고 대부분의 충청도말에서도 '기름 → 지름', '길 → 질', '기둥 → 지둥', '키 → 치', '끼우다 → 찌우다 또는 찡구다'들에서처럼 낱말의 첫머리에 'ㄱ → ㅈ', 'ㅋ → ㅊ', 'ㄲ → ㅉ'의 변화가 나타나는 것과는 달리 경기도말과 서울말에서는 아직 이런 변화가 나타나지 않는다.

자는 '밤'은 짧고, 먹는 '밤'은 길다.

말소리의 길고 짧음에 따라 뜻이 달라지는 말이 있고, 말소리의 높고 낮음에 따라 뜻이 달라지는 말이 있다. 이를테면 '낮'의 반대가 되는 '밤'은 소리가 짧고, 먹는 '밤'은 소리가 길다. 또 앞의 '밤'은 소리가 높고 뒤의 '밤'은 소리가 낮은 방언도 있다.

이 두 가지의 다른 말이 우리나라에서는 지방에 따라 달리 구별되는데, 소리의 높낮이로 뜻을 구별하는 곳은 대체로 낭림 산맥, 태백 산맥, 소백 산맥으로 이어지는 지대의 동쪽이다. 그러나 십오 세기에만 해도 경기도말과 서울말도 이러한 소리의 높고 낮음을 가지고 있었는데 십칠 세기 뒤로 그 특징이 없어지고 소리의 길고 짧음에 따라 뜻을 구별하는 특징을 갖게 되었다. '(뚫린) 굴'과 '(먹는) 굴', '(옥수수의) 술'과 '(마시는) 술', '(문에 치는) 발'과 '(몸의) 발', '(입으로 하는) 말'과 '(달리는) 말', '(밥이) 되다'와 '(쌀을) 되다'는 저마다 길고 짧음에 따라 뜻이 달라지는 짝이다.

대체로 현대 한국어에서 소리가 긴 'ㅓ'와 'ㅕ'는 '얻다', '없다', '넣다', '영감', '영등포'의 보기에서처럼 각각 'ㅡ'와 'ㅣ'에 가깝게 바뀌었는데 이 변화는 십구 세기의 경기도말과 서울말에서 비롯되었다. 바탕이 본디 짧은 소리라도 '두+어 → 둬'에서처럼 둘이 하나로 줄어들면 그 줄어든 말은 길어지는데, '마음 → 맘', '처음 → 첨', '무우 → 무'들도 마찬가지이다. 또 '알+고 → 알고', '알+면 → 알면', '알+지 → 알지'에서처럼 바탕이 본디 긴 소리라도 '알아'에서처럼 짧아지는 경우가 있다. 이렇게 소리가 길어지거나 짧아지는 것은 경기도말과 서울말만이 가진 특징은 아니고 소리의 길고 짧음을 가진 방언이 두루 가진 특징이다. 그러나 오늘날의 젊은층은 소리의 길이를 의식하는 힘이 아주 약해지고 있다.

개성말과 비슷한 강화도말

서울과 경기도 안에서 말의 지역적인 차이가 어떻게 경계를 이루는지 지금으로서는 분명히 말할 수가 없다. 다만 대체로 서울을 중심으로 하여 그 남쪽 지역과 그 북쪽 지역이 서로 얼마쯤의 차이를 보이고, 서해의 섬들은 또 다른 복잡성을 보인다고는 말할 수 있겠다.

앞에서 말했던 (먹는) '게'의 방언형으로 서울 북쪽에서는 '궤', 남쪽에서는 '그이'가 쓰이는 것이 그 보기이다. 또 표준말로 채택된 '생이'(민물새우)는 서울과 그 북쪽 지역에서 쓰고 남쪽에서는 '새갱이'라고 한다. 그러나 안성 지방에서는 남부 방언 계통의 '새뱅이'를 쓴다. 그리고 서울과 그 북쪽 지역에서는 표준말인 '가위'나 '가우'를 쓰나, 그 남쪽에서는 '가새'를 쓴다. 여기에 한마디를 덧붙인다면, 포천군, 가평군, 양평군, 여주군 같은 경기도 동부 지역의 말 중에서도 대체로 양평말과 여주말은 충청 방언의 영향을 받는 듯하다고 한다.

광주군 중부면의 남한산성말은 크게는 경기도말과 다를 바가 없지만 특이성을 좀 띤다. '이제 오니?'를 '이제 오네?'라고 하고 '데리러'와 '차례차례'를 '데비러', '채비채비'라고 한다. 이 남한산성 지역은 병자호란 이후로 궁중과 오랫동안 관계를 맺었던 역사 배경을 지니고 있어 궁중말의 영향을 받기도 하였다.

경기도 서해 섬사람들에서 쓰는 말에는 육지에서 쓰는 말과는 다른 표현들이 많이 있다. 이 사람들이 쓰는 '도매(도마)', '소래(소라)', '바대(바다)'와 같은 말들은 우리나라 해안 지대의 말과 공통되는 특징을 지니고 있다. 그리고 그들 중에서도 인천 앞바다의 남쪽 섬들에 사는 이들은 충청남도말과 비슷한 특징을 가진 말들을 많이 쓴다.

또 경기도의 여러 섬들에서는 거의 빠짐없이 서울과 경기도 육지에서 쓰는 표준말 '노을'이 '북새' 또는 '불거지'가 된다. 이 말들은 황해도 서쪽, 충청남도 해안 지대, 전라남북도, 경상남북도에서 쓰이는 방언이다.

강화도말은 개성을 중심으로 한 경기도 서북부 지방과 그에 연결된 황해도의 말과 비슷한 특징을 보인다. 가장 특징있는 것은 '있시다(있습니다)', '있시꺄(있습니까)', '하꺄(할까요)', '일 오시겨(이리 오세요)', '그랬시다(그랬습니다)', '그랬시니꺄(그랬습니까)', '그랬드랬나(그랬었나)' 따위이다. 강화도말이 특히 개성말과 비슷한 모습을 보이는 것은 아마도 몽고난 때에 고려 왕조가 수도를 강화로 옮기면서 개성의 주민 십만 명쯤을 옮겨 살게 한 역사의 배경 때문일 듯하다.

옹진군의 백령도말은 오히려 황해도말에 가까울 듯하다. 경기도 육지에서는 거의 다 표준말인 '우박'을 쓰는데 백령도에서는 황해도의 방언형인 '무리'를 쓴다. 그러나 연평도에서는 '우박'이라고 한다. 백령도는 국토가 갈라져 지금은 경기도 옹진군에 속해 있으나 과거에는 황해도 문화현에 속했었다.

한마디로 말해 경기도의 서해 섬들의 말은 크게는 중부 지방의 말에 가깝지만 해안 지대의 특징을 가지고 있으며, 역사 배경에 따라 황해도말이나 또는 충청도말에서 크게 영향을 받아 온 셈이다.

[《한국의 발견》, 뿌리깊은나무, 1983]

붙임: 경기도말은 고려시대 이후로 한국의 중앙어 역할을 해 왔다. 딴 방언들에 영향을 주기도 하고 그 반대의 경우도 있었을 것이다. 많은 벼슬아치들이 몰려들어 왔고 또 반대로 낙향도 하면서 서울을 포함했던 경기도말은 오랜 기간에 걸쳐 이룩되었을 것이다. 이 글은 일반인들을 위해 청탁에 의해 쓴 것으로 서울·경기도 말의 특징을 짚어 보되 딴 방언들과의 현격한 차이 일부와 경기도 안에서의 몇몇 방언차를 지적해 보았다.

표준어

1.

표준어라는 말을 자주 쓰면서도 그 개념이나 그 실체를 분명히 알지 못하고 있는 경우가 우리 주위에 더러 있다. 개념이나 실체를 옹골지게 안다는 일이 쉬운 일은 아니나, 표준어에 대한 지식을 여물게 하려는 것이 이 작은 글의 할 일이다.

2.

표준어(표준말) 하면 우선 떠오르는 것이 규정이다. 표준어(standard language)와 비표준어(substandard language)를 사정하여 구분 짓는 원칙이 곧 규정으로 제시되는데, 이 규정은 언어 규범(norms of language)을 전제로 한다. 흔히 언어 규범이라 하면 그것은 해당 언어의 구조와 기능에 비추어 정당화될 수 있어야 유효하며, 유효한 규범이라야 그 언어 사회에서 시행될 수 있고, 또 흔히 사회적으로 공신력 있는 어떤 기관이나 단체에서 규정으로 제정되어야 그 사회에서 받아들일 수 있는 것이다.

규범화를 통해 표준어 규정을 왜 제정하는가. 어느 언어이든지 그 언어의 여러 역사적인 배경에 따라 지역적으로 그리고 사회적으로 다양한 언어 형식과 언어 내용의 변이가 있게 마련이다. 우리가 표준어 단어로서 알고 있는 '질경이'란 식물은 '질경이, 질겡이, 질겅이, 질강이, 질깅이, 질광이, 질괭이, 질공이, 질게이'와 같은 약간의 차이가 있는 어형들이 있고 '질그렝이, 질그링이'와 같은 좀 더 차이가 있는 어형들이 있는가 하면 '뻬뿌쟁이, 뻬뿌쟁이, 배뿌쟁이, 베뿌쟁이, ……'와 '뺍쟁이, 뱁쟁이, 배재기, 배째기, 배체기, ……'와 같은 어형들도 있는데, 각각 [길경(古刑)+이]와 [뵈(布)#뱟(織)+앙이]와 같은 서로 다른 어원으로부터 변화된 것들이다. 이 두 어형이 섞인 '길짱구, 길짱귀, 질짱귀, 찔짱귀, 찔짱구, 찔쳉이' 등등 많은 방언형이 있는가 하면, 또 '차전자(車前子), 차전초(車前草)' 등의 차용어로서의 한자어가 향약명으로도 쓰이고 있다. 동일한 대상에 대하여 상당히 다른 어형을 쓴다면 의사 소통이 원활히 이루어질 수가 없는 경우가 허다할 것이다. '바쁘다'라는 말을 어느 화자가 '이 한자는 알기에 바쁘다'로 쓴다면 '바쁘다' 속에 '어렵다(難)'라는 의미 내용이 없는 청자는 말뜻을 몰라 당황하게 될 것이다. '정확하지 않다'라 할 것을 '안 정확하다'라고 하면 어색해 하는 사람도 있을 것이고 '내가' 할 것을 '나가, 내레' 하면 역시 자연스럽게 느끼지 못할 사람도 있을 것이다. 바로 한 언어 사회 안에서의 이와 같은 차이를 줄여 그 언어 사회의 구성원들 사이에서 의사 소통이 원활히 이루어지도록 어느 정도로 통일시키려는 의도로 공통적인 언어 기반 위에서 언어 규범을 마련해 보고자 하는 작업이 표준어 제정의 목적이다. 그러나 이러한 목적에 맞추어 언어 사회 전체가 표준어 하나로 통일될 수는 없고, 어느 환경에서나 표준어만을 사용하는 일도 없다. 표준어는 지역 간의 언어차와 계층(또는 집단) 간의 언어차를 피해야 하는 환경에서 쓰이게 마련이라, 흔히는 표준어가 공통어뿐만 아니라 공용어의 구실도 하게 된다. 예컨대 가정에서는 그 가족들이 서로 자연스럽게 여기는 일상적인 언어를 사용하지만, 공식적인 대화의 경우라든가 방송에서의 뉴스 알림이나 대담에서는 표준어를 사용하기를 바라는 것이다.

표준어가 공통어로 구실할 수 있는 기반으로서의 언어라고 한다면, 그 표준어도 하나의 언어이어야 하기 때문에 그 언어 체계 안에는 음운 어휘 및 문법을 총망라하는 개념을 지녀야만 이상적일 것이다. 즉 표준 발음 표준 어휘 및 표준 문법이 규범화되는 규정이 제정되어야 표준어 규정이 완성되는 셈이다. 그런데 현실적으로는 이러한 개념의 이상이 실현된 일은 아직은 없다. 이를 좀 더 실질적으로 알아보기 위해서 다음에는 표준어 제정의 역사를 훑어보자.

3.

표준어에 대한 인식은 조선 시대에도 있었다. 《동국정운》은 비록 한자에 국한되어 있으나 일종의 표준 발음사전이었고 《훈민정음》은 비록 문자 체계와 부분적인 맞춤법에 국한되어 있으나 '정음(正音)'에 바탕을 둔 것이었다. 그 뒤에도 많은 학자들이 언어의 정확한 사용에 깊은 관심을 보이곤 하였다. 그러나 표준어라는 현대적인 개념으로 표준어를 제정하려 한 것은 1936년에 간행된 조선어학회의 《사정한 조선어 표준말 모음》이었다(이하에서는 이를 《1936》이라 부른다). 1933년에 제정된 《한글 맞춤법 통일안》과 함께 당시에 진행하고 있던 사전 편찬과 깊은 연관이 있었던 것인데, 그 뒤에 부분적으로 수정하여 쓰이다가 드디어 《표준어 규정》이 국어연구소(현 국립국어연구원의 전신)에서 제정되고 국어심의회의 심의를 거쳐 1988년 1월 19일에 《한글 맞춤법》과 함께 '문교부 고시 제88-2호'로 관보 제10,837호에 고시되었던 것이다(이하에서는 《1988》이라 부른다). 《1936》은 학술 단체의 안이었으며 《1988》은 정부 기관의 규정 고시이었다. 이 두 가지의 체제를 우선 비교하여 보자.

《1936》	《1988》
첫째 같은 말[동의어]	제1부 표준어 사정 원칙
1. 소리가 가깝고 뜻이 꼭 같은 말	제1장 총칙
2. 소리가 아주 다르고 뜻이 꼭 같은 말	제2장 발음 변화에 따른 표준어 규정
둘째 비슷한 말[근사어]	제3장 어휘 선택의 변화에 따른 표준어
셋째 준말[약어]	규정
부록	제2부 표준 발음법
1. 한결로 처리한 말떼	제1장 총칙
2. 한자의 전음	제2장 자음과 모음
	제3장 음의 길이
	제4장 받침의 발음
	제5장 음의 동화
	제6장 경음화
	제7장 음의 첨가

전체적으로 보아 《1936》은 《1988》의 〈제1부 표준어 사정 원칙〉에 해당된다. 《1988》의 〈제2부 표준 발음법〉은 새로이 제정된 것으로 북한의 〈문화어 발음법〉에 견줄 만한 것이다. 이 발음 부분을 제외한 나

머지를 비교하여 보자. 《1936》과 《1988-제1부》가 비록 표현상의 차이가 있기는 하나 대체로 '같은 말[동의어]'='발음 변화에 따른 표준어 규정' 그리고 '비슷한 말[근사어]'='어휘 선택의 변화에 따른 표준어 규정'과 같이 각각 평행되는 것이다. 여기서 평행된다는 것은 동의어나 유의어(근사어)를 의미상으로는 고정시켜 놓고 그 동의어나 유의어를 나타내는 여러 형식들을 사정하여 표준어형을 제정하는 점에서는 큰 차이가 없다는 것을 말한다. 다만 동의어의 경우에는 주로 여러 발음 변화형 중에서 하나를 표준어형으로 선정하려 하였으나, 유의어의 경우에는 《1936》에서는 등재된 모든 유의어들을 모두 표준어형으로 인정하였는데, 《1988》에서는 경우에 따라 하나의 표준어형 또는 복수표준어형을 인정하고 있다. 물론 내용에 있어서 양자가 동일한 것은 아니다. 예컨대 《1936》에서는 '봉숭아, 봉선화, 봉사' 중에서 '봉숭아(名; 鳳仙花)'만을 표준어형으로 인정하였으나, 《1988》에서는 '봉숭아, 봉숭화' 중에서 '봉숭아'를 표준어형으로 인정하면서 '봉선화'도 인정하였다. 즉 '봉선화'가 비표준어에서 표준어에 들도록 한 것이다. 그런가 하면 '보습, 보십, 보섭'의 경우에는 양자가 모두 '보습'만을 표준어로 사정하였다.

《1936》과 《1988》은 사정 대상으로 삼은 언어 단위의 성격에 있어서도 평행된다. 사정 대상이 된 항목들은 대부분이 어휘형태소로서의 '단어'들이고 극히 일부가 문법형태소로서의 '조사'와 '어미'인 점에서 같다. 문법형태소 항목 자체는 다르지만, 《1936》에서 사정된 조사나 어미의 예로는 '-까지(-꺼지, 꺼정), -께옵서(-께압서), -거늘(-거날), -거든(-거던), -고자(-고저), -기에(-길레)' 등등이 포함되어 있고 《1988》에서 사정된 조사나 어미의 예로는 '-던(-든), -(으)려고(-(으)ㄹ라고, -(으)

ㄹ려고), -(으)세요/-(으)셔요, -에는(-엘랑), -이어요/-이에요, -지만(-지
만서두)' 등등이 포함되어 있다. 단어와 조사·어미는 국어사전의 거
시구조(macrostructure)를 구성하는 표제항(lemma)의 핵심적인 요소
들이 됨은 물론이다. 이미 잘 알려진 바와 같이 조선어학회에서는
①사전 편찬, ②한글 맞춤법 통일안 제정, ③표준어 사정, ④외래어
표기법 제정 등을 일련의 사업으로 진행하였다. 너무나도 당연한 작
업이었으며 서로 유기적인 관계에 있음은 물론이었다. 표준어 사정
에서 어휘형태소와 문법형태소에 대한 표준화(standardization)를 사
전 편찬을 위한 표제화(lemmatisation)로 이어지게 하였다면 그것은
효율적인 작업일 것이다. 지금까지의 국어사전은 공시적인 기술적
사전(descriptive dictionary)이 아니라 고어나 방언 그리고 비속어까지
도 포함하는 종합적인 확장형 사전(extensive d.)이면서 규범적인 텍
스트(normative text)의 성격을 띠기 때문이다. 《1988》은 《1936》의 단
순한 개정·보완에 그친 것이 아니고 그간에 나왔던 국어사전들에서
문제가 될 만한 것들을 골라 표준어를 사정하고 보완한 것이지만,
크게는 양자의 체제가 다를 바 없다고 할 수 있다.

4.

이제 《표준어 규정》 특히 〈표준어 사정 원칙〉의 내용에 대해 그
요점을 보도록 하자.

제1장 총칙은 "제1항 표준어는 교양있는 사람들이 두루 쓰는 현대
서울말로 정함을 원칙으로 한다."로 되어 있는데, 이는 표준어의 대
상 언어에 대한 규정이다. ①지역적으로는 '서울말'이요, ②시대적으

로는 현대어요, ③ 언어 질적으로는 교양 있는 말을 표준어로 사정하겠다는 것이다. 여기서 이를 확대하면, 수도권 정도의 공통적인 현대어로 그것은 교양 있는, 즉 상스럽지 않은 말이 된다. 이에 따르면 표준어에는 비속어 내지 비속적 표현이 제외되어 언어순화의 기능까지 할 수 있어야 한다. 그럼에도 불구하고 '귀퉁이'에 대한 '귀퉁머리/귀퉁배기', '발목'에 대한 '발모가지/발목쟁이', '철'에 대한 '따구니/철딱지/철딱서니' 등과 같은 비속어를 표준어로 사정하였다. '오색잡놈/오사리잡놈, 수놈(≠암놈)'과 같은 욕설 내지 비속어로 쓰이는 표현까지 표준어로 선정된 것을 보면 '교양 있는'의 한계가 분명하지는 않은 듯하다. 언어순화를 염두에 두고서 편찬한 외국의 규범 사전들에서 비속어를 제외시킨 것과는 대조적인 모습이다.

　제2장 발음 변화에 따른 표준어 규정에서는 《1936》에서 '간'을 표준어로 하고 '칸'을 비표준어로 사정하였던 것을 '초가삼간, 윗간'의 경우 외에는 '칸'을 표준어로 삼은 것처럼, 발음 변화가 현저히 이루어져 굳어진 것으로 보이는 어형들을 표준어로 삼는 현실화를 규정한 것이다. 자음, 모음, 준말, 단수표준어, 복수표준어 등으로 분류하였는데, 이 중에서 준말은 《1936》에서는 별도로 다루었던 것이다. 여기에 '배암〉뱀, 부스럼〉부럼, 거짓부리~거짓불, 망태기~망태, 머무르다~머물다' 등과 같은 예들이 포함되어 준말의 개념이 모호하게 되었다. '배암〉뱀, 부스럼〉부럼'은 발음 변화에 따른 것이라 할 수 있으나 '거짓부리~거짓불, 망태~망태기, 머물다~머무르다'가 과연 발음 변화에 따른 준말 관계에 있을까. 그러나 여기서 일단 현실화에 초점을 두려 한 것은 분명하다. '네'와 '예'가 복수표준어로 허용되었는데, 이의 차이는 실은 방언 차이었던 것인데, 확산된 현실을 받아들인 것이

다. 주로 '네'는 수도권의 방언형이요 '예'는 그 밖의 지역의 방언형이다. 따라서 복수표준어를 인정한 태도는 단수표준어를 기본으로 한 태도에 비해서 기술적(descriptive)이다.

제3장 어휘 선택에 따른 표준어 규정은 ① 고어, ② 한자어, ③ 방언, ④ 단수표준어, ⑤ 복수표준어로 구성되어 있다. '난봉'을 표준어로 삼고 현재는 쓰이지 않게 된 '봉'은 비표준어로 처리하려는 것이 ① 고어이다. 언어의 현실화를 역시 꾀한 것이다. 그런데 '자두'를 표준어로 취하고 '오얏'을 버린 것은 성급한 처리였다. 왜냐하면 '자두'와 '오얏'은 비록 사전들에서 '오얏'과 '자두(紫桃)'가 유의어로 처리되는 일이 있어도 현재는 서로 다른 열매이기 때문이다. '오얏 李'를 '자두 李'라 할 수는 없는 일이다. ② 한자어에서는 현재 널리 쓰이고 있는 '가루약'과 같은 고유어 계열을 취하고 그에 대응하는 '말약'과 같은 한자어 계열은 버린다든가, '높은밥'처럼 고유어 계열이 생명력을 잃고 그에 대응되는 '고봉밥'이 자리한 것처럼 한자어 계열을 표준으로 삼는 규정인데, 역시 언어의 현실화를 꾀하려 하였다. 여기서도 '왕고래'와 '구들고래'나 '총각무'와 '(알무/)알타리무'처럼 양쪽이 다 쓰일 수 있는 단어들까지 포함되어 있다. ③ 방언은 '멍게/우렁쉥이'처럼 방언으로 처리되었던 '멍게'가 표준어로 처리되었던 '우렁쉥이'보다 서울말에서조차 더 널리 쓰이게 된 경우에 '멍게'를 표준어로 삼고 '우렁쉥이'도 표준어로 남겨 둔다는 것이다. 결국 어느 한쪽이 폐어가 되지 않는다면 복수표준어가 되는 셈이다. 그러나 표준어이던 단어가 방언으로 대치되었다고 하면 마치 고어처럼 표준어로는 버리게 되는데, 역시 현대어에 따른 언어의 현실화이다. ④ 단수표준어는 의미가 같은 형태가 여럿이지만 그중 어느 하나가 압도적으로 널리 쓰이면

그 단어만을 표준어로 삼는다는 규정이고 ⑤ 복수표준어는 표준어 규정에 어긋나지 않으면 여러 형태를 모두 표준어로 삼는다는 규정이다. 여기에는 음운적인 것과 어휘적인 것이 모두 포함되어 있다.

5.

지금까지 우선 표준어의 개념과 제정 목적을 알아보고 《표준어 규정》(1988) 속의 〈표준어 사정 원칙〉을 개략적으로 소개하여 보았다.

표준어 제정의 기본 목적이 언어 사회 구성원들 사이에 의사 소통이 원활히 이루어지도록 공통적인 언어 기반을 마련하는 것이어서 이상적으로는 음운, 문법, 어휘를 망라하여 표준화되어야 하지만, 실제로는 의미를 어느 정도 고정시키고서 그에 대한 어형들을 사정하기 위한 규정에 멈추었음을 보았는데, 이는 《사정한 조선어 표준말 모음》(1936)과 크게 다를 바 없는 것이었다. 《1936》과 달리 《표준어 규정》(1988) 특히 〈표준어 사정 원칙〉은 그동안 겪은 음운 변화와 어휘 변화를 고려하여 현실화함에 초점이 맞추어졌음을 보았다. 이렇게 되면 표준어는 시대의 흐름에 따라 변천하는 대로 바뀌게 되고 나아가서 그 바뀌는 표준어의 표기도 바뀌게 될 것이다. 이는 대상 언어를 현대어로 삼은 데에 기초한 것이다.

표준어는 또 그 대상 언어를 서울말로 정함을 원칙으로 하였다. 지역주의를 탈피해야 하면서도 또다시 지역주의에 빠진 셈이다. 이 지역주의에 의한 규정은 어디까지나 원칙인 것이다. 예컨대 '게(蟹)'는 서울에서 '궤'형이고, '게'형은 전라남도의 동부지역과 경상남도의 서부지역 그리고 함경도 등에서 쓰이는 방언형이다. 그 밖에 '귀이,

거이, 그이, 기' 등이 많이 쓰인다. 서울말인 '궤'형이 표준어로 채택되지 못하고 변두리지역의 방언형이 채택되었는바, 이는 '게'로 오랫동안 쓰여온 표기형에 따른 것인 듯하다. 표기형에 따른 이러한 표준어 제정은 실제로 상당한 양이 있었을 것으로 짐작된다. 맞춤법과 표준어 사이에는 깊은 관련이 맺어져 있는 것이다. 앞으로는 서울말에 국한시키지 말고 전국적으로 보아 광범위한 지역에서 쓰이는 방언형을 복수표준어로라도 더욱 많이 받아들이는 기술적인 태도가 필요할 것이다.

끝으로 표준어는 그 대상 언어를 '교양 있는 사람'들이 쓰는 말을 대상으로 하였는바, 이는 궁극적으로는 언어순화('바른 말, 고운 말')까지 지향하는 것이기에 가급적이면 비속어는 표준어에서 제외시켜야 옳을 것이다. 만일 그렇지 않다면 철저히 모든 용법의 어형들을 다양한 차원에서 사정하는 기술적인 제정 태도를 보여야 할 것이다.

[《새국어생활》 8-2, 국립국어연구원, 1998]

붙임: '표준어' 하면 상대적으로 으레 떠오르는 말이 '방언'(때로는 '사투리'까지도)이기에 여기에 싣는다. 일반인을 위해 써 달라는 청탁에 의한 글이다. 우선 표준어의 개념과 표준어 제정 목적을 알아보고 〈사정한 조선어 표준말 모음〉(1936)을 떠올리며 〈표준어규정〉(1988)을 그 사정 원칙에 초점을 두고 음미하고서 앞으로의 방향도 생각해 보았다.

방언연구의 흐름과 반성

1.

연구사의 서술은 모든 역사의 서술과 마찬가지로 시대적 가치의 상이성을 인정하면서 그 전체적인 흐름을 파악하고 나아가서 새로운 방향을 모색하는 서술이어야 한다. 이미 역사의 사실로 인정되는 이전의 연구를 현재의 이론에 서서 파악하는 현대적 편견은 철저히 씻어져야 한다. 상이한 시대적 가치를 부여하고서 각각의 시대의 연구들을 그 나름대로 체계적으로 파악한 뒤에야 비로소 연구의 흐름을 정당하게 파악할 수 있으며 나아가서 새로운 높은 차원의 방향을 모색할 수 있는 것이다.

이러한 연구사적 검토에 있어서 우리의 주의를 필요로 하는 또 하나의 사실은 연구의 목적을 정확하게 파악해야 한다는 점이다. 왜냐하면 연구의 목적은 연구의 방법과 분리될 수 없으며 나아가서 연구의 자료상의 제약은 그 목적과 방법에 의존되기 때문이다.

본고는 국어방언연구사의 개략적인 서술로써 그 흐름을 파악하고 방언조사 및 방언연구의 보다 나은 방향을 제시할 것을 목적으로 한다. 따라서 이러한 목적에 알맞은 연구논저들만이 선택되어야 하기 해문에 언급되지 못하는 논저자들에게 미리 양해를 얻지 않으면 안될 것이다. 이 방면의 크고 작은 모든 연구들이 쌓이어 현재의 학문적인 폭과 수준에 이르렀음은 누구도 부인할 수 없을 것이다.

2.

연구사로서의 방언학사, 그것은 이제 60여 년의 역사를 지니게 되었다. 1910년대 이전의 방언적 관심은 극히 부분적인 자료보고이었다. 실학시대의 그것은 물론이고 개화기의 그것도 그러하였다.

北人은 便於開口音ᄒ고 南人은 便於撮口音ᄒ니 地氣使然也라 如呼馬에 北人曰 말 南人曰 몰 呼蠅에 北人曰 파리 南人曰 포리 呼豆에 北人曰 팡 南人曰 퐁 呼腕에 北人曰 팔 南人曰 폴이라 ᄒ야 此類極多라

《대한자강회월보》 제4호 1907

개화기로부터 싹튼 어문민족사상에 따라(졸고 1978b) 역(域) · 종(種) · 언(言)의 삼위일체로서의 민족 내지 국가라는 개념 속에서 국어는 민족어로 규정되었고, 이 국성(國性)으로서의 국어는 이데올로기로서의 '天이 命한 性'을 따라 자연발생적으로 형성되어 결국 절대적인 독립성과 동시에 상대적인 특수성을 지닌 것으로 이해되었던 것이다. 그리하여 국어는 생멸과 시종(始終)을 모르는 것으로 '天地에 自在한 者'인 음(音)은 하인(何人)이든지 가감(加減)도 못하고 변역(變

易)도 못하는 것이었다(주시경, 《국어문전음학》 1908, 《국어문법》 서 1910). 이러한 절대성을 지닌, 그래서 역사상 늘 단일성을 지닌 국어의 문법을 통일하는 것이 곧 국민의 단합심을 가져오는 것이라고 믿었기 때문에, 이러한 어문민족주의적 국어관에 입각한 국어연구에서는 자연히 분화에 의한 방언차에는 깊은 관심을 돌릴 수가 없었을 것이다. 주시경을 비롯한 당시의 민족주의의 계열에 서 있던 국어운동가들 및 국어연구자들은 일제 아래에서도 국권의 회복 내지는 국가의 독립이라는 민족적 이데올로기에 맞추어서 개화기의 국어연구와 거의 동일한 방향에서 국어를 연구하였던 것이다. 부분적으로 방언자료를 수집·보고하거나 방언분화에 관심을 보이거나 한 일은 그런대로 다행스럽게 여겨진다. 방종현(1935), 조선어학회의 방언수집 등이 그 대표적인 예라 하겠다.

3.

현지조사를 필요로 하는 방언에 대한 본격적인 연구는 그리하여 일제 아래에서 우리보다 훨씬 유리한 자리에 있을 수밖에 없었던 일인학자들 특히 小倉進平과 그의 제자 河野六郎에 의하여 창시되었고 독점되었다. 이들의 방언학적 관심은 당시의 언어학의 흐름이었던 역사주의적인 것이었다.

小倉進平은 "조선어는 어떠한 특질을 가진 언어이며 어떠한 언어들과 계통을 같이하는 것인가" 하는 문제에 관심의 초점을 두고서 (1944:6), "조선어 자체의 역사적 변천의 발자취를 밝히고 또 한편 다른 여러 언어와의 비교연구를 시험"하기 위해서 살아 있는 자료인 방언으로부터 특히 어휘수의 빈약함을 보충하면서 방언을 연구하였던 것이다. 개별언어로서의 한국어의 특질을 연구하고 그 특질의 비교 연구에 의하여 한국어의 계통을 밝히려는 그의 언어연구의 목적은 《향가 및 이두의 연구》의 경우에도 역시 동일하였다.

조선어의 역사적 연구는 조선어 그 자체의 성질을 천명하는 데 필요할 뿐만 아니라, 또 외국어 특히 조선어와 인접한 제민족의 언어와를 비교하는 데 가장 긴요할 일이다. 언어의 역사적 연구를 무시한 어론은 흡사 사상누각을 구축하는 것과 마찬가지로 근거가 매우 미약하여 하등의 과학적 가치를 인정할 수가 없다.

요컨대, 小倉進平의 주된 언어학적 관심은 역사언어학에 있다 할 것인 바, 그것도 역사적인 연구가 아니면 과학적 가치를 인정하지 않는 19세기적인 'science'의 개념 속에서였다.

이러한 역사언어학에 초점을 둔 방언연구에서 小倉進平은 자연히 국어사적 주제들을 중심으로 방언자료를 수집하고 기술하였으며, 그들의 지리적 분포를 측정하여 이러한 방언사적 '특질'에 의한 방언구획을 시도하였던 것이다.

小倉進平의 개별방언에 대한 기술은 '음운'(Pronunciation), '어휘'(Vocabulary) 및 '어법'(Grammar)으로 흔히 삼분되어 있는데, 이에 관련되는 주제들을 우선 그의 The Outline(1940)에서 보면 다음과 같다:

1. ᄝ ".、"
2. oi

3. jɔ

4. jo

5. ż "△"

6. [b] Occurring at the Middle of a Word

7. [k], [g] Occurring at the Middle of a Word

8. piɔ and na-rak Rice-plant(稻), or Unhulled Rice(籾)

9. Indian Corn(玉蜀黍)

10. Snail(蝸牛)

11. Auxiliary Verbs in Humble Form

12. Foreign Words

이상의 주제들은 크게 네 가지로 구분될 수 있는데, 1~7까지는 음운에 속하는 것들이고 8, 9, 10은 어휘에 속하는 것들이며 11의 한 주제가 어법에 속하는 것이다. 끝으로 중국어, 여진·만주어, 몽고어, 노어, 일본어 등으로부터의 외래어들이 포함되어 있다. 이러한 주제들 가운데서 음운사적인 것들이 그에게 더욱 큰 관심의 대상이 되고 있는데, 개개의 주제들의 방언반사형들에 대한 지리적 분포와 음운 변화를 검토하곤 하였다. '丶', 이중모음, '△' 및 이른바 어중자음들의 역사를 개체사적으로 각각 single item으로서 다루었다. 그리하여 어중자음으로서의 [b]와 [g]가 지리적 분포에 있어서 상당한 일치를 보여줌에도 불구하고 이들을 개체사적으로 파악함으로써 그 체계적인 상관성에 대한 유기적 해석에는 이르지 못했던 것이다(졸고 1976). 천문 시후 등으로 분류된 명사 이외에 동사 형용사 등도 상당수의 자료로 수집·이용되고 있는데, 이들도 대체로 음운사적 주제들에 관련된 것이었지 형태론적·통사론적 기능에 관련되어 서술되지는 않고 있다. 말하자면 그의 주된 관심은 다양한 방언자료의 수집에도 불구하고 function level에 있었던 것이 아니라 역사적 주제들에 관련되는 form level에 있었던 것이라 할 수 있다. 예를 들면 동사 '塗'(바르다)에 대하여

[pol-lùn-da] [pa-rùn-da]

[pal-lùn-da] [po-rùn-da]

[pol-lùn-da] [po-ran-da]

[po-rin-da]

와 같은 방언형들을 보고함으로써 'ᄇᆞᄅᆞ다'에 대한, 그것도 특히 'ᆞ'에 대한 음운사를 알려 줄 수 있었다. '讀'(읽는다)에 대해서도

[iŋ-nùn-da] [il-lùn-da] [i-rùn-da]

만을 지역에 따라 제시함으로써 의미자질을 명시해 주지 않음은 물론이고 형태음소론적 교체와 그 기저형을 말해 주지 않는다. 성조(아니면 액센트) 방언의 자료에 대하여 기능적 요소로서의 성조를 명시해 주지 못했음도 안타깝다.

어휘에 있어서도 그는 마찬가지의 태도를 가지고 있다. 단어의 방언반사형들을 지리적인 관점에서 서술하면서 그 단어의 형태사를 검토한다. 예를 들면 '옥수수'(玉蜀黍)에 대한 방언형들인 (a) [suk-ki], (b) [taŋ-sui], (c) [kaŋ-nam], (d) [ok su-su]들을 지리적 분포와 함께 그 형태

사를 검토한다. 즉 [suk-ki]는 접사 [-ki]를 가진 방언형이며, [taŋ-sui]는 중국으로부터의 수입을 뜻하는 [taŋ]을 지닌 방언형이고, [kaŋ-nam]은 중국지명인 '江南'에서 유래된 것이며, 끝으로 [ok su-su]는 '玉'을 포함하는 중국어의 '玉蜀黍'의 직역어라 하고 있다(1940:50~54, 1944:193~198). 이러한 어휘적 형태사의 서술은 "Every word has its own history." 이라는 역사언어학의 대전제에서 나올 수 있는 것이다. 단어들의 어휘론적인 서술에서 일차적으로 요구되는 것은 일정한 형식에 부여되는 의미자질의 파악이라 할 수 있다. 동일한 형식이 방언에 따라 상이한 의미자질로 명시될 경우가 허다하기 때문에 지리적인 방언차를 전제로 하게 되는 방언연구에서는 막연하게 주어진 의미에 대한 방언형식의 확인만으로는 만족할 수가 없는 것이다. 小倉進平의 경우, 때로 몇몇 단어들의 방언형들에 의미차를 덧붙여 준 것은 그 후의 대부분의 방언보고서들이 이런 의미차를 무시해 버린 것에 비하면 다행스러운 일이라 하겠다. '멸치'(鰯)에 대한 거제·통영의 방언형인 [mɛ-ri-ʧ'i]는 소형의 것을 뜻하고 [i-a-ʧ'i]는 대형의 것을 뜻한다고 보고하고 있으며, '새우'(鰕)에 대하여, 대부분의 경기지역에서는 대(중)형의 것을 [sɛ-u]라 하는 데 비하여 소형의 것은 [sɛŋ-i]라 한다든가, 충청남북도지방에서는 일반적으로 대중형의 것을 [sɛ-u]라 하는 데 대하여 소형의 것은 [sɛ-bɛŋ-i], [sɛ-un-gɛ]라고 하는데, 단 단양에서는 [sɛ-u]는 작은 것이고, 중형의 것을 [ʧin-ge-mi]라고 한다든가 하는 것 등이 그 예이다.

어법에 관련된 그의 대표적인 주제는 이른바 '겸양법의 조동사'(예. -읍니다/습니다)인데, 이에 대한 서술도 형식을 위주로 한 지리적 분포에 초점을 두고 있다. 따라서 겸양법의 체계가 방언에 따라 어떻게 다르며 그래서 동일한 형식이 방언에 따라 어떠한 상이한 기능을 하는지는 알 수가 없게 된다. 이러한 부분적인 형식만의 검토에 따른 방언구획의 작업은 절름발이가 되기 쉽다. 자료편에 비록 '對上, 對下' 등의 구별을 제시하고 있으나 개개의 형식에 부기함으로써 체계적인 파악이 역시 어렵게 된다. 의문형에 관련된 자료의 일부를 보면,

1. [ka], [ga]   [問] [對下]

4. [kan], [gan]   [問] [現在] [對等]

53. [ko], [go]   [問]

54. [koŋ], [goŋ]   [問]

151. [ra]   [問] [現在] [指定] [對下]

에서와 같이, 문법적 기능의 명시에 있어서 아무런 일치를 보여주지 않고 있다. 이들 의문형 어미들은 주로 동남방언에서 쓰여지는 것들로서 중세국어의 판정의문형과 설명의문형의 방언반사형들인 것이다. 1, 4, 151은 전자의 그것이며 53, 54는 후자의 그것이다. 이들은 모두 명사문에 쓰이는 의문형들로 서술용언 다음에 쓰이는 [na], [no] 들과는 구별되는 것이다(안병희 1964, 천시권 1975, 최명옥 1976b). 小倉進平이 이런 체계적인 파악에는 이르지 못하였으나, [put-ka](붓인가?) [mɔk-ka](먹인가?) 등과 같이 명사에 직접한다는 점을 지적하고 있음은 중세국어에 비추어 보면 흥미롭다.

　이상과 같은 방언현상에 대한 형식중심의 개체사적 서술의 태도로 小倉進平은 개별방언들을 기술하였고, 이어서 개체사적 특징들의 지리적 분포에 따라 방언구획을 시도하였다. 그리하여 방언구획의 작

업에 있어서도 single item 중심의 one to one correspondance로 방언경계선을 찾으려 하였던 것이다. 음운사적인 주제들, 어휘사적인 주제들 및 겸양법의 형식들에 의한 방언구획의 작업은 자연히 정밀성을 잃어버린 것이 되어 버리게 된다. 'ㆍ'의 방언적 투영으로는 방언경계선을 그을 수가 없었으며 'ㅿ', 'ㅸ' 등의 이른바 중간자음의 사적 투영은 형태소구조의 내부에서와 형태소경계에서 상위하게 이루어지기 때문에 사적 반사형들만으로는 역시 방언경계가 정밀하게 설정될 수가 없었다. '가위'와 같은 단어는 경기도의 많은 지역에서 '가새'로 나타나지만 그러한 지역에서 '잇어, 긋어, 붓어' 등은 '이어, 그어, 부어' 등으로 나타나 'ㅅ'을 보여주지 않는 것을 보면 공시적인 기저형을 고려하지 않은 음운현상의 파악은 방언구획의 정밀화에는 큰 도움이 되지 못하는 것이다. 어휘와 어법에 의한 방언경계의 작업에서도 그 의미자질의 지리적인 상위라든가 통사론적인 기능상의 지리적인 상위를 무시할 수는 없는 것이다. '벼'와 '나락'이 지역에 따라서는 상이한 의미자질로 명시되는 경우가 있는데 이를 무시한 형식 위주의 등어선은 무의미한 것이며, 겸양법의 체계가 방언에 따라 다르다면 동일한 형식이라고 하더라도 방언에 따라 상이한 가치가 부여되는 것이므로 역시 형식의 확인만으로는 방언경계선이 정밀하게 찾아지는 것이 못된다.

결국 小倉進平은 개별방언의 기술에 있어서나 방언구획의 작업에 있어서나 그 역사적 연구의 목표에 따라 방언사적 주제들을 개체사적으로 서술하면서 집대성한 원자론적인 태도를 지녔었다고 할 수 있을 것이다. 현재의 언어이론에 서면 그는 마땅히 비판받게 되지만, 그렇다고 그의 국어학사적 위치가 없어지는 것은 아니다. 그가 발굴

했던 많은 방언사적인 주제들은 그 이후의 국어사학의 선구자적인 주제들이 되었기 때문이다.

小倉進平이 특히 관심을 두었던 음운사적 주제들은 앞에서 언급했던 바와 같이 ① 소실음운 'ㆍ', ② 이중모음 'ㅚ, ㅕ, ㅛ' 등, ③ 어중에 또는 음절 가운데 나타나는 'ㅿ, ㅸ, ㄱ' 등이었다. 이 小倉進平의 음운사적 추구의 핵심적인 주제들을 중심으로 小倉進平의 방언연구를 가장 충실하게 계승 발전시킨 것이 河野六郞의 《朝鮮方言學試攷》(1945)였다. 그는 그의 스승 小倉進平과 마찬가지로 방언학은 언어사학의 한 큰 분야로 생각하였고(p. 9), 그리하여 "방언은 우선 문헌의 결핍을 보충하는 것"이라 보게 되었다(p. 1). 그러나 河野六郞은 小倉進平보다 몇 가지 점에서 이론적으로 진전되어 있었다.

첫째 방언의 개념은 지방적 특색으로서의 patois에 한정되지 않았고 각지의 실제상의 언어현상에로 확대된 개념이었다.

둘째 원자론적인 이해로부터 그는 탈피하려 하였다. 음성에 대해서 "음성의 지각은 결코 개체적이 아니다. 우리가 음성을 지각하는 경우 개개의 음성을 그 개체성으로 파악하는 것이 아니라, 오직 그 유형으로 파악하는 것이다"(p. 5)라고 한 그의 주장에서 보면 psychological reality로서의 sound pattern에 도달하게 되어 小倉進平의 개체사적 이해 태도를 극복하려 하고 있다고 할 수 있다.

셋째 음성과 음운을 구별하고 있다. 그에게 있어서의 음운이란 "형태구성의 기능으로부터 차별할 수 있는 음성"이 된다(p. 5).

넷째 언어단위에 대한 이해가 보다 분명히 제시되었다. "구체적인 언어단위는 문장(Satz)이며 형태는 문장 가운데서의 기능에 의하여 결정되어 단어는 분석·추상의 결과"라 하였다(p. 6).

이와 같이 河野六郎은 小倉進平보다 언어이론상에서 진일보하였고 보다 구체적이었다. 그러나 그의 방언연구의 주제가 'ᄀ시개'('割子蓋')의 통시음운론이었기 때문에 또다시 小倉進平이 즐겨 다룬 주요한 음운사적 주제들에 국한되고 말았다. 'ㆍ', 'ㅿ', '어간의 -g' 및 '복합모음'(이중모음) 등 'ᄀ시개'에 포함될 음운사적 주제들을 검토하여 '割子蓋'는 [kʌ-si-gai]의 삼음절어로 재구하였고 이 단어의 여러 방언 반사형들을 지리언어학적인 관점에서 논의하였다. 그는 그가 인식했던 sound pattern이란 개념에 따라 'ㆍ'를 훈민정음의 모음체계 속에서 이해하려 하였고, 공시태와 통시태의 구별에 따라 마지막의 음절은 현재는 단모음 [ɐ]이지만 15세기에는 이중모음이었을 것을 방언적 반사형들과 문헌자료를 통해서 언급하고 있다. 'ㅿ'과 '-g'는 각각 '-s'와 '-k'의 약화·소멸의 과정 속에서 이해하고 있다. 이 자음사에 대한 기술방법은 'ㅅ〉ㅿ〉∅'와 같이 小倉進平의 그것과 크게 다를 바 없는 Stufenwechsel 또는 gradual change의 견해이다. 모음사에 있어서는 小倉進平과 河野六郎 모두 'ㆍ〉ㅏ, ㆍ〉ㅗ' 등과 같이 일종의 phonetic leaping에 의존하였는바, 다만 小倉進平이 개체적이었던 데 비하여 河野六郎은 sound pattern을 고려하려 했던 점에 차이가 있다.

河野六郎은 국어방언학에 언어지리학적인 개념인 '파동전파의 이론'(wave theory)을 적용하기도 하였다. 그가 다룬 음운사적 주제들을 언어지리학적인 관점에서 검토하여 그 방언반사형들의 지리적 분포를 통해서 5개의 방언구획(중선방언, 서선방언, 북선방언, 남선방언, 제주도방언)을 시도하였고, 나아가서 방언학이 언어사학의 한 분야라는 그의 견해에 맞추어 방언사를 재구하려 하였다.

지금까지 검토한 해방 이전의 국어방언연구는 요컨대 다음과 같이 특징 지어질 수 있다.

 i) 방언학 내지 방언연구는 언어사학의 한 분야로 규정함으로써 그 주제
  들은 대체로 역사적인 것이었는바, 특히 음운사적인 주제들이 중심이
  되었다.
 ii) 기능적 차원보다는 형식적 차원에 방언조사연구가 치중되었다.
 iii) 형식 위주의 방언사적 주제들을 지리적 분포를 고려하여 해석하기 위
  해서 그 대상지역을 전국으로 하였다. 그리하여 전국방언의 구획을
  시도하기에 이르렀다.
 iv) 음운변화에 대한 설명은 자음사의 경우 약화·소멸이라 불린 Stufen-
  wechel에 의존하였으며 모음사의 경우 phonetic leaping에 의존하였다.

4.

해방 이후의 방언연구는 그 대부분이 바로 이러한 해방 이전의 방
언사적 연구를 계승·발전·수정하는 모습을 띠었다고 할 수 있다.
전국방언자료집의 성격을 지닌 김형규(1974), 최학근(1978) 등과 개별
방언자료집인 석주명(1947), 현평효(1962), 최학근(1962), 김영태(1975)
등은 해방 이전의 수집된 자료들을 재확인·보완하는 것들로서, 방
언조사에 참고가 되고 있다. 이들 자료집의 성격은 대체로 해방 이전
의 그것과 크게는 다를 바가 없는 듯하다. 대체로 조사의 목적도 국
어사연구에 보충적으로 필요한 자료의 수집에 있었고, 이들 자료들
은 전통적인 유해서들에서 볼 수 있는 어휘분류의 방식에 따라 분류
됨으로써 결과적으로 분류의 방식도 小倉進平의 그것에서 그리 멀지

않게 되었다. 형식을 역시 위주로 한 것이었기에 기능 내지 의미의 파악이 미흡하게 되었음은 물론이고 고립된 형식의 파악에 치우쳐 전반적으로는 이형태들의 확인은 무시될 수밖에 없었다. 광범위한 지역을 대상으로 한 개인적인 방언조사연구가 가지는 어려움의 하나가 체계적인 파악이 광범위한 지역에 고루고루 이루어져야 하는 점이기는 하다. 가장 최근에 이루어진 한 자료집에서 임의로 한 예를 보면, "ㅅ, ㄷ, ㅌ, ㅈ, 등이 종성에 와서 내파열을 일으키는 경우에는 t로 대표"한다는 범례의 전제에 따라 '팥'에 대한 방언형은

팍 [pʼak]   파기 [pʼagi]

팟 [pʼat]   팟기 [pʼatki]

팟치 [pʼatʧʼi]   패끼 [pʼɛki]

팻기 [pʼɛtki]   팻치 [pʼɛtʧʼi]

팻키 [pʼɛtkʼi]   포시 [pʼosi]

폿 [pʼot]   포치 [pʼotʧʼi]

풋 [pʼɨt]   퐷 [pʼɐt]

또 '꽃'에 대한 방언형은

곳 [kot]   꼿 [ʔkot]

꼬장 [ʔkodʒaŋ]   꼬지 [ʔkodʒi]

꼬치 [ʔkotʧʼi]   꼿 [ʔkot]

등과 같이 전사되어 있어서, 그 기저형은 알 수 없게 되어 있다. 동남

방언의 많은 하위방언에서는 다른 방언들의 경우와는 달리 'ㅌ'을 말음으로 가지는 명사형태소들이 거의 없다. '꽃'도 /꼳/과 같은 기저형을 지니고 있어서 '꼬치, 꼬틀, 꼬테' 등과 같은 이형태들을 보여 준다. 우리는 동일한 의미를 나타내는 단어가 비록 특정 위치에서 동일한 음성형식으로 실현되더라도 그 기저형이 방언차를 보일 수 있음에 유의하지 않으면 안 될 것이다. 그리하여 광범위한 지역을 대상으로 방언조사를 할 경우 재구조화로 인한 기저형에의 방언차를 보일 가능성이 있는 조사항목을 포함시켜야 함에 또다시 유의하지 않으면 안될 것이다.

어휘적인 면에서 예를 다시 보면, '나물'에 대하여

나무새 [namu-sɛ]	나무쌔 [namu-ʔsɛ]
나무세 [namu-se]	나문재 [namundʒɛ]
나물 [namul]	나물새 [namul-sɛ]
나물쌔 [namul-ʔsɛ]	남새 [nam-sɛ]
너무새 [nəmu-sɛ]	너물 [nəmul]
넘새 [nəm-sɛ]	노무새 [nomu-sɛ]
노물 [nomul]	놈새 [nom-sɛ]
지가심 [tʃigasim]	튼나물 [tʼin-namul]
튼너물 [tʼin-nəmul]	푼나물 [pʼun-namul]
풋나물 [pʼut-namul]	

과 같은 방언형들이 제시되어 있어서 그 의미차 즉 '식용할 수 있는 풀과 나무의 잎'인지 또는 '그것으로 만든 반찬'인지 또 '산나물'인지

'들나물'인지, 아니면 이들 구별이 방언차로 나타나지 않는 것인지 알수가 없게 되어 있다. 더욱이 '풋나물'이 '나물'의 의미로 제시되어 있으면서 한편 '푼나물'과는 구별되어 별도의 방언형으로 보고되어 있는 점은 의미상으로나 음운론적으로나 어떠한 목적에 의한 것인지 이해가 되지 않는다. 우리는 흔히 어휘 중심의 자료조사에 있어서 단어가족을 함께 조사·보고할 수는 있어도, 각각의 의미차를 혼동해서는 안 된다. 중부방언에서는 '콩나물'이 재료나 그 반찬이나를 뜻하는 동음이의어로 쓰임에 대하여 동남방언 등의 어떤 방언에서는 두 의미에 따라 각기 딴 방언형을, 즉 반찬에 대해서는 '콩나물'을 쓰고 있고 재료에 대해서는 '콩지름'(콩질굼 등)을 쓰고 있다.

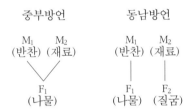

즉, F(form)과 M(meaning) 사이의 관계가 방언차를 보일 수 있는 것이다.

이상과 같은 사정은 이른바 '어법'의 경우에도 마찬가지여서 문법형태소들의 방언형들이 문법적 기능을 체계적으로 다루지 못하게 되었다. 최근에 이른 이러한 방언조사연구들은 방언음운사적 주제들에 대한 기술, wave theory 등의 지리언어학적인 현상의 검토, 대응에 의한 방언비교연구, 자음사에 대한 gradual change로서의 설명과 모음사에 대한 phonetic leaping으로의 설명 등을 포함하면서 때로는 국어방언학의 폭을 넓혀주기도 하였다.

小倉進平 식의 원자론적인 언어연구는 국어학의 경우 이미 이숭녕 (1939) 등, 河野六郎(1945) 등에 의하여 비판된 바 있거니와, 해방 이후의 5·60년대의 방언연구도 각각의 개별방언의 '체계' 내지는 '구조'의 해명에 초점을 두는 방향으로 바뀌기 시작하였다. 금세기 초엽부터 구조주의언어학이 늘 강조하여 왔듯이 방언은 질적인 면에서 하나의 언어체계일 수 있음이 국어방언연구에서도 더욱 강조되었고 공시론이 통시론의 바탕을 마련한다는 점도 강조되면서, 해방 이후의 국어 방언연구는 해방 이전의 전국방언에 대한 역사적인 연구로부터 우선은 개별방언 중심의 공시론적인 기술적 연구로 방향전환을 할 수밖에 없었던 것이다. 개별방언 중심으로의 기술적 연구는 그리하여 방언음운체계의 설정을 시도하게 하기도 하였고, '경어법, 시제, 상, 의문법, 서법' 등의 문법범주들의 기술을 시도하게 하기도 하였다. 체계를 고려하게 된 이들 방언연구에서는 자연히 원자론적인 기술 태도로부터 벗어나고 있었다. 그러나 언어사학적인 관심은 이 시기에도 여전히 컸던 것으로 여겨진다. 5·60년대의 방언연구가 제주방언이나 동남방언에 치우쳐 있었던 점은 바로 언어사학적인 관심이 짙었음을 말해 주는 것이다. 비록 방언연구의 주제들에 있어서 새로운 것들이 등장하기는 하였으나 그것들도 대부분 역사적인 문제와 늘 관련되어 있었던 것이다.

이 시기에 나타난 음운론적인 주제들 가운데서 우선 우리의 주목을 끌었던 것은 방언성조이었다. 이 방언성조의 연구들은 동남방언의 그것에 대한 것들이었는데, minimal pair words를 중심으로 하는 일차적인 성조소의 확인과 phonological phrase를 중심으로 하는 성조 유형의 파악을 그 특징으로 한다. 여기서의 유형이란 통합적 분포를 뜻하는 것으로 河野六郎의 음성유형과는 구별되는 것이다. 방언성조 연구의 궁극적인 목표는 중세국어의 성조체계와 그 추이에 대한 해명이었던바, 역시 역사적인 데 있었던 것이다. 방언성조소의 설정은 견해에 따라 고·저의 두 단계와 고·중·저의 세 단계로 나뉜다. 이들 두 견해는 일차적으로 모두 minimal pair에 의존하였는데, 그중에서 고·저의 두 단계를 설정한 근거는 고·중·저의 저조를 저·고의 복합으로 재분할하는 데에 있다. 음성적인 저조가 처음이 낮고 나중이 올라가는 방언특징을 강조하고 있는데, 이는 중세국어의 상성을 저·고의 복합성조로 해석하는 일차적인 근거가 되는 "上聲은 처서미 ㄴ갑고 乃終이 노푼 소리라" 하는 것과 평행되는 것이었다. 이차적인 근거는 상성과 음장과의 통시적인 상관성이라든가 '부텨+ㅣ → 부:톄' 에서 볼 수 있는 '평+거'의 상성에로의 축약과 같은 성조규칙이었다. 이 P-rule로서의 성조규칙을 지나치게 강조하여 성조소를 설정한다면 그것은 추상음운론의 성격을 띠게 될 것이다.

방언음소체계의 기술에 있어서는 전혀 추상적인 태도를 취하지 않고 minimal pair와 음성적인 특성을 고려했던 것이 5·60년대의 방언 음운론의 특징이었다(김영송 1963, 이돈주 1969, 졸고 1969b, 현평효 1969 등). 특히 개별방언의 모음체계의 설정이 이 시기에 두드러졌는데, 그 기본적인 작업방법은 minimal pair에 의한 모음목록의 확인이었다. 주로 개별방언의 모음들의 수를 확인하려던 것이었기 때문에 이 경우에 강조된 체계란 음소목록의 집합체에 불과한 것이었다. 예를 들면 동남방언에서 e와 ε 또는 i와 ə를 구별하는가 못하는가에 따라 8모음체계인가 6모음체계인가 아니면 중간적인 7모음체계인가 한다든가, 제주방언의 모음체계는 'ㆍ'를 포함하는 9모음체계인가 한다든가 하는 식이었다. 그러나 개별방언의 이러한 공시론적인 체계화의 시도가 전국적으로 이루어지지 못함으로써 그에 따른 방언음운 비교연구는 시도될 수가 없었다. 비록 이들 방언음운론의 연구들이 minimal pair 중심의 음운목록의 일차적인 확인에 치중되었기는 하지만, 형식적 차원과 기능적 차원을 더욱 밀접히 연결시켜 주었다는 데에 또 하나의 방언학사적인 의의를 가진다고 할 수 있다.

국어방언연구사에서 볼 때 50년대의 방언형태론의 등장은 하나의 에포크를 긋는 것이기도 하였다. 조어론적 특징이라든가 격변화, 시제, 상, 서법, 경어법 등의 문법범주들에 대한 개별방언 특히 제주방언 중심의 연구(이숭녕 1957)는 문법범주들을 나타내는 각각의 형태소의 형식과 그 기능을 밝히려는 형태론적인 것인바, 역시 통시론적인 관심을 함께 두어 형태사적인 검토도 아울러 하고 있다. 이러한 문법형태소들의 발굴과 체계화는 국어사연구에 많은 암시를 보여 주기도 하였다. 이 시기의 형태론적 연구도 음운론적 연구와 마찬가지로 각 방언들을 같은 주제와 같은 이론으로 연구하지 못한 결과, 다시금 방언형태론의 체계적인 비교연구가 이루어진 바는 없었다.

방언비교연구에 속한다고 할 수 있는 이 시기의 것들은 역시 음운론에 속하는 것들이었다. 강윤호(1961)는 공시음운현상의 지리적 분포를 밝히려는 것이요, 최학근(1968:277~313)은 이른바 남부방언군과 북부방언군 사이의 모음 대응에 의한 방언사의 일부를 밝히려는 것이다. 여기서 대응이란 중앙어 중심의 방언반사를 뜻하는 것이 아니고 방언군 사이에서의 그것으로 역사언어학적인 것이었지만, 실제의 검토자료에서 보면 북부방언군에 속할 듯한 표준어와 이들 남부방언군과의 일대일의 대응을 음운변화의 깊은 이해 없이 찾고 있는 것이다. 표준어가 북부방언군의 방언형을 대표할 수 없는 것이라면 이러한 대응의 비교연구는 무의미하게 될 것이다. 또한 동질적인 대응관계가 아닌 예들을 아무런 구별없이 섞어서 처리하고 있음도 재고되어야만 한다. 예를 들면 u/i대응에 제시된

시ᄅᆞ〉시루/시리(실리)
ᄀᆞᄅᆞ〉가루/가리
노ᄅᆞ〉노루/노리
자ᄅᆞ〉자루/자리(잘리)

와 같은 예들은 제2음절 이하에서의 'ㆍ〉ㅡ'에 이어 'ㅡ〉ㅣ'로의 음운변화를 입은 것들로서 '묏도기'가 '메뚜기/메띠기(미띠기, 미띠)' 등으로 변한 것과는 동질적인 것이 아니다.

이상으로 5·60년대의 방언연구를 요약하면, 그것은 전통적인 방법론에 의한 연구들을 제외하면 주로 개인에 의한 개별방언의 공시론적인 연구들로서 체계와 기능을 더욱 고려하는 경향을 보였는바, 그것들은 대체로 음운목록의 작성이라든가 문법범주들의 형태소의 확인·기술에 속하는 것들이었다. 이러한 새로운 경향 속에서도 전통적인 원자론적 방언연구가 여전히 계속되었었기 때문에 60년대 후기에 이르러서는

상이한 체계에 속하는 방언요소들이 각 방언의 체계의 상위한 구조적 관계를 충분히 강조함이 없이 연구되어 왔다.

는 또 한 번의 비판이 나오기도 하였다(졸고 1969a). 60년대의 말엽에는 더욱 방언지역을 좁히고서 그 좁은 지역방언이 지닌 '구조'를 보다 정밀하게 기술하려는 경향을 보이면서(정연찬 1968a, 졸고 1969b) 70년대의 '기술의 정밀화' 및 '유기적 해석'의 단계로 접어들게 되었다. 60년대와 70년대와의 교체기에 있었던 몇몇 기술적인 방언연구들은 이러한 유기적이고 정밀한 연구에 박차를 가하는 기회를 부여하게 되었다.

5.

5 · 60년대를 거치면서 공시론적인 방언연구, 나아가서 구조기술의 정밀화와 유기적 해석의 경향은 더욱 두드러지게 되고 있다. 이것은 체계로서의 방언이란 개념이 강조되고, 그래서 각 방언체계는 그 자체대로의 독자적인 존재가치가 있다는 사실이 더욱 강조되었던 데에 바탕을 두고 있다고 하겠다. 방언현상의 통시론적 연구도 이와 같은 흐름 속에서 새로운 모습을 보이고 있다.

이 시기의 방언음운론에 있어서 주목되었던 음운현상으로 우선 구개음화를 들 수 있다. 전통적인 방언연구에서는 남부방언 동부방언 및 그 접촉방언은 k-구개음화가 실현되었고, 서북방언은 t-구개음화의 예외였다는 개신 그 자체의 방언차가 늘 강조되었었다. k-구개음화는 어두의 제1음절에서만이 가능한바, 이들이 실현된 방언은 구개음을 음운론적으로 지니고 있다는 점이 지적되었으며, 서북방언이 t-구개음화를 모르는 이유는 그 자음체계가 이 구개음화를 경험한 방언들과는 달리 구개음 /ʧ/가 아닌 치경음 /ts/를 지니고 있기 때문이라는 점이 강조되곤 하였다(이기문 1968, 김영배 1977). 이것은 체계와 현상과의 유기적인 해석의 한 예가 된다.

중부방언으로서 또는 표준어의 자료로서 막연히 처리해 왔던 경기지역어에 대해서 관심을 보이기 시작한 것도 이 시기이다. 역사적으로 논의되는 '믈〉물'과 같은 원순모음화와는 반대방향을 보이는 '몬져〉먼저, 보리〉버리'와 같은 비원순모음화를 모음체계와의 상관관계 속에서 유기적으로 해석한 졸고(1970b)는 전통적인 방언비교에서 'ㅗ/ㅓ'의 단순한 대응의 예로만 제시했던 태도와는 다른 대조적인 것이 아닌가 여겨진다.

통시음운론의 한 과제로서 고려될 수 있는 방언접촉의 음운사적인 문제가 있는데, 이에 대한 유기적인 해석도 제기되었다. 일대일의 단순한 대응이 아니라 체계와의 관련 아래에서 접촉현상을 이해하려 한다(졸고 1976). '나비/나부' 등을 통시론적으로 고찰한 전광현(1976)도 음운변화의 여러 제약을 고려한 유기적인 이해에 속하는 것이다.

60년대 후기에 관심을 보이기 시작하여 70년대에 집중적인 관심을 보이고 있는 방언연구의 주제의 하나는 형태음소론적 교체를 지배하는 음운규칙의 정밀화이다. 이익섭(1972), 졸고(1973), 최명옥(1976a) 등의 방언연구들이 여기에 속하는데, 이들은 음운체계를 전제로 한다는 점에 공통점을 지니고 있다. 이익섭(1972)은 성조변동 및 형태론의 문제까지도 부분적으로 포함시키고 있으며, 졸고(1973)은 접촉방언인 동해안방언을 대상으로 이중모음화와 관련되는 음운현상의 기술과 그것을 통한 방언경계의 작업을 아울러 시도하였다. 음운규칙들에 대한 기술의 정밀화를 더욱 심화시키려는 경향을 보이기 시작하였는바, 몇몇 상관되는 음운현상들을 대상으로 방언분화를 이끈

규칙적용순위라든가 전파속도 등의 문제를 새로이 제기하기에 이르렀다(김완진 1975).

　방언성조의 연구도 정연찬, 문효근, 김차균, Ramsey 등에 의하여 좀 더 정밀화시키려는 경향을 보이면서 성조에 의한 방언비교도 시도되었다. 특히 규칙의 정밀화 이외에 성조소의 재론, 순수한 성조방언인가 하는 문제의 제기, 음장과의 상관성에 대한 재음미 등이 최근의 방언성조연구의 두드러진 특징이라 할 만하다.

　방언문법범주들에 대한 연구는 제주방언의 정동사어미들을 중심으로 한 현평효(1975)가 이숭녕(1957)에 이어 특기할 만하며, 동남방언의 의문법을 깊이 그리고 넓게 다룬 최명옥(1976b)은 천시권(1975)의 경우와 마찬가지로 비록 중세국어의 의문법을 다룬 안병희(1964)에 이어지는 것이기는 하나 형태론적인 차원을 넘어서는 것이었다. 방언의 경어법을 체계화시키려 한 이익섭(1974)은 전통적인 원자론적 형태의 확인만으로는 만족할 수 없음을 대변해 주는 것이기도 하다. 문법범주들을 나타내는 형태소 중심의 방언문법기술로부터 통사구조와 관련시키는 방언문법기술에로 전향하려는 것이 방언문법연구의 오늘이라 여겨진다.

　어휘 중심의 의미연구에서는 체계적인 연구가 시도되지는 못하였으나, 전광현(1973)은 고정된 의미를 전제로 한 형태의 확인만이 아닌 방언형들 의미자질을 이해하려고 노력한 것이었다. 이익섭(1976)은 '아재'라는 방언형의 단어를 중심으로 친족관계 단어의 지역적인 의미차를 보고함으로써, 결국 비록 동일한 방언형이 두 방언 이상에서 쓰이더라도 그 의미자질이 상이할 수 있음을 강조하게 되었다. 즉 form과 meaning 사이의 관계가 방언에 따라 전혀 성격이 다른

biuniqueness를 보일 수 있는 것이다.

　요컨대 최근의 방언연구는 형식과 기능(또는 의미)을 상관시켜 고려하면서 구조를 파악하되 규칙을 정밀화시키고 체계를 고려하여 유기적인 해석을 깊이 하는 경향을 보이고 있다 할 것이다. 그러나 5·60년대의 방언연구와 마찬가지로 개별방언 중심의 공시론적인 연구이지 전국방언 중심의 공시론적이거나 통시론적인 것은 아니다. 따라서 방언연구가 새로운 방향전환을 맞이하기는 하였으나 방언지도 작성과 전국방언 대상의 체계적인 자료집의 작성에 대한 충분한 바탕은 아직 굳건히 세워지지 못한 실정이다.

6.

　지금까지 우리는 국어방언연구가 걸어온 길을 점점이 더듬으면서 그 흐름과 다시 그 흐름 속에서의 계속된 반성을 보아왔다. 小倉進平의 언어사학적인 연구목적에 따라 개체 중심의 형태사적 연구로부터 벗어나 유형 내지 체계를 중심으로 하는 방언연구로 나아가면서 기능 내지 의미를 더욱 고려하게 되었다. 개신을 입은 방언특징들이 차츰 광범위하게 발굴·논의되면서 나아가서 구조적 특성을 정밀하게 파악하려 하였다. 개신을 입은 방언특징들이 개별적으로 이해되던 전통적인 방언연구에서 유기적으로 이해되는 방언연구에로 방향을 돌리기도 하였다. 방언체계의 구조적 특성을 정밀하게 그리고 유기적으로 파악하려는 이러한 노력은 끝내 대상방언을 개별방언에 머물게 하였고 전국방언으로 확대시키지 못하고 말았다. 방언연구의 목적과 이론에 따라 조사방법, 조사항목의 범위 및 자료의 이론화가 달라지는 것이 사실이지만, 개별방언의 체계적인 이해와 전국방언을 포괄하는 상위적인 언어체계의 확립을 이룰 수 있도록 앞으로 방언연구는 새로운 방향전환을 모색하여야 할 것이다. 이러한 목적에 따르는 조사항목의 설정과 그 항목들의 정확한 자료수집이 무엇보다도 시급히 요청된다.

방언자료의 성격이라는 점에서 또 하나의 남은 문제가 있다. 지역방언 이외의 사회방언이 곧 그것이다. 자연언어로서의 방언이란 늘 사회문화적 문맥 속에 위치하는 것이기 때문에 자료의 수집에서 그 자료의 성격이 명시되지 않으면 안 될 것이다. 국어방언연구에서의 이러한 방면의 관심은 이른바 '은어'에 집중되었었다. 이는 특수사회 집단의 성격을 늘 전제로 하는 것이었다. 60년대 말기부터 새로이 관심을 두게 된 또 하나의 과제는 방언분화에 대한 사회·문화적 요인에 관한 것이었다(이익섭 1970, 1976a, b, 강신항 1976). 반촌과 민촌이라는 계급사회, 농촌과 어촌이라는 생업·계급사회, 가옥구조와 같은 민속유형 등과 방언차와의 어떤 평행성을 통시적으로 추구하려는 경향이 보인 것이다. 방언외적인 것이 방언내적인 것과 항상 일치하는 것이 아니라면, 우리는 방언분화의 요인이 된다고 믿을 만한 언어외적인 것을 점검하지 않을 수 없을 것이다. 이에 대한 해답은 아마도 한국방언연구에서 아직 시도조차 못한 social context 속에서 방언변이형들을 공시적으로 체계화시켜 지리적 분포와 대응해 본 이후에라야 가능할지도 모른다. 이중방언사용이 여기서 새로운 문제로 제기될 수 있으며, 나아가서 방언자료의 수집에서 방언사회학적 기준이 어떻게 세워져야 하는가 하는 문제도 일단은 제기되는 것이다. 그것은 방언자료의 성격을 더욱 분명하게 하여 줄 것으로 기대된다.

[《방언》 1, 한국정신문화연구원, 1979]

붙임: 이 글은 글을 쓸 당시까지의 근 60년간의 방언연구에 대한 개략적인 역사 서술이다. 필자가 생각한 기준에 드는 연구업적을 중심으로 흐름에 따라 연구목적을 이해하고 그 목적에 따른 연구들의 한계를 지적하며 반성함으로써 앞으로의 방언연구 내지 방언학의 발전을 생각해 보았다.

참고문헌

강신항(1976), 경북 안동 봉화 영해지역의 이중언어생활, 《논문집》(성균관대) 22.

강윤호(1961), 국어 방언의 공시 음운 구조 기술과 그 분포, 《동방학지》 5.

김민수(1953), 은어(변말)시고: 특히 거지말(걸인어)를 중심하여, 《국어국문학》 6.

김영배(1976), 방언 접촉의 한 고찰, 《국어학》 4.

김영배(1977), 《평안방언의 음운체계연구》(동국대 한국학연구총서 11), 아세아
　　　　문화사.

김영송(1963), 경남방언의 음운, 《국어국문학지》(부산대) 4.

김영태(1975), 《경상남도방언연구》(1), 진명문화사.

김완진(1975), 전라도 방언 음운론의 연구 방향 설정을 위하여, 《어학》(전북대) 2.

김차균(1977), 경상도 방언의 성조 체계, 서울대 박사학위논문.

김형규(1974), 《한국방언연구》, 서울대 출판부.

문효근(1974), 《한국어성조의 분석적 연구》, 세종출판공사.

박용후(1960), 《제주방언의 연구》, 동원사.

방종현(1935), 방언에 나타난 △음의 변천, 《신흥》 8.

서재극(1975), 경주방언의 부사형 -a와 향찰 '良', 《어문학》 21.

석주명(1947), 《제주도방언집》, 서울신문사.

신창순(1963), 안동방언의 서상법 종결어미, 《안동문화》 2.

안병희(1964), 중세국어의 의문법에 대하여, 《학술지》(건국대) 6.

유구상(1970), 병천지역어의 형태론적 고찰, 《어문논집》(고려대) 12.

이기문(1969), 중세국어 음운론의 제문제, 《진단학보》 32.

이기백(1969), 경상북도의 방언구획, 《동서문화》(계명대) 3.

이돈주(1969), 전남방언에 대한 고찰, 《어문학논집》(전남대) 5.

이병근(1967), 중부방언의 어간형태소 소고, 《문리대학보》(서울대) 13.

이병근(1969a), 방언경계에 대하여, 《한국문화인류학》 2.

이병근(1969b), 황간지역어의 음운, 《논문집》(서울대 교양과정부) 1.

이병근(1970a), Phonological and Morphological Studies in a Kyonggi Subdialect,
    《국어연구》 20.

이병근(1970b), 경기지역어의 모음체계와 비원순모음화, 《동아문화》(서울대) 9.

이병근(1971), 운봉지역어의 움라우트현상, 《김형규박사 송수기념논총》, 일조각.

이병근(1973), 동해안방언의 이중모음에 대하여, 《진단학보》 36.

이병근(1976), '새갱이'(土蝦)의 통시음운론, 《어학》(전북대) 3.

이병근(1978a), 국어의 장모음화와 보상성, 《국어학》 6.

이병근(1978b), 애국계몽주의시대의 국어관, 《한국학보》 12.

이숭녕(1940), 'ㆍ'음고, 《진단학보》 12.

이숭녕(1957), 제주도방언의 형태론적 연구, 《동방학지》 3.

이숭녕(1967), 한국방언사, 《한국문화사대계 V》, 고려대 민족문화연구소.

이익섭(1970), 전라북도 동북부지역의 언어분화, 《어학연구》(서울대) 6-1.

이익섭(1972), 강릉방언의 형태음소론적 고찰, 《진단학보》 33.

이익섭(1974), 영동방언의 경어법연구, 《논문집》(서울대 교양과정부) 6.

이익섭(1976a), 한국 어촌 언어의 사회언어학적 고찰, 《진단학보》 42.

이익섭(1976b), '아재'고, 《동아문화》(서울대) 13.

이현복(1971), 서울말의 모음체계, 《어학연구》(서울대) 7-2.

장태진(1977), 세대집단의 언어 변이와 그 속도, 《이숭녕선생고희기념 국어국문학논총》, 탑출판사.

전광현(1973), 방언의 어휘론적 연구,《한국언어문학》10.

전광현(1976), 남원지역어의 어말 -u형 어휘에 대한 통시음운론적 소고,《국어
학》4.

전광현(1977), 전라북도 익산지역어의 음운론적 연구,《어학》(전북대) 4.

정연찬(1968a), 경남 방언의 모음체계,《국문학논집》(단국대) 2.

정연찬(1968b), 경상도방언의 성주에 대한 몇 가지 문제점,《이승녕박사 송수기
념논총》, 을유문화사.

정연찬(1977),《경상도방언성조연구》, 탑출판사.

천시권(1958), 방언에 있어서의 상성고,《논문집》(경북대) 2.

천시권(1975), 경북방언의 의문첨사에 대하여,《국어교육연구》7.

최명옥(1976a), 서남경남방언의 부사화접사 '-아'의 음운현상,《국어학》4.

최명옥(1976b), 현대국어의 의문법,《학술원논문집》15.

최태영(1962), 전주방언의 Umlaut 현상,《어학》(전북대) 5.

최학근(1962),《전라남도방언연구》, 한국연구도서 17.

최학근(1968),《국어방언연구》, 서울대 출판부.

최학근(1978),《한국방언사전》, 현문사.

허 웅(1954), 경상도 방언의 성조,《최현배선생환갑기념논문집》, 사상계사.

현평효(1962),《제주도방언연구》(제1집), 정연사.

현평효(1969), 제주도 방언의 모음체계,《국문학보》(제주대) 5.

현평효(1974),《제주도방언의 정동사어미 연구》, 아세아문화사.

홍순탁(1963), 전남방언에 대하여,《어문학》9.

홍윤표(1978), 전주방언의 격연구,《어학》(전북대) 5.

大江孝男(1976a), 大邱方言에 있어서의 反敬語에 대하여,《朝鮮學報》81.

大江孝男(1976b), 大邱方言에 있어서의 액센트의 型과 長母音,《言語研究》69.

梅田博之(1960), On the Phonemes of Cheju Dialect of Korean,《名古屋大學 文學部
研究論文集》24.

梅田博之(1973),《朝鮮語方言研究の近況》(方言研究叢書 2), 東京: 三弥井書店.

小倉進平(1924),《南部朝鮮の方言》, 朝鮮史學會.

小倉進平(1940), *The Outline of the Korean Dialects*, Tokyo: Memoirs of the Research
Department of The Toyo Bunko.

小倉進平(1944),《朝鮮語方言の研究》, 東京: 岩波書店.

河野六郎(1945),《朝鮮方言學試攷》, 東都書籍.

Ramsey, S. R.(1974), 함경·경상 양방언의 액센트연구,《국어학》2.

Ramsey, S. R.(1976), *Accent and Morphology in Korean Dialects*, 탑출판사.

<전국방언조사연구>의 계획과 경위[*]

1. 조사 연구의 계획 수립

한국정신문화연구원(Academy of Korean Studies)이 한국문화 및 한국학 제 분야에 관한 연구와 교육을 수행하기 위하여 1978년 6월 30일에 경기도 성남시 운중동 50에서 발족되었다. 당시의 연구원 어문학연구실(현재는 어문연구실)의 실장으로 보임된 유창균 교수(계명대)는 어문학연구실에서 앞으로 행할 조사·연구 계획을 수립하기 위해서 여러 국어학 교수를 만나던 중 본인까지 방문하였다. 당시는 우리나라가 고도산업사회에 접어들게 되면서 이에 따른 물질문명의 급속한 팽창으로 말미암아 생활양식의 급격한 변천, 전통적 가치관의 붕괴 및 사상의 혼란, 전통문화유산의 사장 혹은 파기 등이 심각한 문제로 부상되었던 때여서, 이러한 시기에 국가적 차원에서 행할 어학 분야의 과제를 상의하였던 것이다. 어학 분야에서 그동안 집중적

---

* 이 경위 보고는 《한국방언자료집》(Ⅲ, Ⅴ)을 간행하면서 수록했던 "〈전국방언조사연구〉의 경위"(1987)를 수정·보완한 것에 지나지 않는다.

으로 논의되었던 과제로는 전국 방언 조사, 고어사전의 편찬, 국어사전의 편찬 등 국어학 연구의 기초 자료 조사·연구이었다. 다시금 김철준 연구부장을 비롯한 연구원 관계자들의 논의를 거쳐 고어사전의 편찬 사업보다 전국 방언 조사 연구를 우선적으로 시행함이 전통문화유산의 발굴·보전을 위해서는 시급하다고 보아 그해 8월 18일과 19일 이틀간 30명의 국어학자(특히 방언학과 관련된)가 모여 지금까지의 방언 조사 연구를 되돌아보면서 〈전국방언조사연구〉라는 사업을 협의하였다(이의 내용은 《방언》 1집에 수록되었음). 이를 토대로 연구원에서는 방언 조사 연구의 구체적인 계획을 수립하였고 이 안이 설립자와 이사회의 승인을 받게 되어 〈전국방언조사연구〉란 대망의 사업이 확정되었던 것이다. 방언 조사 연구 사업의 내용은 〈방언조사연구를 위한 내규〉에서 보인 바와 같이 연구위원들이 조사 연구를 전담하되 균질적인 조사를 위하여 일정한 조사항목과 질문지로 훈련된 조사원이 현지 조사하여 수집한 방언자료를 정리해서 방언자료집과 방언지도를 편찬함으로써 방언의 특징을 구명하는 것이었다. 대체로 1987년까지 현지 조사 및 자료 정리를 마치고 1989년까지 방언지도 및 방언자료집의 편찬을 추진하도록 계획되었었다. 말하자면 10개년 계획의 사업이었던 것이다.

2. 조사 연구 준비 작업의 경위

〈전국방언조사연구〉의 계획과 그 내규가 한국정신문화연구원에서 승인되고 그해 10월 16일에 연구위원 5명(이익섭, 전광현, 이병근, 최명옥, 박양규)이 위촉됨에 따라 조사 연구의 준비 작업이 구체적으로 진행되기 시작하였다. 이 사업은 행정상으로 연구원 자체의 사업이었기에 자연히 행정 책임을 연구원의 연구원(파견교수) 및 교수(유창균, 이병근, 김충회, 홍윤표, 송기중, 신창순)가 맡아 추진하였다.

　전국 규모(실제로는 남한 지역에 한정)의 이 광역조사 · 연구 사업의 준비 작업으로 우선적으로 필요했던 일은 광역에 걸친 균질적인 조사에 따른 지도 작성과 방언 간의 비교를 통한 해석 · 연구를 위하여, 조사항목을 선정하여 그 질문지를 작성하고 조사원을 선정 · 훈련하는 일이었다. 그리하여 연구위원들은 1978년 11월부터 조사항목을 선정하고 질문지를 작성하였으며 조사원을 채용(공개채용 및 특채)하여[1] 방언조사 · 연구의 기초적인 방법을 중심으로 연수를 받게 하였다(강사로는 연구위원 이외에 S. K. Ramsey 교수, 최석규 교수, 김진우 교수, 이현복 교수 등). 연구위원과 조사원이 경기, 충남, 전남 및 경북 등에서 4차에 걸친 현지 실습 및 예비조사를 통해 수정에 수정을 거듭하여 연구원이 개원된 지 꼭 2년 뒤인 1980년 6월 30일에야 《한국방언조사질문지》(본책 495면 및 별책 부록 〈그림책〉 171면)를 간행하게 되었다.[2] 총 항목 수는 중복된 것을 빼면 1,782개이며 총 질문문은 2,766개이었고, 항목들은 필요에 따라 주항목, 부수항목 및 보충항목으로 구성되었는바, 주항목과 관련 있는 형태론적인 또는 의미론적인 정보 때로는 관용적인 표현을 고려하였던 것이다. 부분적으로 미비했다고 판단한 항목과 질문에 대해서는 조사원들이 통

---

1 공채에 의하여 곽충구(현 동덕여대 교수), 박민규(현 국립국어연구원), 이상규(현 경북대 교수), 정인상(현 충북대 교수), 특채에 의하여 이승재(현 가톨릭대 교수), 그동안 연구보조원으로 근무하면서 현지조사방법을 익혔던 한영균(현 울산대 교수)이 추가되었다.

2 이 간행과 동시에 막양규 교수는 연구위원을 사임하였다.

일적으로 수정하여 현지 조사에 임하게 되었다.[3]

3. 현지 조사의 경위

《한국방언조사질문지》가 완성됨에 그간 통일된 현지 조사 방법을 익힌 조사원들이 이 질문지에 따라서 조사에 착수하게 되었고 연구 위원들은 기록된 자료들을 교열하기 시작하였다. 광역조사로서의 전국 방언 조사인 점을 고려하여 당시 행정구역상의 군당 1개 지점과 지점당 1인의 제보자(대체로 60세 이상)로 원칙을 삼았다. 다만 조사 원이 필요하다고 판단될 경우에는 보조 제보자를 제보자 외에 둘 수도 있게 하였다. 지점당 조사 기간은 5일간으로 원칙을 삼아 출장 기간을 7일~10일로 정하여 조사를 진행하였다. 고생과 고통을 겪으며 5명의 조사원은 전국의 138개 지점에 대한 1차 조사를 마쳤다(다만 울릉군 1개 지점의 조사는 실패).[4] 연도별 조사 지점 수는 다음과 같았다.

1980년 41지점   1983년 13지점

1981년 60지점   1984년 4지점

1982년 18지점   1985년 2지점

---

3 이 《한국방언조사질문지》가 간행된 뒤, 이 질문지를 중심으로 '방언조사방법의 이론과 실제'라는 주제로 토론회를 개최하였는바, 크고 작은 문제점들이 지적되었다 (cf. 《방언》 5집).

4 조사원들의 현지조사 보고는 《방언》 7집에 실렸음.

조사원들의 조사 지점의 분담은 다음과 같았다(군명은 조사 당시의 것임).

곽충구(28개군): 경기(연천, 파주, 포천, 강화, 고양, 양주, 가평, 평택)

　　　　　　　충북(청원, 진천, 보은, 옥천, 영동)

　　　　　　　충남(서산, 당진, 아산, 천원, 예산, 홍성, 청양, 공주, 연
　　　　　　　　　기, 보령, 부여, 서천, 논산, 대덕, 금산)

이승재(26개군): 경기(남양주, 시흥, 광주, 양평, 화성, 용인, 안성)

　　　　　　　충북(중원, 괴산, 제원, 음성, 단양)

　　　　　　　전북(옥구, 익산, 완주, 진안, 무주, 김제, 부안, 정읍, 임
　　　　　　　　　실, 장수, 고창, 순창, 남원)

　　　　　　　전남(구례)

박민규(22개군): 경기(김포)

　　　　　　　전남(영광, 장성, 담양, 곡성, 함평, 광산, 신안, 무안, 나
　　　　　　　　　주, 화순, 승주, 광양, 영암, 진도, 해남, 강진, 장흥,
　　　　　　　　　보성, 고흥, 여천, 완도)

한영균(21개군): 경기(옹진, 여주)

　　　　　　　강원(철원, 화천, 양구, 인제, 고성, 춘성, 홍천, 양양, 횡
　　　　　　　　　성, 평창, 명주, 원성, 영월, 정선, 삼척)

　　　　　　　제주(북제주, 남제주)

　　　　　　　경북(울릉 ※조사 실패)

이상규(21개군): 경북(영풍, 봉화, 울진, 문경, 예천, 안동, 영양, 상주, 의
　　　　　　　　　성, 청송, 영덕, 금릉, 선산, 군위, 영일, 칠곡, 영천, 고령,
　　　　　　　　　달성, 청도, 월성 ※성주는 최명옥 연구위원이 대행)

정인상(19개군): 경남(거창, 합천, 창녕, 밀양, 울주, 함양, 산청, 의령, 하동, 진양, 함안, 의창, 김해, 양산, 사천, 고성, 남해, 통영, 거제)

이렇게 분담하여 조사된 자료들은 연구위원들의 교열을 거치면서 녹음 자료를 확인하면서 준비된 정리 카드에다가 도별로 정리하기 시작하였고 다시 이어서 조사원들이 서로 협조하여 1985년부터 의심스럽다고 판단되는 항목들에 대하여 확인 조사를 시작하였다. 연구원의 방침 변경에 따라 확인 조사를 마친 지역부터 도별로 우선 방언 자료집인 《한국방언자료집》을 내기 시작하였는데, 확인 조사는 다음과 같이 진행되었다.

경기도: 곽충구 2개 지점, 이승재 14개 지점, 이근용 3개 지점
강원도: 한영균의 15개 지점에 대한 1차 조사로 확인 조사 없이 끝냄
충청북도: 곽충구 10개 지점
충청남도: 곽충구 15개 지점
전라북도: 이승재 4개 지점
전라남도: 김창섭(당시 전북대 교수 현 이화여대 교수) 22개 지점
경상북도: 이상규 7개 지점
경상남도: 정인상 11개 지점, 최명옥 2개 지점, 이상규 5개 지점
제주도: 1차 조사 자료가 미비하여 정승철(현 인하대 교수) 전 지점 재조사

이렇게 하여 경북 울릉군은 끝내 조사를 하지 못한 상태로 1차 조사 및 확인 조사를 마무리 짓게 되었다. 수집한 자료를 정리한 결과

경기도의 3개 지점(옹진, 이천, 여주)이 미비하여 연구원의 이광호 교수의 지도를 받아 이근용 씨가 조사를 완료하였으며, 제주도의 2개 지점(남제주, 북제주)은 제주도 방언 연구를 해 온 인하대 정승철 교수가 아예 재조사를 실시하여 정리하였다.

1차 조사 시의 제보자 중에서는 확인 조사 시에 사망·이주 등의 사정으로 딴 제보자로 대체된 경우도 적지 않았다. 보조 제보자를 합한 제보자의 수는 모두 266명이었다.

1차 조사에 이어 확인 조사·재조사를 끝내고 이를 도별로 정리하여 《한국방언자료집》의 충청남북도 편과 전라북도 편을 간행하기 시작한 해가 1987년이요 마지막으로 경기도 편과 제주도 편이 금년에 간행되었으니 이 〈전국방언조사연구〉의 한 사업인 방언자료집 간행이 17년 만에 이루어진 것이다. 이 자료집을 바탕으로 앞으로 3년간 방언지도 작성을 연구위원들이 진행하게 될 터인즉, 아직도 험난한 길이 남아 있는 셈이다. 외국의 방언조사 및 방언지도 작성이 20년 30년 걸린 사실이 남의 일이 아닌 것이다.

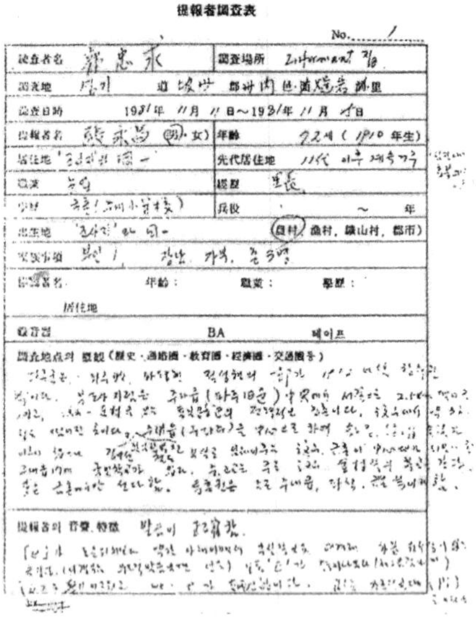

調査者名	羅恵永	調査場所	2니까까서에서 길8
調査地	경기	道 坡州 郡州면 丘 面 鷹岩里 朔里	
調査日時	1981年 11月 1日~1981年 11月 5日		
提報者名	張永尚 (男·女)	年齡	72세 (1910 年生)
居住地	용리에 간	先代居住地	11代 이후 계속거주
職業	농업	經歷	里長
學歷	서당(한문수학4년)	兵役	~ 年
出生地	조사지에 同	(農村)· 漁村 · 鑛山村 · 都市	
家族事項	본인 / 장남 가족 총5명		
協調者名	年齡:	職業:	學歷:
	居住地		
錄音器		BA	베이프

調査地点의 槪觀 (歷史·過給道·教育道·經濟道·交通關係)

(handwritten paragraph, mostly illegible)

提報者의 音聲·特徵 발음이 정확함

(handwritten notes, mostly illegible)

提報者調査表

No.

調査者名		調査場所	
調査地	道	郡 邑·面	里
調査日時	19 年 月 日~19 年 月 日		
提報者名	(男·女)	年齡	세 (年生)
居住地		先代居住地	
職業		經歷	
學歷		兵役	~ 年
出生地		(農村·漁村·鑛山村·都市)	
家族事項			
協調者名	年齡:	職業:	學歷:
	居住地		
錄音器		BA	베이프

調査地点의 槪觀 (歷史·過給道·教育道·經濟道·交通關係)

提報者의 音聲 特徵

〈1차 조사 노트 경기도 파주군〉

290

008	호미씻이	김매기를 마친 뒤에 7월중. 마부 날을 잡아서 일군들이 풍악을 울리고 술을 마시며 노는 행사를 <u>무엇</u>이라고 합니까?
009	꽹과리	[그림 2] 이것을 <u>무엇</u>이라고 합니까? (호이씻이할 때에 쳐며 노는 악기인데 징보다 작고 높은 소리가 나며 선두에서 악대를 인도하는 사람이 치는 악기)
010	섬 지	[그림 3] 이것은 무엇입니까? (논밭을 갈아 엎거나 흙을 일을 때 쓰는 농기구)
011	보 습	[그림 3] (보습 부분 지시) 이 부분을 <u>무엇</u>이라고 합니까? (쟁기의 맨 밑에 붙어 있는 것으로, 땅을 파는 날)
012	쇠	보습은 나무가 아니고 무엇으로 만들었습니까? [주의] 보습의 성질 검사.
013	볏	[그림 3] (볏 부분 지시) 이 부분은 무엇이라고 합니까? (보습 위에 붙어 있는 쇳날인데 흙을 엎어 젖히게 하는 것)

008	ho-mi-s'is-i	*hamis'isɛ* *xɜmis'isɛ.*
009	k'wɛŋ-kwa-ri	*Kɜgwaŋali*
010	čɛŋ-ki	*čɛŋi* *(이와)*
011	po-sip	*posip*
012	sö	*se, söl*
013	pyɔs	*pyɔsi-rɔoɹ* *pyɔs-i* *pyɔs*

〈1차 조사 노트 경기도 파주군〉

[그림 2] 009 k'wɛŋ-kwa-ri

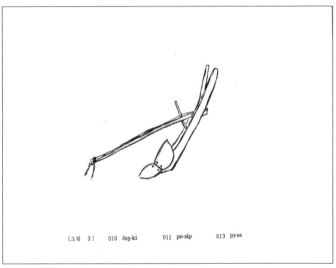

[그림 3] 010 čɛp-ki   011 po-sip   013 pyəs

〈한국방언조사질문지 [그림책]에서〉

지 사	전 답	전 답 범 례	비 고	지 서	전 답	전 답 범 례	비 고
01 연천	k'wɛggariə			12 방성	k'wɛggariə✗		
02 파주	kɨʃmokʔɨhiə			13 화성	k'ɛgɔwariə		
03 포천	k'ɛggariə			14 용인	k'ɛggariə		
04 강화	kwaiɡɛ, (k'ɛgʷariʔ)			15 이천	k'ɛggariʔ		
05 김포	k'wɛggariə			16 버천	koʔɛʃiʔjiʔ		
06 고양	koʔgariə			17 광명	k'wɛggariʔ		
07 양주	k'ɛgmɛgiə			18 안성	k'ɛggariʔ		
07-1 남양주	k'wɛggariə, (kɛːgsɛ)						
08 가평	koʔgariə						
09 동진	k'ɛgmɛgiʔ(*k'ɛggariʔ)						
10 시흥	kwaːgsɛ						
11 양주	k'wɛggariʔ (kwɛːgsɛ)						

[《한국방언연구의 현황과 전망》, 한국정신문화연구원, 1995]

붙임: 이 글은 한국정신문화연구원 어문연구실에서 기획하고 진행한 전국방언조사연구의 보고서다. 국내에서 처음 시도한 이 조사연구는 조사연구 계획에 따라 진행되었는데 연구위원 이익섭, 전광현, 박양규, 최명옥 그리고 필자의 지도에 따라 질문지를 간행하고 조사원이 도 단위 지역을 분담해 조사를 완성하게 하였다. 그 조사자료집은 1987년-1995년에 걸쳐 간행되었으며 끝으로 예산 등 여러 어려움을 겪고서 일부 조사항목을 중심으로 《한국언어지도》(태학사, 2006)가 나오기까지는 30년 가까이 걸렸다. 방언조사는 그 목적과 방법에 따라 얼마든지 다를 수 있겠으나, 앞으로의 유사한 계획 아래 광역조사를 실시할 경우 참고가 되리라 믿는다.

편집후기

이 논문집은 이병근 선생님의 팔순(八旬)을 기념하기 위해 기획되었습니다. 한 2년쯤 전, 이와 관련하여 김현 교수와 얘기하다가 선생님 논문의 상당수를 입력해 둔 사실을 알게 되었습니다. 그리하여 빠진 논문을 여럿이서 마저 입력하고 난 후 선생님께 여쭈었더니 '음운' 12편과 '방언' 13편을 골라 주시었습니다. 이에 선생님께서 주신 각권 부제를 붙여 《음운과 방언》 두 권을 각각 선집의 형태로 간행합니다.

선생님의 국어학은 '체계'를 구명하는 데 집중되었다고 할 수 있습니다. '체계를 고려한 언어 현상의 접근' 바로 이것이 선생님께서 항상 말씀하신 국어 연구의 기본 태도였습니다. 또 체계와 현상의 유기적 해석 및 예외에 대한 체계적 해명을 위해 "원자론적인 태도"에서 벗어날 것을 늘 당부하셨습니다. 아울러 선생님은 외국의 선진 언어 이론의 수용에도 인색하지 않으셨습니다. 다만, 외래 이론을 받아들이되 그것의 수용이 "保稅加工"에 머물러서는 안 된다는 점을 강조하시기도 하였습니다. 이 선집 속에 선명히 드러나 있는 이러한 태도는 오늘날 우리 문하생들의 학문적 바탕이 되었습니다.

이 선집을 펴내는 데는 편집에 관한 모든 일을 진두지휘한 김현 교수의 수고가 제일 컸습니다. 물론 실제 입력·교정을 하느라 서울대 대학원의 김고은·김동은·김수영·김영규·김유겸·배윤정·웅연·이현주·임홍연·전진호·홍은영 학생들도 애를 많이 썼습니다. 이에 대한 고마운 마음을 전하면서 이 책의 간행이 후학의 연구 태도 확립에 도움이 될 수 있기를 바랍니다. 나아가 약간의 입력과 출간 관련 조언을 제공한 김주필·장윤희·정인호·박기영·유필재·신중진 교수, 그리고 기념 책자의 발간에 매번 도움을 주시는 ㈜태학사의 지현구 회장님을 비롯한 직원 여러분께도 감사드립니다.

2020년 5월 15일
정승철 삼가 적어 올립니다